International Human Rights Law:
Essays in Commemoration
of the 30th Anniversary
of the International
Human Rights Law Association

Vol. 6

Dynamics of International Human Rights Law:
Sustaining Power and Emerging Threats

国際人権法学会創立30周年記念
新国際人権法講座

第6巻 国際人権法の
動態

支える力、顕現する脅威

〈編集〉阿部浩己

信山社

発刊にあたって

　国際人権法学会は，1988 年 12 月 10 日に発足しました。本学会発足の日は世界人権宣言採択 40 周年の節目にあたるだけでなく，日本の近代憲法制定 100 周年という記念すべき年を目前にした時でもありました。新しい時代を切り拓く本学会の設立に挑んだ先達たちの息づかいや問題関心は，設立趣意書の次の箇所にとりわけ克明に刻まれています。

　　国際人権保障の研究は，戦後の先駆的研究から難民問題研究などを経て若い世代に引き継がれ，国際連合等国際機関の実態や，ヨーロッパ，アメリカ，アフリカの各人権条約の研究へと，国際法研究者を中心にして，裾野を広げてきた。しかし，国際人権保障の国内的実施の段階を迎えると，憲法その他の国内法研究者や法律実務家などの参加なくしては，多くの実りを期待できない。のみならず，一国における人権保障は，人々が世界の人権状況に絶えず目を配っていることによって担保され，世界の人権問題への関心と関与は，不可欠である。そのため，各種の情報を求めこれを伝え，普及活動を行うことも，これまで以上に必要とされている。また，世界の人権秩序の形成も，真に学際的研究によってこそ，その基盤が整えられる。

　設立時に粛然と表明されたこの認識は，その後の学会活動を通して着実に深められてきました。

　そして，創立 30 周年を迎えた 2019 年 11 月，本学会理事会は，創立 30 周年記念出版企画に着手することを決定し，編集長に阿部浩己，副編集長に申惠丰・小畑郁が指名され，さらに編集委員として大津浩・近藤敦・山元一の 3 名が加わり，この 6 名体制で編集作業を担うことになりました。

　理事会で設定された編集方針は次の 3 点です。第 1，基礎理論・アクチュアリティのあるテーマの設定。第 2，第一線の研究者・実務家による執筆。第 3，到達水準・課題の明示と読みやすさの意識。この 3 点を柱として，各巻に編集責任者をおいて構想を練り，刊行作業に取り組んできました。

　本記念企画全体の構成は，テーマに沿って大別すると 4 つに分かれます。第

iii

発刊にあたって

1が歴史・理論，第2が規範・主体，第3が実施メカニズム，第4が政治的動態です。これらをさらに具体化し，第1巻が歴史，第2巻が理論，第3巻が規範・主体，第4巻が国際的実施メカニズム，第5巻が国内的・関連実施メカニズム，第6巻がアクターと脅威，第7巻が地域と文化，という構成になっています。

　振り返りますと，本学会は，創立15周年企画として，芹田健太郎編集代表の下，『講座国際人権法』2巻本を江湖に問い，続けて創立20周年を機に坂元茂樹編集責任者の下，新たに2巻を加えることにより同『講座』を完成させました。国際人権規範の実相を講究する最初の2巻とその実施について論ずる後続の2巻は，国際人権法の理論的・実務的地平を描き出す知的成果として，幸いにも多くの研究者および実務家の好評を博してきました。

　上記『講座』の「発刊にあたって」が記す表現を用いれば，「国際人権法学会は，憲法，行政法，刑事法，民事法，労働法，国際法などさまざまな分野の人権の研究者，ならびに，法曹，人権NGOをはじめとする実務家に開かれた学会」としてのあり方をこの間，一貫して追求してきました。そして，その中から，国際的に定立された人権にかかる規則や制度，その過程の分析を基軸に据えて，各学問分野の知を有機的かつ統合的に結びつける研究成果が漸進的に積み重ねられてきています。本記念企画を構成する諸論考に，その位相を見て取ることができるのではないかと思います。

　世情を見やるに，極度の不平等が人々の間に押し広げられ，その深まりがポスト9／11の安全保障言説などとも相まってポピュリズム培養の温床となり，民主主義・自由主義の基盤を揺るがす脅威となって立ち現れています。多極化する世界にあって，人権の原理・実践へのコミットメントがどのように確保されるのかも少しく不透明になっている観もあります。そうであるだけに，本記念企画が，現代世界・日本における国際人権法のありようや存在意義を改めて考えるためのよすがになればという思いでもいます。

　もとより，多くの会員の協力を得て可能となった本記念企画も，ダイナミックに深化する国際人権法の研究の一部を照らし出すものにすぎず，読者諸氏からの忌憚のないご批判とご教示を賜れば幸いです。学会として，今後ともさらに研鑽を積んでいく所存です。

発刊にあたって

　新型コロナウイルス感染症の蔓延期をはさみ，本記念企画の実現には多くの時間を要し，この間，執筆者ほか多くの方々にお世話になり，また，それ以上にご迷惑をおかけしてしまいました。本記念企画の実施を決定した際の理事長であった江島晶子氏，さらに刊行に向けて叱咤激励をいただいた学会の先輩・会員諸氏を含めたすべての皆様に，ここに心からの御礼とお詫びの意を表するしだいです。

　最後に，国際人権法学会の成果物の刊行に当初から変わらぬご支援をいただいている信山社への謝意を記してお伝えします。今般の企画も，袖山貴氏，稲葉文子氏をはじめとする同社の忍耐強いお力添えなくして成立し得ませんでした。学会を代表して，深甚なる感謝を申し上げます。

　2023年6月末日

国際人権法学会創立30周年出版企画・編集長

阿 部 浩 己

◆ 第 6 巻 ◆

は し が き

　国際人権法の研究に携わる者の多くは，暗黙裡であれ，2つの使命／要請を自ら引き受けている。1つは学術的技法の精錬であり，これは研究者としての生命線に直截に関わるものに相違ない。

　もう1つは，人権の擁護である。国際人権法にかかる学術的営みが人権の促進・保護を眼差していることに公然と異を唱える向きはまずあるまい。この意味において，国際人権法の研究者は人権の唱道者としての位相を装着する。実際のところ，人間の尊厳を甚だしく蹂躙する事態を研究対象にすることを倫理的に正当化し得るものがあるとすれば，その学術的営為を通していくばくかでも人間の苦難の緩和・除去が促されることをおいてほかにないのではないか。

　国際人権法の研究に携わる者の中には，醇乎たる学術の経路を歩んできたものであっても，人権擁護の実務と接点をもつことが少なくない。国連人権活動の至宝というべき国連人権理事会特別手続，あるいは人権条約機関や地域人権裁判所といった国際人権法の深化に資する枢要な制度の多くを担っているのはほかならぬ国際人権法の研究者である。ほかにも，専門家として裁判所に意見書を提出したり，人権 NGO の実践や自治体等の人権行政に参画することなどにより，国際人権法の研究者は人権の唱道に自覚的に身を投じてきている。

　国際人権法研究者の最大の強みは，国際人権基準の解釈・適用という法実践を通じて示される。国際人権法の内側に視点をおいて展開されるこの職人的営みこそが，国際人権法研究者にとってみれば，学術と唱道を結びつける自家薬籠中の手法であり，本記念論文集にあっても，多くの論考がその具体的なありようを多角的に描き出しているところである。

　本巻もまたそうした手法を十分に踏まえてはいるものの，しかしここでは分析の視点をやや外在化させ，国際人権法を外側から見る姿勢を意識してもいる。「支える力，顕在化する脅威」という副題に含意として込めたのはそうした分析の姿勢であり，立ち位置である。国際人権法はどのような力によって支えられ，また，どのような要因によってそのあり方を揺さぶられているのかを内側と外側の視点を往還させながら論ずることで，現実世界と切り結ぶ国際人権法の現姿を動態的に浮かび上がらせることを本巻は目指している。

vii

◆ 第 6 巻 ◆ 国際人権法の動態　はしがき

　第Ⅰ部は，国際人権法を支えるアクターとして，議会，外交，企業，法曹という 4 つに焦点を当てる。劈頭を飾る大西祥世「議会と国際人権」は，精細な分析に基づき，特に「議連」の活動が国際人権を実施する重要なしくみとなっていることを解き明かす。ついで古川浩司「外交における人権」は，日米欧による二国間人権外交のありようを実証的に論じ，個人・団体の制裁が新たな手段になる中で日本がこれに消極的である事情にも論及する。菅原絵美「ビジネスと人権」は，時に国家を超えた力を発揮する企業活動の規制を論じ，「多中心的ガバナンス」を通じて展開される国家の義務と企業の義務／責任のあり方を整然と分析する。武村二三夫「実務法曹の貢献」は，1993 年の「神戸人権宣言」により本格化した国際人権法にかかる日弁連の多層的な取組みを，その最前線において担ってきた者自らが叙述する貴重な論考である。

　第Ⅱ部では，国際人権法の実現を脅かす 5 つの要因を取り上げる。まず楠田弘子「「自国第一主義」の広がり，自由主義の動揺」は，ポピュリズムの台頭，極度の分断が進む米国における移民法制と難民保護の実情・課題を，歴史的視座を踏まえ精確に分析する。次に中坂恵美子「国際的保護を必要とする人の大規模な移動に対する国際社会と EU の対応」では，「一時的庇護」と「一時的保護」の概念・制度が精密に比較検討され，人の大規模越境移動を前に緊張を強いられる EU・国際社会の実情と今後の方向性が描き出される。また徳永恵美香「災害と国際人権法」は，災害にかかる諸要素（災害の定義，被災者の権利，被災国の義務）を ILC や欧州人権裁判所の営みに依拠し，精密に析出する。阿部紀恵「気候変動による人権侵害をめぐる因果関係の問題状況—判断枠組みの複雑性の要因分析」は，気候変動による人権侵害をめぐる因果関係の判断枠組みを解析し，人権条約機関における気候変動の訴えを対象とする今後の研究が取り組むべき課題を提示する。掉尾を飾る熊谷卓「国際人権法から見たテロリズムの規制」は，9.11 事件を契機とするテロ対策の実情を厳密かつ重層的に論じるものである。

　本巻については，刊行の時期が遅れ，多くの方面にご迷惑をおかけしてしまった。心からお詫び申し上げるとともに，9 人の執筆者ほか最後までお力添えいただいた方々，特に信山社の皆さんに深く御礼申し上げるしだいである。

　　2024 年 10 月 10 日

第 6 巻　編集担当

阿 部 浩 己

目　　次

発刊にあたって（阿部浩己）（*iii*）

第6巻はしがき（阿部浩己）（*vii*）

■■■ Ⅰ　アクターの諸相 ■■■

1　議会と国際人権 ………………………………………大西祥世…*3*

- Ⅰ　は じ め に（*3*）
- Ⅱ　国際人権法学会が取り上げた，国際人権条約に関連した
  国内立法と議会の関係（*5*）
- Ⅲ　国会と条約との関係（*8*）
- Ⅳ　国会の役割と立法過程（*13*）
- Ⅴ　議員連盟の活動（*17*）
- Ⅵ　国際機関による各国議会への接近（*25*）
- Ⅶ　お わ り に（*28*）

2　外交における人権 ……………………………………古川浩司…*31*

- Ⅰ　は じ め に（*31*）
- Ⅱ　人権外交とは（*33*）
- Ⅲ　人権外交の手段としての対外援助（*37*）
- Ⅳ　近年の新たな動き（*42*）
- Ⅴ　お わ り に（*48*）

3　ビジネスと人権 ………………………………………菅原絵美…*51*

- Ⅰ　は じ め に（*51*）
- Ⅱ　国際社会における「ビジネスと人権」の展開（*52*）
- Ⅲ　国連ビジネスと人権に関する指導原則とは（*58*）

ix

目　次

  Ⅳ　「ビジネスと人権」をめぐる多中心的ガバナンスの発展（*61*）

  Ⅴ　「ビジネスと人権」における国家の保護義務（*65*）

  Ⅵ　「ビジネスと人権」をめぐる企業の義務／責任（*70*）

  Ⅶ　むすびにかえて（*74*）

4　実務法曹の貢献 ………………………………武村二三夫…*77*

  Ⅰ　はじめに —— 国内実施措置と日弁連の取組み（*77*）

  Ⅱ　訴訟の取組み（*78*）

  Ⅲ　政府報告書審査（*81*）

  Ⅳ　個人通報制度実現に向けての取組み（*86*）

  Ⅴ　国内人権機関設立に向けての取組み（*88*）

  Ⅵ　当番弁護士制度の取組みと被疑者国選弁護制度（*91*）

  Ⅶ　国際人権規範と弁護士会（*93*）

  Ⅷ　平和に対する権利の国際法典化の試み（*95*）

  Ⅸ　ま　と　め（*99*）

■■■■■　Ⅱ　脅威との対峙　■■■■■

5　「自国第一主義」の広がり，自由主義の動揺 ………楠田弘子…*103*

  Ⅰ　は じ め に（*103*）

  Ⅱ　米国ポピュリズムの台頭の歴史（*104*）

  Ⅲ　米国の移民法制度の変遷（*112*）

  Ⅳ　第2次世界大戦後の米国の難民保護の歩み（*120*）

  Ⅴ　バイデン政権が直面する難民・移民問題とその対応（*124*）

  Ⅵ　お わ り に（*131*）

6　国際的保護を必要とする人の大規模な移動に 対する国際社会とEUの対応 ………………………中坂恵美子…*133*

  Ⅰ　は じ め に（*133*）

  Ⅱ　「一時的庇護」の概念（*135*）

目　次

Ⅲ　「一時的保護」の議論（*139*）

Ⅳ　グローバル・コンサルテーション／難民保護への課題／
コンベンション・プラス（*150*）

Ⅴ　2015 年以降の EU と国際社会の動向（*152*）

Ⅵ　お わ り に（*162*）

7　災害と国際人権法 ……………………………………徳永恵美香…*165*

Ⅰ　は じ め に（*165*）

Ⅱ　災害の定義と国際人権法（*166*）

Ⅲ　被災者の保護と国際人権法（*171*）

Ⅳ　災害時における被災者の生命の保護（*176*）

Ⅴ　お わ り に（*184*）

8　気候変動による人権侵害をめぐる因果関係の問題状況
── 判断枠組みの複雑性の要因分析 ……………………阿部紀恵…*187*

Ⅰ　は じ め に（*187*）

Ⅱ　因果関係の立証をめぐる諸問題（*189*）

Ⅲ　因果関係の立証の実践とその示唆（*197*）

Ⅳ　お わ り に（*209*）

9　国際人権法から見たテロリズムの規制 ………………熊谷　卓…*211*

Ⅰ　は じ め に（*211*）

Ⅱ　グアンタナモの被抑留者（*212*）

Ⅲ　特 別 送 致（*219*）

Ⅳ　通信情報の大規模監視（*229*）

Ⅴ　外国人戦闘員への対処（*233*）

Ⅵ　お わ り に（*237*）

xi

❖ 新国際人権法講座 ❖

第6巻 『国際人権法の動態 ── 支える力、顕現する脅威』

〈執筆者一覧〉（掲載順）

大西祥世（おおにし さちよ）　立命館大学法学部教授

古川浩司（ふるかわ こうじ）　中京大学法学部教授

菅原絵美（すがわら えみ）　大阪経済法科大学国際学部教授

武村二三夫（たけむら ふみお）　弁護士

楠田弘子（くすだ ひろこ）　ロヨラニューオーリンズ大学
臨床法学教授

中坂恵美子（なかさか えみこ）　中央大学文学部教授

徳永恵美香（とくなが えみか）　大阪大学大学院人間科学研究科
特任講師

阿部紀恵（あべ きえ）　神戸大学人間発達環境学研究科
助教

熊谷　卓（くまがい たく）　新潟国際情報大学国際学部准教授

新国際人権法講座

第6巻　国際人権法の動態
── 支える力、顕現する脅威

■ Ⅰ アクターの諸相 ■

1 議会と国際人権

大西祥世

Ⅰ　はじめに　　　　　　　　　　Ⅳ　国会の役割と立法過程
Ⅱ　国際人権法学会が取り上げた，　Ⅴ　議員連盟の活動
　　国際人権条約に関連した国内立　Ⅵ　国際機関による各国議会への
　　法と議会の関係　　　　　　　　　接近
Ⅲ　国会と条約との関係　　　　　Ⅶ　おわりに

Ⅰ　は じ め に

　日本の国際人権法学に関わった研究者の間ではこれまで，条約の国内実施義務以外での「議会」の役割について，あまり研究の対象とされてこなかった[1]といえよう。しかし，実務では，議会の役割が急激に増している。たとえば，2022 年 2 月 24 日のロシアによるウクライナ侵攻後，ウクライナのヴォロディーミル・オレクサンドロヴィチ・ゼレンスキー大統領は自国にいながら，同年 3 月 8 日のイギリス下院をはじめ，日本を含む各国の議会において，インターネットおよびオンライン会議システムを用いたライブ中継による演説を精力的に行った。それまで外交は，行政のトップ同士のホットラインも含め，各国政府を中心として展開されてきたが，同大統領は，ロシアによる軍事侵攻という人権侵害に対し，世界中の民主主義国家の共通価値である議会の「会議公開の原則」（日本国憲法は 57 条 1 項）を活用して，各国の立法府に直接支援を働きかけるという新しい政治手法を採用した。これらの演説は各国の政治過程に強い影響を与え，各国が独自にウクライナを支援する動きをつくりだすこと

＊　本章のインターネット情報の最終閲覧日は，2024 年 1 月 16 日である。
(1)　髙田陽奈子「人権条約の実現における議会の役割」法律時報 94 巻 4 号（2022 年）58 頁。

『新国際人権法講座』第 6 巻（信山社，2024 年）　　　*3*

◆ 第 6 巻 ◆ 国際人権法の動態 ── 支える力，顕現する脅威　①アクターの諸相

に大きく作用するとともに，国連総会が同年 4 月 7 日にロシアの人権理事会の理事国資格の停止を決議する（賛成 93 カ国，反対 24 カ国，棄権 58 カ国）[2]など，国際社会によるロシアへの厳しい批判をけん引した。

　議会および議長，議員による外交はこれまで，政府間の交渉やかけひきというよりも，表敬や友好関係の確認，国際交流[3]の推進という儀礼的・社交的な性質をもち，「議会外交」「議長外交」「議員外交」というカッコつきの「外交」として理解されてきた。そのため，行政府のトップが，他国の行政府のトップとは別の「外交ルート」として他国の立法府に直接働きかけるというこうした積極性は，これまでの憲法学や国際法学が一般的に「外交」として説明してきた範囲を超えるものである。かなり衝撃的なできごとで，グローバル化とデジタル化が進んだ今日でなければ，内政干渉として批判されかねない事態であった。

　しかし，先の国連総会決議にも表れているように，世界中で，平和への脅威と対応の必要性が共有されたため，権限の「前のめり」あるいは「越境」ともいえる事態であっても容認され，各国議会でウクライナ大統領による演説が行われたといえよう。2020 年の COVID-19 パンデミック以降に，対面形式に代わるオンライン会議が広く普及していたことも，その実現を後押しした。

　今日のような国際人権の「表舞台」としての議会の役割の増大は，日本国内の憲法学では注目されていなかったが，実は国際社会ではすでに動き出していた。2006 年に国連総会によって設立された国連人権理事会が，1889 年に設立された世界の国際機関である列国議会同盟（Inter-Parliamentary Union。以下，「IPU」という）との連携を強化するなど，国連は各国政府で外交や安全保障の権限を有する「行政府」を中心とした関係から，国際人権基準の実現を直接，議会にも働きかけるようになった。欧州や米州における国際人権の実現に向けた議会の取組みもある[4]。こうした現象は，近年，国際人権保障の担い手の多層化・多元化として，各国の統治機構が注目されている[5]。

---

(2)　https://news.un.org/en/story/2022/04/1115782

(3)　茉萸坂憲政研究会「各国首脳の国会演説」法令解説資料総覧 487 号（2022 年）4-9 頁。

(4)　欧州評議会議員総会，イギリスの両院合同人権委員会，欧州人権裁判所，米州人権裁判所の取り組みについて。高田陽奈子「人権条約における個別の国家機関の位置づけ(2)」法学論叢 188 巻 3 号（2020 年）129-139 頁，同「(3)」189 巻 2 号（2021 年）55-71 頁，同「(4)」同巻 5 号（2021 年）61-69 頁。

筆者はこれまで，グローバル化によって多元化された社会における人権の実現ならびに二院制や議院内閣制について，憲法学の立場から研究と実践に取り組んできた[6]。まだまだ未熟であるが，今回，これまでの研究をまとめる機会を与えられたと思い，その2つの論点が交差する具体例として，①国会による条約の承認，②国会の立法過程，③国際機関による各国議会への接近，を取り上げて検討し，今日の国際人権保障における，権力分立や立憲主義のあり方および議会の役割を考察する。

II　国際人権法学会が取り上げた，国際人権条約に関連した国内立法と議会の関係

　国際人権法学会は1988年に，各法律学の専門家，外務省などの政府機関，国会議員，NGOなどをメンバーとして成立した，当時としては研究者の斬新な集まりであり，多くの人々が参加した。それから30余年の間に，国際人権法学会の研究大会および学会誌「国際人権」にて取り上げられた国際人権条約と国内関連法に関する先行研究のテーマは多岐に及ぶが，国際人権条約の国内実施，すなわち日本国内での「条約の国内法化」を実現する主体によって大きく4つに分類することができる。①裁判所（司法権）によるもの，②内閣（行政権）によるもの，③国会（立法権）によるもの，④その他，NGOや市民社会，企業によるものである。

　このうち，圧倒的な質量があるのが，①裁判における解釈に国際人権基準を

---

(5)　すべてを挙げることはできないが，憲法学の分野では，山田哲史『グローバル化と憲法』（弘文堂，2017年），辻村みよ子責任編集「特集　現代憲法とグローバル立憲主義の課題」憲法研究3号（2018年）1-208頁の各論文，山元一『グローバル化時代の日本国憲法』（放送大学教育振興会，2019年），横大道聡ほか編『グローバル化のなかで考える憲法』（弘文堂，2021年）など。国際法学の分野では，髙田陽奈子「人権条約における個別の国家機関の位置づけ(1)～(6)」法学論叢188巻2号（2020年）37-60頁，同巻3号（2020年）123-143頁，189巻2号（2021年）53-75頁，同巻5号（2021年）60-86頁，同巻6号（2021年）56-81頁，190巻1号（2021年）67-90頁。

(6)　大西祥世『女性と憲法の構造』（信山社，2006年）。同「グローバル化における企業の公法上の位置づけ」公法研究74号（2012年）112-124頁。同「国連・企業・政府の協働による国際人権保障」国際人権27号（2016年）84-89頁。同『参議院と議院内閣制』（信山社，2017年）。同「男女共同参画行政に関する推進体制と総合調整権の展開」立命館法学402号（2022年）1-24頁など。

◆ 第 6 巻 ◆ 国際人権法の動態 ── 支える力, 顕現する脅威 ①アクターの諸相

どのように取り入れるかを中心とした裁判所による実現と, ②1990 年代から急速に発展した多くの人権条約において標準装備となっている, 条約委員会への政府報告書を中心とした内閣による実現である。これに対し, ③立法過程および内容にどのように国際人権基準を反映させるかを中心とした国会による実現というテーマについて, 正面から考察した先行研究はきわめて少ない。日本の法学研究は総じて, 圧倒的に「解釈学」, すなわち, 裁判所で争われた事案に適用される法規範の解釈が中心であるので, 国際人権条約の実施立法が事実上存在しない場合は形式的には条約が「国内法化」されて適用されるのかについての解釈論[7]も含めて,（最高）裁判所による条約の実現が研究対象とされた。加えて, 権力分立の原理によると, 外交や安全保障は政府の専権事項であり, 政局や内政上の争いを外交に持ち込まないことが美徳とされるため, 国会ではなく, 行政による条約の実現が関心の中心になることも, ある意味当然であるといえよう。

1992 年に国連で, 人権に関する裁判外紛争処理制度（ADR）である「国内人権機関」のあり方に関する「パリ原則」が採択された後は, 日本でもその設置に関する研究が活発になった[8]。2002 年度（第 14 回）研究大会では,「日本における人権機関の設置をめぐって」[9]が取り上げられて, 国内人権機関を設置する根拠規定である「人権擁護法案」に関するシンポジウムが開催された。

立法を通じた国際人権基準の実現について, 国際人権法と国内法としての憲法学との論争と対話を扱った 2005 年度（第 17 回）研究大会の座長を務めた薬師寺公夫は, 会場から「司法的救済のみならず, 国内法の制定改廃を含む立法作業や立法運動にも今以上の分析が必要といえる」[10]との指摘があり, 国内に

(7) 大谷美紀子「国際人権の私人間効力をめぐる憲法学者と国際法学者の議論の架橋の試み」国際人権 17 号（2006 年）70 頁。

(8) 山崎公士「国内人権法の実施と国内人権機関」国際人権 11 号（2000 年）54-56 頁。藤本俊明「国内人権法における国内人権機関の意義」同 57-61 頁。山崎公士「日本における人権救済制度の立法化」国際人権 13 号（2002 年）2-9 頁。藤原精吾「国内人権機関設立に向けて日弁連はどう取り組んできたか」同 10-13 頁。戸田修司「書評　NMP 研究会・山崎公士編『国内人権機関の国際比較』」同 123-124 頁。

(9) 山崎公士「国際人権法の視点から見た人権擁護法案の問題点」国際人権 14 号（2003 年）56-61 頁。市川正人「日本における人権機関の設置をめぐって ── 憲法学の見地から」同 62-65 頁。佐久間達哉「人権擁護法案について」同 66-70 頁。宮崎繁樹「座長コメント」同 71-72 頁。

(10) 薬師寺公夫「座長コメント ── 人権とその保障・憲法と国際人権法総論」国際人

おける条約の積極的実施義務として，出入国管理及び難民認定法，国民年金法，国籍法，雇用機会均等法，外国人登録法，DV 法の制定および法改正を例に，人権条約の実施過程でなされた法改正作業を含めて実態的に整理すべきである[11]と言及した。また，2006 年度（第 18 回）研究大会では，テロ対策における議会の役割が検討された[12]。

　「国会」を直接の対象として扱ったのは，2013 年度（第 25 回）研究大会の棟居快行による「国際人権条約と国内法ネットワークの自己組織化 —— 障害者差別解消法の成立を契機として」報告[13]である。棟居は，国際人権条約の国内での「受容」を「立法ネットワーク」と「司法ネットワーク」に区別し，障害者権利条約批准にあたっての障がい者差別を禁止する法制定に向けた内閣府の審議会の委員[14]を務めた自らの経験をふまえて，「解釈学」重視の国際人権法学のあり方を鋭く批判した。すなわち，「立法・行政が国際人権条約を上位の国内『法』として受け止め，それに適合するように立法・行政を調整する一連の営みが，国際人権条約の国内実施の本体的部分であり，『権利』として裁判所が救済することが国内実施の本体ではないと考えるべきであろう」[15]という指摘である。立法ネットワークでは，立法事実，すなわち，立法の目的と手段の政策的合理性が追究され，司法ネットワークではその整合性を審査することで，両者が対話・協働すること重要である[16]とする。

　日本では，すべての人に関連する包括的な「人権法」もいまだに立法化されていないが，とくにマイノリティの人権は議会の多数派の賛成を前提とする「議会制民主主義」というシステムでは反映しにくい[17]ことから，最高裁判所

　権 17 号（2006 年）64 頁。
(11)　薬師寺・同上 65 頁。
(12)　江島晶子「人権に対する挑戦：イギリスの状況」国際人権 18 号（2007 年）21-29 頁。高田篤「『法治国家』の型から見る人権の『ゆらぎ』」同 62-63 頁。
(13)　棟居快行「国際人権条約と国内法ネットワークの自己組織化 —— 障害者差別解消法の成立を契機として」国際人権 25 号（2014 年）45-52 頁。
(14)　内閣府「障がい者制度改革推進会議」〈https://www8.cao.go.jp/shougai/suishin/kaikaku/kaikaku.html〉。同「障害者政策委員会差別禁止部会」〈https://www8.cao.go.jp/shougai/suishin/seisaku_iinkai/index.html〉。
(15)　棟居・前掲注(13)47 頁。
(16)　棟居・同上 48-52 頁。
(17)　申惠丰「今日における人権法の研究動向と国際人権法学会のあり方」国際人権 30 号（2019 年）20 頁。

◆ 第 6 巻 ◆ 国際人権法の動態 —— 支える力，顕現する脅威　Ⅰ アクターの諸相

で国際人権基準に基づく法令違憲判決や条文の新解釈を獲得し，それによって
どのように立法化をめざすのかという先行研究が多い。これを「裁判所と議会
との対話」と積極に位置づけるかどうかはともかく，そうした研究手法におい
ては，議会は間接的な存在として位置づけられていたように見える。このよう
な国際人権法学における議会の「存在の薄さ」は残念な事態である。多数派の
「公益」を代表するだけでなく[18]，少数派であるマイノリティの人権実現に向
けた議会の役割も含めて，研究面にてより一層着目する必要があろう。

Ⅲ　国会と条約との関係

　条約締結権は内閣にある。条約は法律に優位するので，国会の立法権は，条
約の範囲内に限定される。条約について，国会が政府と解釈が異なる立場に
なった場合，政府と相違する内容の立法を行うことはできない。すなわち，国
会は，条約違反となる法律があれば，改正・廃止する義務がある。たとえば，
日本政府が 1980 年に署名した「女性差別撤廃条約」の批准にそなえて，当
時，子どもが生まれたときに取得する国籍を「父系血統優先主義」とした国籍
法が同条約に違反するとして，1984 年に「父母両系血統主義」に改正される
など，法制度が整えられた。

　このように，国会は条約に関して間接的な存在に見えるが，日本国憲法は，
事前・事後に国会の関与を必要として（憲法 73 条 3 号），一定の役割を与えて
いる。

（1）　内閣の権限である外交・条約締結

　国際人権は，国連および各国政府間との「外交」によってその内容を発展さ
せ，その成果は政府間協定や条約として成文化されるものもある。外交も条約
もかつては元首や行政権の専権事項とされ，伝統的に議会は関与できなかっ
た。条約の締結権は大日本帝国憲法においても，条約の締結は天皇の大権で
あった（同 13 条）。行政権にかかわる枢密院は天皇に意見を上奏した（枢密院
官制 6 条 6 号）が，立法権にかかわる帝国議会は明示的な権限を直接には付与
されなかった。

---

(18)　芹田健太郎『国際人権法と日本の法制』（信山社新書，2021 年）203 頁。

8

1 議会と国際人権〔大西祥世〕

日本国憲法は，外交関係の処理と条約の締結は内閣の権限としたが（憲法73条2号，3号），条約は締結の事前または事後に国会の承認を経ることを必要とした（同3号）。すなわち，ここでの国会の役割は，外交への民主的コントロールの要請に基づき，「政府による当該条約の締結」について承認するものであり，憲法の規定上は両院協議会における修正が可能であるにもかかわらず，学説では条約の内容への関与は事実上できないと解されてきた。学説上も実務上も，「国際人権」を議論し形成するのは内閣の役割であり，国会はアクターとしてはいわば「蚊帳の外」に置かれていたといえる。

国会による条約の承認は，衆参両院の賛成を要する。もし賛否がわかれて結論が異なる場合は，両院協議会を開催しなければならない（同61条）。両院協議会を開催しても成案が得られない場合，または，参議院が不承認の議決を行った場合あるいは衆議院が可決してから30日以内に議決を行わない場合は，予算の議決と同様，衆議院の議決が優越する（同61条）。これまで条約について，衆議院が承認しなかった例はない。参議院が承認しなかった，すなわち「不承認」の議決をして両院協議会が開催されたのは2例[19]，参議院が30日以内に議決せずに憲法上の衆議院の優越により「自然承認」となった事例は22例ある[20]。なお，予算の承諾議案は，必ず内閣からまず衆議院に提出されて，議決される（同60条1項，2項）。一方，条約の承認議案は，内閣から先に衆議院に提出・議決されることが多い[21]が，参議院に先に提出し，議決することもできる。実際，「1956年の国際小麦協定の受諾」の条約は参議院先議であった（参議院先例録160号）。

内閣から国会に提出される条約の承認議案には，その付属資料として条約の本文が提出される。本文は，二国間条約で日本語と外国語がともに正文である場合は日本語の正文が，多国間条約で日本語が正文でない場合は外務省による日本語訳が提出される[22]。国会の承認と政府の批准を経て，天皇により公布される（憲法7条1号，同8号，61条）。

---

(19)　大西・前掲注(6)『参議院と議院内閣制』145頁。
(20)　中内康夫「条約の国会承認に関する制度・運用と国会における議論」立法と調査330号（2012年）12-13頁。
(21)　衆議院先例集（平成29年版）343号。なお，第1回国会から第24回国会まではすべて衆議院先議であった。
(22)　参議院先例録（令和5年版）165号。

◆ 第 6 巻 ◆ 国際人権法の動態 ── 支える力，顕現する脅威　Ⅰ アクターの諸相

1953 年に日本が加入した「捕虜の待遇に関するジュネーヴ条約」67 条について，同条約にかかわる裁判係争中に，条約締結の事前承認の際に外務省が国会に提出した日本語訳に誤りがあることが判明した。内閣は，1985 年 12 月に衆議院からその疑義について質問された際[23]，その回答は通例の「7 日以内」よりかなり遅れ，約 1 カ月半後の翌 1986 年 1 月に「調査を行う必要があると思料され，最終的な結論を得るに至っていない」と答弁した[24]。結局，9 月に同条約の文言を「抑留国」から「当該国」などに訂正した際は，国会による修正議決ではなく，政府による官報での告示にて対応した。

こうした「誤訳」があった場合の国会承認の必要性について，政府は，正文である英語や仏語のテキストには変更がなく，条約の内容に変更をもたらすものではないので，国会の承認は不要であるとの立場であった[25]。条約の正文は外国語であっても，国会に提出・承認され，最終的に公布されたものは日本語訳である。その文言に基づいて対応していた国内の諸機関，企業，団体，個人などは誤って誘導されていたのであり，それを修正する場合に内閣の判断のみで足りるとするのは，国会軽視だけでなく，国民不在ともいえよう。

国会承認後の条約の内容の変更については，留保の撤回に関する論点もある。日本政府は，社会権規約を 1979 年 6 月に批准した際に，中等教育・高等教育の無償化の暫定的導入に関する規定（13 条 2(b) 項，(c) 項）を留保した。その後，民主党を中心とした政権において，2010 年 3 月に高校無償化を実現する「高等学校等就学支援金の支給に関する法律」（平成 22 年法律 18 号）が成立し，同法は同年 4 月 1 日に施行された。これにより同条約の留保撤回の条件が整ったが，結果として約 2 年半後の 2012 年 9 月 12 日に，野田佳彦内閣は閣議決定により留保撤回を決定し，同日にその旨を国連事務総長に通告した。この間国会は，留保撤回について衆議院文部科学委員会が附帯決議[26]を行った

---

(23)　「捕虜の待遇に関する 1949 年 8 月 12 日のジュネーヴ条約第 67 条の誤訳に関する質問主意書」（第 103 回国会衆議院質問 17 号，1985 年 12 月 9 日。渡部行雄衆議院議員が提出）。

(24)　「衆議院議員渡部行雄君提出捕虜の待遇に関する 1949 年 8 月 12 日のジュネーヴ条約第 67 条の誤訳に関する質問に対する答弁書」（第 103 回国会答弁 17 号，1986 年 1 月 31 日）。

(25)　倉成正外務大臣の答弁（第 107 回国会衆議院予算委員会議録 1 号，1986 年 10 月 3 日）。味村治内閣法制局長官の答弁（第 111 回国会衆議院内閣委員会議録 8 号，1988 年 4 月 26 日）。

り（2010 年 3 月 12 日），衆議院予算委員会で留保を撤回すべきとの指摘[27]がされたり（2012 年 2 月 9 日）するなど，一定の役割を果たしたが，条約の留保撤回の議案が国会で議決されることはなかった。

両事案は，国際人権法学において重要な示唆を与えている。国際人権基準の国内実施を政府・外務省主導にまかせるのではなく[28]，国会によるリーダーシップのあり方についても今後議論が必要であろう。

（2） 国会議員の政治活動としての，政府への働きかけ

外交・条約締結の権限をもつ政府（内閣）へ，国会議員がその政治活動の一環として精力的に働きかけたことが大きな前進に結びついた例がある。たとえば，1979 年 12 月 18 日の第 34 回国連総会において，女性差別撤廃条約の採択に日本政府は賛成したにもかかわらず，署名が遅れた。女性参政権運動を長年リードした市川房枝参議院議員は，自らが委員長を務めた 48 の女性団体が参加する「国際婦人年をきっかけとして行動を起こす女たちの会」のメンバーとともに外務省など関係省庁に出向き，1980 年の「国際婦人の 10 年世界大会」において日本政府が同条約を署名するよう要望した[29]。その後外務省の態度が軟化し，同年 7 月 17 日に同会議にて，高橋展子駐デンマーク大使が政府を代表し，署名が実現した。

日本政府の署名後，市川および同会は，批准にむけてさらに積極的に政府に働きかけた[30]。ただし，国会が条約締結を事前承認したのは，市川の他界（1981 年 2 月 11 日）も影響したのかかなり遅れ，1985 年 6 月 24 日であった（翌 25 日に批准）。こうした働きかけは，今日では市川のようなカリスマ性をもつ議員に個別に依拠するのは現実的ではなく，本章の「V」で扱うように，市民社会の政策ニーズとの対話も含め，多様な意見が反映される熟議を前提とした，党派を超えた複数の議員による「議員連盟」に，その任が移行したといえ

---

(26) 第 174 回国会衆議院文部科学委員会議録 7 号（2010 年 3 月 12 日）。衆参各院の委員会で決定される附帯決議について，生天目忠夫「附帯決議の意義と効果」議会政治研究 16 号（1990 年）18-24 頁。

(27) 第 180 回国会衆議院予算委員会議録 6 号（2012 年 2 月 9 日）。

(28) 中内康夫「社会権規約の中等・高等教育無償化条項に係る留保撤回」立法と調査 337 号（2013 年）55 頁。

(29) 「市川さんらの直談判に軟化」（朝日新聞，1980 年 6 月 27 日）。

(30) 「署名だけではダメ　批准や法整備を早く」（朝日新聞夕刊，1980 年 7 月 18 日）。

◆ 第 6 巻 ◆ 国際人権法の動態 —— 支える力，顕現する脅威　①アクターの諸相

よう。

（3）　国会の承認が必要な条約の範囲

　条約は，広義には多国間・二国間の政府による国際約束である。これは，内閣の外交関係の処理の一環として結ぶことができる国際約束（憲法73条2号）（以下，「行政取極」という）と，国会の承認を必要とする国際約束（同3号）（以下，「国会承認条約」という）がある。後者の範囲については，いわゆる「大平三原則」と呼ばれる政府見解[31]によると，①法律事項を含む，②財政事項を含む，③日本と相手国の間あるいは国家間一般の基本的な関係を法的に規定するという意味において政治的に重要な国際約束であって，それゆえに発効のために批准が要件とされているもの，と解されている。条約を国内で実行するために必要な①法律の制定および②予算の議決は，憲法上国会の権限である（59条1項，83条）ためであると解されている。③については，日米行政協定など，国会の承認を経ずに締結した国際約束について政治的重要性を理由に国会で異論が提起された事案もある[32]。

　しかし，条約について国会の承認が得られない場合でも，相手国と締結した条約の効力には影響がないと解されており，この点でも国会は「蚊帳の外」に置かれているといえるだろう。

　最近では「国際約束」のうち，年間で行政取極は約300本に対し，国会承認条約は投資協定，租税条約，社会保障規定が重視されて10〜20本であるとのことである[33]。第183回国会（2013年1月）から第212回国会（2023年12月）までの11年間に内閣が国会に提出した条約はのべ176本であり，このうち国会が承認したのは156本である[34]。憲法上，条約は「国会の承認を経ることを必要とする」（73条3号）にもかかわらず，実務では，国会承認の対象となる条約は意外と少ない。予算が巨額なODA，グローバル化にともなう移住労

---

(31)　大平正芳外務大臣の答弁（第72回国会衆議院外務委員会議録5号，1974年2月20日）。

(32)　中内康夫「国会の承認を要する『条約』の範囲」立法と調査429号（2020年）29-34頁。

(33)　岡野正敬「外交における条約の役割の変化」国際法外交雑誌119巻2号（2020年）140頁。中内康夫「条約と国内担保法案の国会提出と審議過程」立法と調査462号（2023年）53-56頁。

(34)　https://www.mofa.go.jp/mofaj/gaiko/treaty/index.html

働者や「ビジネスと人権」など，国際的な人権課題が山積する今日においては，「討議の府」としての国会による承認の対象となる国際約束（条約）の範囲を拡大することも必要であろう。

Ⅳ　国会の役割と立法過程

　条約の批准前後における議会の役割は，「条約締結の承認」（憲法61条）のほかに，国内法制度が条約の内容と整合性があるかを審査し，必要であれば新たな立法や法改正を行うことである（同41条）。全国民の代表である「国会」は，少数者を含む社会のさまざまな人々の意見を反映した「熟議」が期待されている。加えて，条約の内容を政府が適切に履行しているかどうか，国政調査権を行使することである（同62条）。国政調査権は衆参各院による行政監視・統制の役割があり，権力分立の原理に基づく立法権と行政権の「均衡と抑制」にとって重要な権限である。

（1）　国際的に期待される議会の役割

　人権条約実現における議会の役割は，国際社会においては上記に加えて，髙田陽奈子の整理[35]によると，次の3つがあるといえよう。第1に，人権条約機関の判決や勧告について，議会は他機関による履行を監視し，議会も必要に応じて立法を行うことである。その決定の際には，少数者や社会のすべてのセクターの参加を確保しなければならない。第2に，人権条約機関の監視機関に適切な報告書を遅滞なく提出することを監視し，議会自らもその報告書の作成に携わることである。監視機関による審査に，国家の代表団の一員またはオブザーバーとして議員が派遣されるべきである。第3に，議会内に，法的な根拠と権限に基づいた人権保障に特化した委員会（議会内人権委員会）または同等の構造を設けることが望ましい，というものである。

　日本の国会はこのような役割も機能も明示的にもたない。条約締結の承認は衆参各院の外務／外交防衛委員会を中心に審議されるが，条約の国内法化についての議案が審議される衆参各院の委員会は，今日では「省庁別」に設置されているので，必要とされる法律の内容によって審議される委員会は，女性，子

---

(35)　髙田・前掲注(1)60-61頁。

ども，障がい者は主に内閣委員会，出入国管理は法務委員会，教育は文部科学委員会，健康や労働は厚生労働委員会，経済政策は経済産業委員会，気候変動は環境委員会など，それぞれ異なる。

このように，日本は，現段階では，国会としての組織的・制度的な対応というよりも，「個々の議員の自発的イニシアティブという脆弱な基盤に依存している」[36]という厳しい批判もある。

（2）　日本の国会の積極的な活動

他方，日本の国会ではこれまでも，国際人権の推進について，議員個人の自発的なイニシアティブの面が強いとはいえ，事実上の制度として定着して取り組まれてきた。すなわち，①衆参各院の「議長外交」と呼ばれる，来日した各国議長や元首との懇談や各国議会の訪問，②衆参各院の国政調査権の一環としての外国への「議員派遣」，③議員同士のネットワークを基盤とした取り組みなどがある。いずれも与野党の垣根を超えた，コンセンサス型が多い。

第1の，議長外交は，具体的には次のようなものがある。外国の議会の議長や議員を招待する。外国からの賓客が議院を訪問する際に行う演説に対し，歓迎スピーチとして挨拶を行ったり，表敬訪問を受けたりする。各国からの駐日大使の着任や国際会議に参加する外交団の来日の際に，表敬訪問を受け，意見を交換することもある。これ以外に，外国の議会や元首による招待により，議長が与野党の各会派の議員数人とともに訪問することもある（衆議院先例集515号，参議院先例録448号）。こうした外国訪問は国政調査としての議員派遣とは異なり，親善や交流が目的とされている。実際には，衆参議長は議案の立案や審議に直接に関与しないので，立法や調査の権能との関連はほとんどないといえよう。

なお，「議長外交」に関する情報開示は限定的で，その実態はよくわからないが，議長の任期中に職務内容をウェブサイトにて広く公開した江田五月第27代参議院議長の記録によると，2007年8月から2010年7月までの3年間に，合計190回・国連機関や地域連合を除くのべ68か国との「議長外交」を行った[37]。なお，同議長は，議長になる前に，裁判官，衆参各院の議員，国

---

(36)　髙田・同上 62 頁。

(37)　江田五月活動日誌〈https://www.eda-jp.com/old-index.html〉より，筆者が集計。

1 議会と国際人権〔大西祥世〕

務大臣を務めるなど多様なバックグラウンドがあり，かつ，国際人権や親善に積極的に活動してきたこともあり，歴代議長の中ではかなり幅広い活動といえよう。

　他方，先述のとおり，ゼレンスキー・ウクライナ大統領は，ロシアの侵攻を批判して自国への支援を求めるため，政府同士の既存の外交ルートのほか，2022年3月8日のイギリスをはじめ，これまで儀礼にとどまっていた外国元首による議会での演説を強力な「外交手段」として用いた[38]。

　日本では，外国元首による国会演説の実施に関する明確な法的根拠はない。ただし，慣例により，政府や与野党の国会対策委員長が検討し，衆参各院の議院運営委員会の決定に基づき，衆参いずれかの議場にて対面形式で行われる。主催者である衆参両院議長が演説の前後にわかれてあいさつを行う。その演説は，国会および衆参各院議長の「儀礼」の範囲であり，常会における内閣総理大臣の施政方針演説とは異なり，衆参各院の会議録に正式には記録されない[39]。加えて，国会で演説した元首は来日中に天皇を表敬訪問する，とされてきた。

　こうした先例に依拠すれば，ウクライナ大統領の国会演説は実現しなかったであろう。国会という公開の場での同大統領からの一方的な政治主張は，強硬的な外交に利用されるおそれがあり，実施に消極的な意見もあったが，結局，権力分立の原理からはさまざまな論点があろう「外交という行政権の，立法府での直接行使」の是非についての議論は深まらず，「日本・ウクライナ友好議員連盟」（会長：森英介衆議院議員［自民］，副会長：泉健太衆議院議員［立憲］）を中心とした国会および内閣への働きかけ[40]もあり，2022年3月23日にオンラインにより実施された。国際人権の面からも今回の侵攻は人権侵害であり許されず，国会にて同演説を実施しないという選択肢は事実上存在せず，例外的に実施されたことはやむを得なかったといえよう。

　なお，外国議会議長や元首の演説は，衆議院の議場と参議院の議場で交互に

---

(38)　「各国議会へ演説行脚」（朝日新聞，2022年3月17日）。茉英坂憲政研究会・前掲注(3)4-5頁。

(39)　衆議院ウェブサイト〈https://www.shugiin.go.jp/internet/itdb_annai.nsf/html/statics/topics/kokkaienzetu220323.html〉，参議院ウェブサイト〈https://www.sangiin.go.jp/japanese/ugoki/r4/220323-2.html〉。

(40)　「大統領のオンライン国会演説　ウクライナ，日本に打診」（日本経済新聞，2022年3月17日）。

◈ 第 6 巻 ◈ 国際人権法の動態 ── 支える力，顕現する脅威　① アクターの諸相

実施されるのが慣例である。今回は衆議院の順番であったが，議場にオンライン中継ができる設備が整備されていなかったので，代わりに，衆議院第一議員会館の国際会議室および多目的ホールにて実施された[41]。

　第 2 の，議員派遣とは，衆参各院が議案の審議や国政調査権を行使する際の活動の手法の 1 つである。個々の議員の申し出によるものではない。各議院は審査・調査のために問題の所在地にて現場を視察したり現地の市民から意見を聴いたりする（国会法 103 条）。それと別に，各委員会がその審査または調査のために行う「委員派遣」もある（衆議院規則 55 条，参議院規則 180 条の 2）。

　いずれの制度も，海外に議員を派遣することもできるので，COVID-19 のパンデミック以前は活発に行われていた。たとえば，①衆参両院の議員団によるIPU 加盟とIPU 会議への派遣（衆議院先例集 512 号，参議院先例録 444 号）や，その他の国際会議への参加や調査のための「議員団」が派遣される（衆議院先例集 516 号，参議院先例録 447 号）ことがある。議員団は，与野党の会派の議員により構成されるのが通例である。参議院では，「重要事項調査」として，議院運営委員会理事会がとくに重要かつ緊急性のある調査事項を決定して，年間 2〜3 班を外国調査に派遣した。また，参議院の決算審査機能の充実のため，2004 年度以降毎年度 3〜4 班の，ODA に関する専門の議員調査団「参議院政府開発援助調査派遣団」を海外に派遣し，その報告書を公表してきた。なお，派遣は議院としての活動であるが，とくに海外への議員派遣は国会閉会中に行われることが多い。委員会の閉会中審査に準じて，会期外の活動が例外的に認められるといえよう[42]。

　こうした海外議員派遣は，単なる視察「旅行」にとどまっているとの批判もある。他方，現地で接した課題について，国際人権の分野に限らないが，帰国後に「議員連盟」が発足したり，政府とは別のインフォーマルな外交ルートして機能したりする[43]など，一定の役割を果たしているといえよう。

　第 3 の，議員同士のネットワークについては，項を改める。

---

(41)　国際会議室に衆参両院議長・副議長，総理大臣，衆参両院議員など約 300 人が参列した。別室の多目的ホール（中継）とあわせて 500 人以上の国会議員が参加した（茉英坂憲政研究会・前掲注(3)4 頁。）

(42)　森本昭夫『国会法概説』（弘文堂，2021 年）284 頁。

(43)　「台湾と協力『安倍氏後』探る　議員外交，石破氏ら超党派訪問」（日本経済新聞，2022 年 7 月 31 日）。

V　議員連盟の活動

国会議員同士のネットワークは政党のほか，特定のテーマに関心をもつ有志の議員同士のネットワークがある。後者は，議員連盟，懇話会，研究会，プロジェクトチーム，ワーキンググループなどさまざまな呼び方があるが，以下では特記しない限り総称して「議員連盟」（以下，「議連」）という。

（1）　「議員連盟」の概要

議連の設置・運用およびその活動には，国会法や議院規則といった法的根拠はない。しかし，国会内では，衆参各院の議員が「立法府の一員」として自発的に活動するために不可欠なしくみとして定着・機能しており，事実上制度化されているといえよう。

議連のメンバーは，衆参各院の国会議員である。同じ政党の議員で構成されるものもあれば，政党を横断して与党の議員同士または野党の議員同士，または与野党を問わず超党派の議員で構成されるものもある。同じ政策課題について，政党別の議連と超党派の議連が併存することもある。メンバーの規模は数十人から 100 人超までさまざまである。属人的，流動的で，入れ替わりも多い。一部の議員が熱心に活動するが，名前を連ねているだけのメンバーもいる。テーマについて継続的に議論するために長期間設置されるものもあれば，特定の問題に即応するために短期間設置されるものもある。運営の主な財源は，各議員が歳費から支払う会費である。事務局は，活動の中心となる国会議員の国会事務所に置かれることが多いが，外国議会との友好議連は，「議長外交」の成果による場合など，その発足の経緯により，国会議員の事務所ではなく，参議院事務局が当該議連の事務局を担う例[44]もある。また，国会外の団

（44）　参議院事務局国際部国際交流課の担当（参議院事務局事務分掌規程）。参議院日仏友好議連（1963 年設立），参議院日本ハンガリー友好議連（1973 年設立），参議院日本ブルガリア友好議連（1973 年設立），参議院日本モンゴル友好議連（1975 年設立），参議院日本ポーランド友好議連（1996 年設立），参議院日本 ASEAN 議員交流推進議連（2002 年設立），参議院日本墺友好議連（2013 年設立）。衆議院事務局事務分掌規程に議連に関する条項は含まれないが，衆議院先例集 518 号の「外国議会の議員団を招待する。」に，「議院運営委員会の決定に基づき，外国議会の議員又は対日友好議員連盟会長等を団長とする議員団を，国会又は衆議院の賓客として招待している。」との記述がある。

◆ 第6巻 ◆ 国際人権法の動態 —— 支える力, 顕現する脅威 Ⅰ アクターの諸相

体やNGOがその政策提言活動の一環として, 特定の議連で事実上の事務局を担う場合もある。

　議連は, 議員活動にとって重要なしくみである。議員個人のウェブサイトで, 所属する議連の名称を公表することもある。他方, 議連のグループとしての発信は, ごく一部がウェブサイトを立ち上げて構成メンバーや活動内容を一般に公表しているものの, 大多数は国会外に向けて情報を広く公表していない。その実態を把握するのは困難であり, 先行研究も見当たらない。活動内容は多岐にわたるが, 筆者なりに整理すると, 国際人権の領域では, ①日本と外国との友好・交流の推進をめざすもの, ②特定の産業振興に関するもの, ③特定の政策の推進をめざすもの, に分類できるだろう。

　具体的には, (a)相手国から来日した賓客, 訪問団, 駐日外交官を歓迎したり交流したりして親善を深め, 国際交流や文化交流, 青少年交流などを行う。(b)特定のテーマについて, 議員同士あるいは省庁の担当者や研究者や市民, ステイクホルダーを招いて, 主に議員会館の会議室などを会場としたヒアリングや勉強会を開催する。現場に出向いて視察する。(c)当事者の衆参両院に向けた請願（憲法16条）および内閣総理大臣への申し入れ[45]や各大臣・省庁に向けた陳情の受付窓口になる。(d)国会で特定のテーマを推進する決議（いわゆる「政策決議」）が採択されるよう活動する。(e)衆参各院の法制局の補佐により, 議員立法として法制化に向けた準備をしたり, 衆参各院の委員会での採択の際の「附帯決議」の内容を調整したりする。(f)政府や各省庁に働きかけて, 内閣提出法案の内容や予算の拡充に貢献したりする, などである。

　なお, 与党・自民党内の議連は, タテワリ行政を超えて政策の推進を加速させる面の評価がある[46]一方, とくに経済政策, 国際協力, 特定の業界に関する分野において, 事実上の「派閥」形成のための動きであったり, その分野の企業やロビー団体と政府とを結びつけて制度設計や利益誘導の源泉になっていたりする[47]との批判もある。

---

(45)　たとえば, 「ハンセン病問題の最終解決を進める国会議員懇談会」, 「ハンセン病対策議員懇談会」, ハンセン病元患者の家族による内閣総理大臣の表敬〈https://www.kantei.go.jp/jp/98_abe/actions/201911/26hyokei.html〉。

(46)　「縦割り打破へ議連が先陣　スタートアップ支援」（日本経済新聞, 2022年4月27日）。

(47)　日本経済新聞の特集「自民党政策マップ」の記事として, 「蓄電池　商工族『脱炭素の有望株』」（2022年3月8日）, 「デジタル金融　目立つ『宏池会系』人材」（同年3

（2） 超党派の議員連盟の具体例

国際人権の領域で注目されるのは，超党派の議連の活動である。その1つに，1988年に設立された「ILO活動推進議員連盟」がある。同議連は，厚生労働大臣経験者が会長や顧問を務めている。2019年6月に，同議連のイニシアティブにより超党派の議員によって提出された，「国際労働機関（ILO）創設100周年に当たり，ILOに対するわが国の一層の貢献に関する決議」が，衆参各院の本会議にて，全会一致で可決された[48]。日本が未批准の2つのILO中核的条約（第105号条約，第111号条約）について引き続き批准に向けて努力を行うことや，ディーセント・ワークの推進を内容とする。同決議可決後，根本匠厚生労働大臣から，「ただいまの御決議の趣旨を受けとめ，政府といたしましても，国際労働機関との連携を一層強化し，引き続き，国際労働機関の理念の追求と実現に積極的に貢献してまいります。」との発言があった。その後，同議連メンバーを中心とした与野党の議員有志は，国家公務員法など公務員への懲戒規定が，第105号条約の禁止する強制労働に該当するおそれがあるため，批准に必要な改正法案を準備した。該当する各法律の改正案は，2021年に議員立法にて国会に提出され，可決・成立した。政府は，2022年に同条約を国会に提出し，その承認を経て，同年7月に締結した。これは，閣法では困難であった条約の実施国内法を，議員立法により先行させた好例である。他方，2023年12月現在，第111号条約の批准は実現していない。

また，最近では，2021年4月6日に「人権外交を超党派で考える議員連盟」が，新疆ウイグル自治区，チベット，南モンゴル，香港，ミャンマーでの深刻な人権侵害による迫害や現状の変更を国際社会に対する脅威とし，国会での「人権侵害制裁法案」の成立に向けて検討する目的で設立された[49]。同議連は，2022年4月19日に，ロシアのウクライナ侵攻をふまえて，日本が未批准のジェノサイド条約について，批准を検討するよう政府に求める声明を発表した[50]。

月9日）。「農産物輸出　促進委『3代目』が差配」（同年3月10日），「『河野・柴山議連』，旗振り役　再生可能エネ」（同年3月11日）。「『甘利議連』が議論けん引　経済安保のルール」（同年5月31日）。

(48)　第198回国会衆議院会議録33号（2019年6月26日）。同参議院会議録30号（2019年6月26日）。塩田智明「条約の締結に伴う国内担保法の立案と条約遵守義務」レファレンス864号（2022年）25-30頁。

(49)　https://jinken-gaikou.org/

◆ 第 6 巻 ◆ 国際人権法の動態 ── 支える力, 顕現する脅威 ① アクターの諸相

　また, 日本経済新聞の整理による[51]と, 2022 年 3 月現在の人権外交に関する主な議連とそのメンバーについて, (a) アムネスティ議連 (尾辻秀久参議院議員, 牧山ひろえ参議院議員など), (b) ミャンマーの民主化を支援する議連 (中川正春衆議院議員など), (c) 日本ウイグル国会議連 (安倍晋三衆議院議員, 古屋圭司衆議院議員など), (d) 日本チベット国会議連 (下村博文衆議院議員など), (e) 南モンゴルを支援する議連 (高市早苗衆議院議員など), (f) 上記でも取り上げた, 人権外交を超党派で考える議連 (斎藤健衆議院議員, 舟山康江参議院議員), (g)「人権外交」を推進する議連 (中川正春衆議院議員, 松原仁衆議院議員など) の 7 つがある。

（3）　超党派の議員連盟が中心となった立法や法改正

　国際人権に関する議連の活動は多岐にわたるが, ここでは, ①条約批准後の法改正の例として発達障がい者の支援を, ②日本が未批准の条約に関する例として死刑を, ③国連の会議の成果を日本で実施した例として旧優生保護法の強制不妊手術を取り上げて, 検討する。

　①　条約批准後の法改正：発達障がい者の支援

　「発達障害の支援を考える議員連盟」は 2004 年 5 月に設立された超党派の議連 (会長：橋本龍太郎衆議院議員, 事務局長：福島豊衆議院議員) である。それまで発達障がい者の支援について明示的な法制度がなく, 身体障がい, 精神障がい, 知的障がいのいずれとも異なり, 適切な支援が受けられなかったため, 「発達障害者支援法」の制定をめざし活動した。同年 12 月に同法は成立した (平成 16 年法律 167 号。施行は 2005 年 4 月 1 日)。

　同議連の会長代理であった野田聖子は, 2004 年の立法過程を振り返り, 議員立法は, 政府が法案の内容を精査して国会に提出する内閣提出法案に比べて, 国会内での議論が後回しにされがちなので, 「議員立法を作るには, しっかりとした法律を作る知恵と, 国会運営を乗り越える力技とが相まって, 初めて成立でき」ること, そのためにしかるべき人に協力してもらうことが必要なので, 橋本龍太郎議員に依頼し, 立法作業が立ち止まった際に「すぐ『橋本先生が』と名前を出せば, 大体通った」と述べた[52]。

---

(50)　「ジェノサイド条約批准を」(日本経済新聞, 2022 年 4 月 20 日)。
(51)　「人権外交の議連が活況」(日本経済新聞, 2022 年 3 月 4 日)。
(52)　発達障害の支援を考える議員連盟編『改正発達障害者支援法の解説』(ぎょうせい,

同法は附則にて法律の施行から 3 年後に必要な見直しを行うとされ，実際，2006 年に改正された（2007 年 4 月 1 日施行）。その後，2013 年 12 月に国会は「障害者権利条約」の締結を事前承認し（憲法 61 条），それを受けて日本政府は 2014 年 1 月に同条約を批准した。そこで同議連は，2015 年 3 月に，同法改正に向けた検討を開始した。その後の 4 カ月間で，関係団体や省庁，研究者を招いた勉強会（7 回）や視察の後に，ワーキングチームによる検討会（12 回）を行い[53]，2016 年 4 月に改正法案をまとめた。その後，各会派に内容を説明して理解を得られたため，議員立法として国会に提出した。同年 5 月に衆議院および参議院で可決され，成立した（平成 28 年法律 64 号）[54]。

改正法では，障害者権利条約の内容が反映された。たとえば，発達障がい者の定義は，改正前は「発達障害によって社会生活に制限を受ける」という表現であったが，改正後は「発達障害と社会的障壁によって社会生活に制限を受ける」に変更された（同条約 2 条。同法 2 条 2 項）。

同議連は，議員立法をめざして設立され，最初の法律制定から 10 年以上継続して積極的に活動したことで，関連する条約の批准や法改正に向けてのエンジンとなったたいへん珍しい取り組みであり，評価できよう。

②　日本が未批准の条約に関する例：死刑

1989 年に国連総会で採択された「死刑廃止に向けての市民的および政治的権利に関する国際規約の第二選択議定書」（以下，「死刑廃止条約」という）は，2022 年 5 月末現在で世界の 90 カ国が批准している[55]。締約国に対して死刑執行の禁止（1 条 1 項），死刑廃止に関する国内法令上の措置（1 条 2 項）を義務づけている。日本政府は，死刑廃止は慎重に検討すべき問題であるとして，同条約を批准していない。

1994 年 4 月に発足した「死刑廃止を推進する議員連盟」は，死刑と無期懲役の間に位置する「重無期刑」を創設する案を検討し，2003 年 6 月に「重無期刑の創設及び死刑制度調査会の設置に関する法律案」を，2008 年 4 月に「重無期刑の創設及び第一審における死刑に処する裁判の評決の特例に係る刑法等の一部を改正する法律案」を取りまとめた。これと別に，2008 年 5 月に「量

2017 年）155 頁。

(53)　発達障害の支援を考える議員連盟・同上 154 頁。

(54)　発達障害の支援を考える議員連盟・同上 2-6 頁。

(55)　https://indicators.ohchr.org/

◆ 第 6 巻 ◆ 国際人権法の動態 —— 支える力，顕現する脅威　①アクターの諸相

刑制度を考える超党派の会」が発足し，仮釈放がない終身刑の創設をめざして法律の骨子案を作成したが，2009 年 2 月に見送られた[56]。

　日本の死刑制度は，国際社会から人権侵害にあたるとして廃止するよう長年強く批判されているが，日本ではその廃止には根強い反対意見があるという厳しい現状において，同議連は所属する政党の政策を乗り越えて，おのおのの議員がその信念や政策理念に基づき，自発的に活動してきた。死刑や脳死など，法律による生命の終わりのあり方は人権にかかわるもっとも重大な課題である。与野党が対立を深めるのではなく，超党派により合意をめざして議論を重ねて結論を得ることが望ましくあり，重要である。死刑廃止は国会の多数派，とくに与党内で賛成が得られず条約の批准も立法も見送られているが，その検討の蓄積は将来の制度設計に向けての財産になろう。

　③　国連の会議の成果を国内で実施した例：旧優生保護法による強制不妊手術

　人工妊娠中絶は堕胎罪（刑法 212 条）に該当するが，例外として 1948 年に，母体の保護に必要な場合，旧優生保護法（昭和 23 年法律 156 号）によって合法化された。1949 年の同法改正により，本人の経済的理由および本人か配偶者が精神疾患または知的障がい（当時の条文上の表記は「精神病」，「精神薄弱」）である場合の人工妊娠中絶も認められた。

　また，旧優生保護法は，医師が，遺伝性疾患やハンセン病（当時の条文上の表記は「癩疾患」）などの患者に対して任意の不妊手術を行うことができる（3条）とともに，別表に定める特定の遺伝性精神・身体疾患について，医師が公益上必要であると判断した場合は，都道府県優生保護審査会の審査を経て，本人および配偶者の同意なく，強制的に不妊手術を行うことができるとされた（4条）。さらに，1952 年に，遺伝性以外の精神疾患や知的障害について，保護義務者の同意のみで不妊手術を行うことができるよう改正された。

　このような，第三者が本人の意思にかかわらず不妊手術の実施を決定して行うという「強制不妊手術」の件数は，1948 年から 1996 年までの間に，公的機関の統計によれば，16475 件（うち，遺伝性疾患を理由とするものが 14566 件，非遺伝性疾患を理由とするものが 1909 件）であった。また，任意の不妊手術は，遺伝性疾患を理由とするものが 6965 件，ハンセン病を理由とするものが 1551

---

(56)　問柴泰治「死刑をめぐる論点」調査と情報 651 号（2009 年）9 頁。

件実施された[57]。

　このように日本は，法律や政策によりハンセン病患者への厳しい差別を行った人権加害側の当事国であるとともに，遅ればせながらも政府としてそうした負の歴史を反省して福祉の面や人権の面の取り組みを行ってきた[58]という，国際社会では珍しい国である。国際的には依然として，ハンセン病患者への偏見や差別が根強い国家が多いが，日本は2008年6月に人権理事会で「ハンセン病差別撤廃決議」を主提案国として提案し，採択される[59]など，議連をつうじた議員，当事者，政府間の対話が「人権外交」の発展に至っている。

　ハンセン病の患者および元患者の人権回復に関する政治過程では，議連が果たした役割が大きい。2001年に「ハンセン病療養所入所者等に対する補償金の支給等に関する法律」が制定されて，精神的苦痛の慰謝，名誉の回復，福祉の増進を図るとともに，死没者に対する追悼の意を表することとされた。しかし，人権の面でも福祉の面でも対応は十分とはいえず，「ハンセン病対策議員懇談会」や2001年4月に設立された「ハンセン氏病の最終解決を求める議員懇談会」などの議連を通じた活動をつうじて，2008年6月に「ハンセン病問題の解決の促進に関する法律（平成20年法律82号）」が制定された。さらに，2019年11月に議員立法にて「ハンセン病元患者家族に対する補償金の支給等に関する法律（令和元年法律55号）および「ハンセン病問題の解決の促進に関する法律」（令和元年法律56号）が制定され，ハンセン病元患者への補償金の支払いが法制化された。

　不妊手術について，ハンセン病を理由とした部分は，1996年の「らい予防法廃止法」（平成8年法律28号）により削除された。同法案の審議過程では，内閣から国会への提案理由にて，菅直人厚生大臣が強制不妊手術を受けたハンセン病患者に対する遺憾の意と謝罪を述べた[60]。また，同年の優生保護法を母体保護法に改正する審議の際に，参議院厚生委員会は附帯決議として「この法律の改正を機会に，国連の国際人口開発会議で採択された行動計画及び第4

---

(57)　国会図書館調査及び立法考査局「旧優生保護法による強制不妊手術について」国政の論点（2018年）2頁。

(58)　https://www.mhlw.go.jp/stf/seisakunitsuite/bunya/kenkou_iryou/kenkou/hansen/index.html

(59)　https://www.mofa.go.jp/mofaj/gaiko/hansen/index.htm

(60)　第136回国会衆議院厚生委員会議録6号（1996年3月25日）。

◆ 第 6 巻 ◆ 国際人権法の動態 ── 支える力, 顕現する脅威　□ アクターの諸相

回世界女性会議で採択された行動綱領をふまえ, リプロダクティブヘルス・ラ
イツ (性と生殖に関する健康・権利) の観点から, 女性の健康等に関わる施策に
総合的な検討を加え, 適切な措置を講ずること」を決定した[61]。この附帯決
議は, 1994 年の同国連会議の成果を含む重要な内容であったが, その後の国
内政策に十分にいかされず, ハンセン病以外を理由とした強制不妊手術に関す
る具体的な人権の回復や補償は行われなかった。

　1998 年 11 月に国連人権規約委員会は, 自由権規約に関する日本政府報告書
(第 4 回定期報告) に対する最終所見で, 強制不妊手術にさらされた人々が補償
を受ける権利が法律上未整備であることを遺憾とし, 日本政府に対して必要な
法的措置をとることを勧告した。さらに, 2016 年 3 月に女性差別撤廃委員会
は, 日本政府報告書 (第 7 回および第 8 回合同定期報告) に対する最終見解で,
日本政府に対し, 強制不妊手術の調査研究, 加害者の処罰, 被害者への法的救
済, 賠償, 権利回復などを勧告した[62]。

　日本の障がい者団体はそれまでも, 先述のとおり, リプロダクティブヘル
ス, リプロダクティブライツを「人権の課題」として議論した 1994 年の国際
人口開発会議などにおいて, こうした旧優生保護法の差別性を提起していた
が, 改善されなかった。ところが, 2018 年 1 月に強制不妊手術の被害者が国
家賠償を請求して裁判所に訴訟を提起したことをきっかけに, 同年 3 月に, 被
害者救済法の議員立法をめざして, 超党派の「優生保護法下における強制不妊
手術について考える超党派議員連盟」が発足した。また, 与党の自民党・公明
党では, 法律をつくる場合は「被害者の範囲」を新たに定める必要があり, そ
の検討に時間がかかるとして, まずは厚生労働省や都道府県が保管する資料の
保全をめざし,「与党旧優生保護法に関するワーキングチーム」が設置され
た[63]。前者は同年 11 月 7 日の法案の骨子を, 後者は同年 10 月 31 日に法案の
基本方針を取りまとめた。結局, 両議連は双方の案に基づく対話と協議を重ね
た結果, 翌 2019 年 3 月に, 旧優生保護法に基づく優生手術および不妊手術を
受けた人に一時金 320 万円を支払う「旧優生保護法に基づく優生手術等を受け
た者に対する一時金の支給等に関する法律」(平成 31 年法律 14 号) が制定され
た。最高裁判所は, 旧優生保護法の同規定は憲法 13 条に違反すると判断した

---

(61)　第 136 回国会参議院厚生委員会会議録 20 号 (1996 年 6 月 17 日)。
(62)　CEDAW/C/JPN/CO/7-8, para. 25.
(63)　岡村美保子「旧優生保護法の歴史と問題」レファレンス 816 号 (2019 年) 22 頁。

（令和6・7・3）。

　強制不妊手術に関する人権保障および救済について，国連会議での当事者の問題提起から法制度の整備までに四半世紀という長い年月がかかり，立法関係者は厳しく批判されよう。他方，かつて，臓器移植法（平成9年法律104号）の例があるが，こうして人間の生命・リプロダクションにかかわることがらを超党派の議員同士で議論して合意を得たことは評価できよう。

　このように，超党派の議員連盟は，死刑廃止など実現していない法制度もあるが，立法および立法をめざす過程を通じて，国際人権基準を国内法として実施する「出発点」になっている。また，議員の活動であるので当然政治的なかけひきもあるが，特定のテーマに関心をもつ議員の専門性がベテラン・新人を問わずいかされたり，党派を超えて議論したりする「熟議の場」にもなる。国会外部の，少数派を含む多様な知恵が集まる場でもある。国際機関と政府およびNGOその他のステイクホルダーをつなぐ結節点であり，政策推進に向けたプラットフォームとしても機能している。議連は，議員にとっても国会にとっても，重要な活動であるといえよう。

VI　国際機関による各国議会への接近

　国際社会において，国際人権の担い手の多層化，多元化により，議会の役割が重視されている[64]。議会を直接に「人権保障の担い手」として位置づけようという議論である。伝統的な人権論において議会は，内閣（大統領），最高裁判所とともに統治機構の1つであり，個人の参政権はもちろん，表現の自由（自己統治の権利）の保障が必要となる「舞台」として位置づけられてきたが，それに加えて「演者」の役割も担うという考え方である。

（1）　列国議会同盟（IPU）

　こうした議論を主導してきた国際機関の第1はIPUである。IPUは，その「民主主義および人権委員会」による活動を中心に，人権保障における議会の

---

(64)　先行研究について，髙田・前掲注(5)「人権条約における個別の国家機関の位置づけ（1）」40-42頁。

◆ 第6巻 ◆ 国際人権法の動態 ── 支える力，顕現する脅威 　Ⅰ アクターの諸相

責務の重要性を強調するようになった[65]。1993年にシンポジウム「議会 ──
人権の守護者」を開催し，議会の活動において人権を考慮する重要性が共有さ
れた。その重要性は，各国の憲法の解釈でも広く採用されており，同シンポジ
ウムは，各国国内の憲法構造にてすでに常識とされた内容を，国際的にも再確
認したものといえよう。

　その後，2004年に開催された「人権の守護者としての議会の強化 ── 議会
内人権機関の役割」セミナーにおいて，議会内人権機関の考え方が提起され
た。同機関は，国連の「パリ原則」に準じた国際人権機関とも，行政監視によ
る人権および民主主義の実現を目的とした「議会オンブズマン」[66]とも異な
る，新しい考え方の提唱であり，今後の発展が注目される。

　また，IPUは2012年に，各国議会がジェンダー配慮のための改革に着手・
実施することをめざす「ジェンダーに配慮した議会のための行動計画」を全会
一致で採択した。2016年に「ジェンダー・ツールキット」という，議会がジェ
ンダー平等推進に取り組む際の自己点検を行う指標を公表した。2016年の英
国議会をはじめ，2023年までに9カ国（コロンビア，ジョージア，ケニア，ナミ
ビア，セルビア，シエラレオネ，タンザニア，日本）がこの自己評価に取り組ん
だ。日本では，2015年2月に発足した衆参両院の超党派議員による「政治分
野における女性の参画と活躍を推進する議員連盟」が中心となり，2022年に
衆議院で，翌2023年に参議院で「議員アンケート調査」が実施され，それぞ
れ報告書[67]が発行された。なお，同調査は，日本の憲政史上初めて，議院が
主体となって，それぞれに属するすべての会派・すべての議員にアンケート調
査を直接行って，その結果を回収・分析・公表した，画期的な取り組みであ
る[68]。

---

(65)　髙田・同上125頁。

(66)　衆議院憲法調査会事務局「『議会オンブズマンその他の行政に対するチェックの仕
　　組み』に関する基礎的資料」（2004年）。

(67)　衆議院「議会のジェンダー配慮への評価に関するアンケート調査報告書」（2022
　　年）。同報告書の紹介・研究として，辻岡美夏「議会のジェンダーへの配慮」法律時報
　　95巻5号（2023年）65-70頁。三浦まり「ジェンダーに配慮した議会に向けたIPU自
　　己点検の意義と日本の取り組み」学術の動向2023年2月号（2023年）57-61頁。参議
　　院「議会のジェンダー配慮への評価に関するアンケート調査報告書」（2023年）。井田
　　理佳子「議会のジェンダー配慮に関する自己評価」立法と調査462号（2023年）153-
　　168頁。

(68)　大西祥世「立法府における男女共同参画の推進」立命館法学409号（2023年）

（2）　国　　連

　第2の国際機関は，国連である。国連は発足以来，国連加盟国で外交を担う政府を中心に運用されてきた。人権の領域では，規約人権委員会や人権理事会などにおいて国際人権条約の政府報告書審査を「審査」として確立し，その際に政府と異なる情報源としてNGOの参加を求めた。1990年代の世界人権会議などの国連会議ではNGOフォーラムを開催し，その成果が政府間会議に反映するようにした。こうして，国際人権では，政府以外の担い手を多様化させてきた。さらに，2000年の「国連グローバル・コンパクト」の発足にともない，企業も国連の活動の重要なパートナーとして位置づけた。

　こうした多層化・多元化の延長線上に「担い手」としての議会がある。すなわち，国連加盟国の国家および主権を単一にとらえるのではなく，「『国家』が『国家』として人権条約上の義務を負うのとは別の次元の問題として，個別の国家機関がそれぞれ，人権条約上，直接 —— 国内法を介さずに —— 固有の『責務』を負う」という「国家解体・補完性モデル」[69]という考え方に基づき，国連は各国議会にも射程を広げている。たとえば，国連総会は，2010年12月13日に「国連，各国議会，IPU三者間の協力決議」[70]を採択し，さらに2012年5月29日に，「国連，各国議会，IPU三者間の相互交流決議」[71]を採択した。

　国連人権理事会は，2017年11月16日に，約4年半ごとにすべての国連加盟国がその国の人権状況について審査を受ける「普遍的・定期的レビュー」（以下，「UPR」という）のすべてのプロセスへの各国議会の関与の促進を奨励するとともに，その実効性を高めるために，国連人権高等弁務官事務所に対してIPUとの協力の強化を提案した[72]。同事務所は，各国議会がUPRの審査過程にどのように貢献できるのかに関する報告書を，2018年5月17日に採択した[73]。さらに，2021年6月18日に，議会内人権委員会の専門性の向上およびジェンダー平等の支援や公務就任権の擁護に関する議会活動の促進について，より連携を強化するための新協定に合意した[74]。

4-21頁。

(69)　髙田・前掲注(5)「人権条約における個別の国家機関の位置づけ（1）」44-45頁。

(70)　A/RES/65/123.

(71)　A/RES/66/261.

(72)　A/HRC/35/29.

(73)　A/HRC/38/25.

(74)　https://www.ipu.org/news/news-in-brief/2021-06/ipu-and-un-human-rights-

◆ 第6巻 ◆ 国際人権法の動態 —— 支える力，顕現する脅威　Ⅰ アクターの諸相

　UPR は，各国の外務省など行政権を中心とする，各国の人権状況に関する政府報告に基づく審査である。こうした政府報告書が，より実態を反映して充実するよう，各国に設置された政府から独立した「国内人権機関」が関与することが重視されている。他方，議会は，国民の代表者により構成されて少数者の意見も反映される面もあるが，多数派の意向が強く働く面があることも視野に入れる必要がある。国際的・政治的なパフォーマンスに利用される懸念をどのように取り除くかが，今後の課題であろう。

Ⅶ　お わ り に

　以上の検討により，国際人権の国内での実施に果たしてきた議会の役割は，相当に豊かであることが明らかになった。とくに議連の活動は，先行研究が極端に不十分であったが，本論文により，党派の対立を超えた課題ごとのグループであり，与野党および政党間の対立とは異なる，議会ならではの熟議をつうじた合意をめざすことができる国際人権を実施する重要なしくみであることが改めてわかった。グローバル化が進行した今日では，国会議員も外国や国際機関の政治リーダーとの接点が多く，それが「議員外交」に発展してきた。日本では「議会と国際人権」という論点は実務が先行しているが，本論文が研究面の展開に向けてその歩みを進めることに少しでも役立てれば幸いである。

　くりかえしになるが，立法が，国際人権条約を上位の国内「法」として受け止め，それに適合するように事前に調整する一連の立法および実施の営みが，条約の国内実施の本体的部分であり，「権利」として裁判所が事後に救済することが国内実施の本体ではないと考えるべきであろうという棟居の指摘[75]は，たいへん示唆に富む。本章は，そうした「事前に調整する一連の立法および実施の営み」を担う国会議員の活動を議員外交や議員連盟などを具体的に取り上げて検討することにより，これまでの憲法を頂点とする主権国家における「憲法—条約—法律」という国内法の段階構造とは異なる視座から，憲法構造の1つとして議会が国際人権を実現するために果たしてきた役割を新たに明らかにした。日本国憲法13条の，個人の尊厳および幸福追求権は「立法その他の国

---

　strengthen-their-partnership
(75)　棟居・前掲注(13)47 頁。

政の上で，最大の尊重を必要とする。」の意味あい[76]からも，こうした議会の積極的な活動がますます促進されることが期待される。

なお，議会には，国の議会と自治体の議会がある。自治体の議会の役割は，外国籍住民を含む市民に最も近く，その政策ニーズに接する立場である特性をいかし，国際人権条約の国内実施を先取りしたような「決議」を行うなど，重要である。「全国フェミニスト議員連盟」[77]などの，自治体の枠組みを超えた議員のネットワーク活動も積極的である。

また，議会による国際人権の推進には，国際機関と各国の政府，議会および議員，NGO同士の協力体制が前提となる。もしそれが崩れて，国連と各国議会とが直接に連携・協働することが進めば，主権国家における立法権と行政権が対立して「権力分立の原理」をゆるがすような事態が生じる可能性も否定できないといえよう。また，「ビジネスと人権」や環境問題の領域では，条約や法律といった「ハードロー」だけではなく，直接の法的根拠をもたず，民主的正統性に疑問が提起されるような「ソフトロー」が事実上の法規範として作用するケースも増加している[78]。

このように人権保障の担い手がますます多層化，多元化する今日において，議会が人権保障，法の下の平等，「法の支配」についてどのような役割を果たすのか。本章の考察では，グローバル化が進む一方で，伝統的な「外交は政府の専権事項」といった憲法学の理論を維持すると，ますます外交権に名を借りて行政権が肥大化し，国会の立法権や財政制御権などの行使できる範囲が実質的に縮小するという，現代の立憲主義の重大な問題が浮上するように思える。これは，IPUやそのメンバーが模索している国際人権の推進における議会のより積極的な役割の確保に逆行することになろう。

国会は「国権の最高機関」（憲法41条）で，国会議員は「全国民の代表」（同43条）である。今日の社会の多様化，複雑化に対応するには，国内課題の政策・予算でも，国際化の環境に配慮しなければ決定できない。ドメスティックでありえた時代の権力分立論以降の，議会の自発的・積極的な役割のさらなる検討が，これからの国際人権法学に期待される1つの課題であろう。

---

(76)　大西・前掲注(6)『女性と憲法の構造』284頁。

(77)　https://afer-fem.org/

(78)　大西祥世「ビジネスと人権」法学教室497号（2022年）34-38頁。

※本論文は科研費助成（22H00811JP）による研究成果の一部である。

2 外交における人権

古川浩司

I　はじめに　　　　　　　　Ⅳ　近年の新たな動き
Ⅱ　人権外交とは　　　　　　Ⅴ　おわりに
Ⅲ　人権外交の手段としての対外援助

I　はじめに

　2022年2月のロシアのウクライナ侵攻開始および2023年10月のイスラエル・ハマス戦争開始以降，国際社会の注目のほとんどがその動向に注がれている。しかしながら，それ以前から，世界トップ2の大国である米国と中国による「人権」をめぐる対立が顕著になっていた。たとえば，2021年3月18日にアラスカで開催された，米中の外交担当トップである米国のブリンケン国務長官と楊潔篪（ヤン・ジエチー）共産党政治局員との会談では，会議冒頭より人権問題などを巡って冒頭から激しい応酬となった。会議の冒頭から，米国側が「新疆ウイグルや香港，台湾，米国へのサイバー攻撃や同盟国への経済的威圧について深い懸念を議論する。これらの行動はルールに基づく秩序を脅かしている」と厳しく非難すれば，中国側が「内政干渉には断固として反対する」「米国は軍事力と金融覇権を用い，他国を抑圧している」と主張し，黒人問題を取り上げて「米国こそ人権でより良い対応を取るよう希望する」などと指弾した。双方はこの後も応酬し，報道陣を前にした冒頭のやりとりは異例の1時間にも及んだという[1]。

　その直後の同月23日に，中国の王毅（ワン・イー）国務委員兼外相は中国広西チワン族自治区桂林市で，ロシアのラブロフ外相と会談し，共同声明で「各国は人権問題の政治化に反対すべきだ」と明記することにより，新疆ウイグル自治区を巡る米国や欧州の対中制裁をけん制した[2]。これに対し，同年6月

---

(1)　「米中会談，冒頭から応酬「深い懸念」「内政干渉に反対」── 外交トップ，アラスカで直接協議」（日経速報ニュースアーカイブ，2021年3月19日）。

(2)　「「人権問題の政治化反対」中ロ外相，米欧をけん制」（日本経済新聞，2021年3月

◆ 第 6 巻 ◆ 国際人権法の動態 —— 支える力, 顕現する脅威 Ⅰ アクターの諸相

に英国・コーンウォールで開催された米国を含む主要 7 カ国 (G7) 首脳会議では, 共同宣言に「特に新疆や香港との関係で人権や基本的自由を尊重するよう中国に求めることを含め, G7 の価値を推進していく」ことが明記された[3]。なお, 同宣言には「ロシアに対して, 不安定化を招く行動や悪意のある活動を止め, 国際的な人権に関する自らの義務を果たすよう改めて求める」ことも盛り込まれた[4]。以上のように, 近年, G7 と中ロは人権をめぐって対立状況にある中で, ロシアのウクライナ侵攻が起きたのである。

　以上のような「人権尊重の推進を目的する外交」,「他国内に起こっている人権侵害の状況を是正しようとする意図をもって行われる外交的行為」などは「人権外交 (human rights diplomacy)」と定義される[5]。人権外交は最近見られるようになったものではない。これまでの人権外交の具体例として, 1977〜80 年の米国の J. カーター政権による人権を重視した外交, EC ／ EU の政治的コンディショナリティおよび 1992 年に閣議決定された ODA 大綱の 4 原則のうち 1 つである「開発途上国における民主化の促進, 市場経済導入の努力並びに基本的人権及び自由の状況に十分に注意を払う」という原則があげられる。さらに言えば, 1970 年代から始まった米国の人権外交においては, 対外援助が人権外交の手段の一環として位置付けられ, 対外援助を効果的に用いることで諸外国の人権侵害の改善が目指され[6], 日本の ODA 大綱にある人権に関する原則もこの流れに沿ったものであると言える。しかしながら, このような対外援助を通じた人権外交があまり注目されなくなり, 近年においては, これまでとは異なる手段で人権侵害の改善が目指されるようになっていると同時に, 人権外交における「人権」の内容に関する国際人権法の観点からの批判は論をまたない。それでは, 人権外交が注目されるようになってから 40 年以上たった現在, 以前の人権外交と比較して変わっていない点, あるいは変化した点として何があげられるのであろうか。

---

　24 日朝刊)。
(3) 「G7 サミット共同宣言の骨子」(日経速報ニュースアーカイブ, 2021 年 6 月 14 日)。
(4) 同上。
(5) 中山俊宏「人権外交」岩内亮一・藪野祐三編集代表『国際関係用語辞典』(学文社, 2003 年) 123 頁, 石井修「人権外交」川田侃・大畠英樹編『国際政治経済辞典 (改訂版)』(東京書籍, 2003 年) 389-90 頁。
(6) 佐藤真千子「米国の人権外交と対外援助」『国際関係・比較文化研究』12 巻 1 号 (2013 年) 61 頁。

以上の問題意識から，本論では，『外交における人権』と題し，現代国際関係（とくに国家間関係）における国際人権／法の位置・機能について，「人権外交」を手掛かりに論じたい。なお，人権外交は，①多国間人権外交（国連などの人権機関における会合や人権関係の国際会議の場で展開される人権促進を目指す外交），②二国間人権外交（二国間関係において相手国の人権状況の改善を目指して展開される外交），③受動的人権外交（自国の人権状況改善に向けて国際的圧力に対応する外交），の３つの類型に分類することができるが[7]，本章では二国間人権外交を中心に論じることとする。具体的にはまず米国，欧州，日本の人権外交を説明する。次に，人権外交の手段としての対外援助の具体例および近年の人権外交に関する新たな動きを説明したうえで，人権外交における連続性および非連続性を明らかにしたい。

Ⅱ　人権外交とは

冒頭で人権外交の定義を紹介したが，近年，日本の人権外交の基本的立場は以下のように説明されている。

普遍的価値である人権および基本的自由の保障は，全ての国家の基本的な責務であるとともに，国際社会全体の正当な関心事項である。日本は，人権が普遍的価値であることを前提に，各国・各地域の歴史的・文化的背景を踏まえつつ，例えば，カンボジアやミャンマー，イランとの人権対話等，人権状況に向けた取組を実施している。また，二国間の対話に加えて，国際社会との協力を重視し，国連を始めとする多国間での取組みに積極的に関与することで，国際社会における人権の保護・促進に貢献している[8]。

また，外務省ウェブサイトでは国際社会の人権問題に対処するにあたって重要であると考えている点が以下のように説明されている。

(1)　人権および基本的自由は普遍的価値であること。また，各国の人権状況

---

(7)　横田洋三「人権と人権外交」渡辺昭夫編『現代日本の国際政策』（有斐閣，1997 年）176-77 頁。

(8)　例えば，富山未来仁「日本の人権外交」国際人権 32 号（2020 年）83 頁。

は国際社会の正当な関心事項であって，かかる関心は内政干渉と捉えるべきではないこと。

(2) 人権の保護の達成方法や速度に違いはあっても，文化や伝統，政治経済体制，社会経済的発展段階の如何にかかわらず，人権は尊重されるべきものであり，その擁護は全ての国家の最も基本的な責務であること。

(3) 市民的，政治的，経済的，社会的，文化的権利等すべての人権は不可分，相互依存的かつ相互補完的であり，あらゆる人権とその他の権利をバランス良く擁護・促進する必要があること。

(4) 「対話」と「協力」の姿勢に立って，国連等国際フォーラムおよび二国間対話等において，日本を含む国際社会が関心を有する人権問題等の改善を促すとともに，技術協力等を通じて，必要かつ可能な協力を実施すること。[9]

ここにある人権および基本的自由とは何を指すのであろうか。その内容をめぐっては，各国により異なっている。たとえば，米国が人権条約の作成，締結そして適用に消極的であるという批判は既に20年以上前にもなされているが[10]，今なおその状況が変わっているとは言い難い。というのも，主な人権条約状況を中国やロシアと比較すると，社会権規約や女性差別撤廃条約をはじめ米国の方が批准していない人権条約の数が多いからである。この背景には，人権についての米国の考えは，通常，市民的・政治的権利が経済的，社会的，文化的権利よりも優位とみなされることが多いことが指摘される[11]。なお，日本も主な人権条約にはすべて批准しているが，各条約に基づき設置された委員会に通報することを可能にする個人通報制度を内容とする選択議定書の批准に関しては[12]，ドイツ，フランス，イタリア，イギリスといった欧州諸国，豪州，ニュージーランド（NZ）や韓国とは異なり，1998年9月に日本弁護士連合会が「人権の国際的保障とその効果的実施を推進する宣言」で国際人権

---

(9) 「人権外交」外務省〈https://www.mofa.go.jp/mofaj/gaiko/jinken.html〉（閲覧日：2024年1月16日）。

(10) たとえば，阿部浩己「アメリカという仮想現実」アムネスティ・インターナショナル日本支部編『アムネスティ人権報告⑦人権小国アメリカ』（明石書店，1998年）39頁。

(11) 佐藤・前掲注(6)69頁。

(12) 詳しくは「個人通報制度（概要）」外務省〈https://www.mofa.go.jp/mofaj/files/000472198.pdf〉（閲覧日：2024年1月16日）を参照されたい。

2 外交における人権〔古川浩司〕

表 1　主要国の主な国際条約の批准状況（2023 年 2 月 21 日現在）

| | | G7 | | | | | | | 豪 | NZ | 韓 | 露 | 中 | 各条約締約国数 | 個人通報制度受け入れ国数 |
		日	米	独	仏	伊	英	加							
国際人権規約	社会権規約	○	×	◎	◎	◎	○	○	○	○	○	○	○	171	26
	自由権規約	○	○	◎	◎	◎	○	◎	◎	◎	◎	◎	×	173	117
人種差別撤廃条約		○	○	◎	◎	◎	○	○	○	○	○	○	○	182	59
女性差別撤廃条約		○	×	◎	◎	◎	◎	○	○	◎	○	○	○	189	115
拷問等禁止条約		○	○	◎	◎	◎	○	○	◎	○	○	○	○	173	70
児童の権利条約		○	×	◎	◎	◎	○	○	○	○	◎	○	○	196	50
障害者権利条約		○	×	◎	◎	◎	○	○	◎	○	○	○	○	186	104
強制失踪条約		○	×	◎	◎	◎	×	×	×	○	◎	×	×	70	24

◎：個人通報制度を受け入れ済　○：条約本体のみ批准（個人通報制度は受け入れていない）
×：条約本体未批准准
（出所）'STATUS OF RATIFICATION INTERACTIVE DASHBOARD'〈OHCHR：https://indicators.ohchr.org/〉（閲覧日：2023 年 12 月 30 日）内の情報をもとに筆者作成。

（自由権）規約第 1 選択議定書の批准を求めて以来，他の条約の個人通報制度に関する議定書も含め，現在もなお 1 つも批准されていない[13]（表 1）。

　次に，「対話」と「協力」とは何を指すのであろうか。まず，「対話」の対義語として「批判」，「協力」の対義語として「制裁」をあげることができる。これらは人権外交の手段に関係するが，人権外交の手段については外交手段と経済手段と軍事手段に分類されると同時に，ネガティブな性質のもの（以下，ネガティブ・リンケージ）とポジティブな性質のもの（以下，ポジティブ・リンケージ）がある。そこで，二国間関係に絞ってそれぞれについて説明すると，外交手段におけるネガティブ・リンケージの具体例として，外交当局を通じた公式手続，議会での公開声明，閣僚訪問の中止あるいは延期ならびに文化あるいはスポーツ関係の制限もしくは断絶，外交関係の断絶などがあげられる。他方，ポジティブ・リンケージの具体例として，人権侵害国の裁判官，弁護士，官

（13）　詳しくは，「人権の国際的保障とその効果的実施を推進する宣言 ── 世界人権宣言 50 周年 "すべての人にすべての人権を"」日本弁護士連合会〈https://www.nichibenren.or.jp/document/civil_liberties/year/1998/1998_4.html〉（閲覧日：2024 年 1 月 16 日）を参照されたい。なお，2021 年 8 月に外務省において個人通報制度関係省庁研究会が開催され自由権規約および女子差別撤廃条約における個人通報制度の導入を巡る論点についても議論されたという（「個人通報制度関係省庁研究会」外務省〈https://www.mofa.go.jp/mofaj/gaiko/page22_003176.html〉（閲覧日：2024 年 1 月 16 日））。

僚，研究者も交えた専門的な法律トレーニング，人権政策の支持表明としての国家元首あるいは政府の長の訪問要請，国際会議の参加あるいは国際機関のメンバーになることの要請などがあげられる(14)。

　次に，経済手段におけるネガティブ・リンケージとしては，経済制裁があげられる。その具体例としては，人権侵害国からの輸入を禁止する不買運動（boycott）と輸出禁止措置（embargo）に加えて，開発援助それ自体の拒否や中止，援助プログラムの一部削減がある。他方，経済手段におけるポジティブ・リンケージの開発援助の具体例としては，法の支配や人権尊重に関連としての，最恵国待遇の保証，貸付や信用貸しの割り当てなどがある(15)。なお，ODA に関しては，ODA の政治的コンディショナリティを分析する際，相手国が援助国の提示する条件を充足する行動をとった場合に援助を供与し，あるいは増額し，またあるいはそれまで停止していた援助を再開する方法をポジティブ・リンケージ，相手国が援助の提示する条件に反する行動をとった場合に援助を停止・減額する，あるいは新規の援助を供与しない方法をネガティブ・リンケージとする分類もある(16)。

　最後に，軍事手段に関しては，人道目的の介入（干渉）があげられる。人道目的の介入は国連安保理決議に基づき実施される場合とそうでない場合とに分けられる。このうち前者は，国連憲章 39-42 条の下で活動する安保理が，特定地域での人権侵害が国際の平和と安全の脅威とみなし，軍事措置が必要であると決定する場合である。具体例として，1960 年代の南アフリカ，70 年代のローデシア，90 年代のイラクやソマリアなどがあげられる。また，後者の例としては，コソボへの NATO による空爆の他，1971 年のインドの東パキスタン軍事介入，1979 年のタンザニアのウガンダ侵攻，ベトナムのカンボジア侵攻などがあげられる(17)。これらの軍事介入は，人権抑圧政権に対するネガティ

---

(14)　Peter R. Baehr and Monique Castermans-Holleman, *The Role of Human Rights in Foreign Policy*, 3rd ed., Palgrave Macmillan, 2004, pp. 70-73 を参照。

(15)　*Ibid*, pp. 73-78. なお，1998 年までの ODA 大綱 4 原則の運用実績は，下村恭民・中川淳司・齋藤淳『ODA 大綱の政治経済学』（有斐閣，1999 年）114-116 頁，2003 年までの ODA 大綱 4 原則の運用実績は，吉川浩司「日本の人権外交再考 —— 国際人権政策の構築に向けて」中京法学 39 巻 1・2 号（2004 年）50-51 頁を参照されたい。

(16)　下村・中川・齋藤・前掲注(15)110 頁。

(17)　Baehr and Castermans-Holleman・前掲注(14) pp. 78-81. なお，Baehr と Castermans-Holleman は「2003 年の米英のイラク攻撃は，人権侵害が軍事行動の主目的とし

表2 人権外交の手段

リンケージ	外交手段	経済手段		軍事手段
ポジティブ	人権侵害国による人権改善努力の歓迎	人権状況の改善を条件とした開発援助	人権改善プロジェクトのための援助	国連の平和活動、集団的自衛による軍事介入
介入度	小			大
ネガティブ	人権侵害国に対する非難	援助の一部停止	援助の全面停止、経済封鎖	人道的配慮からの軍事介入

（出所）Baehr and Castermans-Holleman・前掲注(14)、下村・中川・齋藤・前掲注(15)をもとに筆者作成。

ブ・リンケージと、国連の平和活動やNATOの集団的自衛などで想定されているような民主主義（人権擁護）政権の体制崩壊を阻止するポジティブ・リンケージに分類できる（表2）。

　このように、人権外交における「人権」の内容に関して考察すると、日本や米国の人権は、国際人権とは必ずしも一致しているとは言えない。にもかかわらず、欧州も加えて、これらの国が「人権外交」を推進してきたと言われる所以は経済援助と結びつけてきたからであると言える。そこで、次節では、米国、欧州および日本の人権外交の手段としての対外援助を、その起源を中心に考察することとする。

Ⅲ　人権外交の手段としての対外援助

（1）　米　国

　米国の人権外交、すなわち、人権の配慮を対外援助の要件にすることにより、人権侵害国への援助を制限または禁止する立法化はニクソン政権期の議会では始まった。まず1973年12月に1973年対外援助法32条（Foreign Assistance Act of 1973, Sec.32）が成立し、政治的目的で自国民を拘留・拘禁する国家に対して経済援助および軍事援助を大統領が拒否することを「議会の意向（Sense of Congress）」とする32条が挿入された。翌年には、1974年対外援助法に502B条が設けられ、「議会の意向」として、国際的に認められた甚大な

─────────
て言及されていない」としている。

◆ 第 6 巻 ◆ 国際人権法の動態 ── 支える力，顕現する脅威　[1] アクターの諸相

人権侵害の継続的行為に関与している政府の安全保障援助を，大統領が削減ないし停止することを可能とする文言に修正された。その後，ハーキン修正（Harkin Amendment）と呼ばれる 1975 年対外援助法 116 条の制定により，「援助が直接，貧困者の利益になる場合」を除き，甚大な人権侵害に関与している政府への経済援助が禁じられ，ハンフリー＝クランストン修正（Humphrey-Cranston Amendment）と呼ばれる 1976 年対外援助法の制定により 502B 条から「議会の意向」という文言を，国際的に認められた人権の重大な違反者への安全保障援助を終了させる明示的なマンデートに置き換えた。また，同年には，安全保障援助のすべての対象国の人権状況に関する報告書の提出を国務省に義務付けた 1976 年安全保障援助・対外武器売却法 301 条（International Security Assistance and Arms Control Act of 1976, Sec.301）が成立し，「米国の政策（the policy of the United States）」という文言が挿入され，人権の促進が米国の外交政策の目標であることが明示された[18]。

　こうした議会の動きをニクソン政権ならびにフォード政権は無視していたが[19]，これを推進するための制度化と仕組みの構築を推進したのがカーター政権である。カーターは，人権外交を彼の対外政策の大看板にし，①ソ連・東欧諸国における体制批判的な知識人の迫害を批判する声明，②人権状況を理由とした軍事援助の停止（アルゼンチン等ラテンアメリカ 8 カ国），削減（エチオピアなど），③白人支配を維持しようとするローデシアに対する国際的制裁への協調，④社会権規約，自由権規約，女性差別撤廃条約の署名，⑤国際人権状況の報告書の提出，⑥外国訪問における大統領および国務長官の人権問題の提起および事実の公表などを行った[20]。また，1978 年に調整官ポストを人権・人道問題担当国務次官補に昇格させ，人権と対外援助に関係する省庁間調整委員会（an interagency Committee）を設置した[21]。

　なお，カーター政権以降，現在のバイデン政権に至るまで，先述した「人権」の定義をはじめ，その程度の差こそあったとは言え，人権外交は継続され

---

(18)　佐藤・前掲注(6)65-67 頁，Clair Apodaca, *Human Rights and U.S. Foreign Policy*, Routledge, 2019, pp. 19-20, 36-37 を参照。

(19)　詳しくは，たとえば，Apodaca・前掲注(17)，pp. 19.

(20)　詳しくは，有賀貞「アメリカ外交における人権」有賀貞編『アメリカ外交と人権』（日本国際問題研究所，1992 年）14-16 頁。なお，先述したように，④の社会権規約と女性差別撤廃条約は現在も未批准である。

(21)　詳しくは，佐藤・前掲注(6)68 頁。

てきたと言える[22]。

（2） 欧州（EC／EU）

EC／EUの対外援助における人権条項の原初的な形態は1989年12月に締結された第4次ロメ協定（Fourth ACP-EEC Convention signed at Lomé on 15 December 1989）に見出すことができる。アフリカ，カリブ海および太平洋諸国群（the group of African, Caribbean and Pacific States）の頭文字に従いACPと略称されている本協定の5条で，第三国との協定として初めて，その本文において人権に言及がなされた。すなわち，同条約では「協力は，その主役で受益者でもある人間を据える開発を志向するものとし，したがって，あらゆる人権が尊重及び促進されなければならない。協力の実効は，人権を尊重することが偽りなき開発の基本的要因であると認められ，かつ，協力自体がこれらの権利の推進に寄与するものとして考えられるという，積極的な展望と結びつくものである」としたうえで，「開発の政策と協力は，基本的人権の尊重及びその享受と密接に関係付けられる」とされた[23]。翌1990年4月にECとアルゼンチンとの間で締結された「貿易及び経済協定のための枠組み協定」にも「共同体及びアルゼンチン間における協力の結合並びに本協定全般は，共同体とアルゼンチンの対内的及び対外的政策を啓発する，民主主義の諸原則と人権の尊重に基礎を置くものとする」という条項がみられる。その後，1991年11月のEC開発相理事会が採択した「人権，民主主義及び開発についての決議」において，理事会は「重大かつ継続的な人権侵害，あるいは民主化過程の深刻な中断」をみる場合には，ECとして適切な対応を考慮しなければならないとした。翌1992年2月に署名されたマーストリヒト条約では，開発協力に関する編が新たに設けられ，「（開発協力の）分野における共同体の政策は，民主主義

---

(22) カーター政権からD.トランプ政権までの米国の歴代政権の人権外交に関して詳しくは，有賀・前掲注(20)，Baehr and Castermans-Holleman・前掲注(14)，Apodaca・前掲注(18)，佐藤真千子「トランプ政権下で展開される対中人権外交 —— 国際的宗教自由の追求」『東亜』No.631（2020年）35-47頁などを参照されたい。なお，ApodacaがG.W.ブッシュ，B.オバマおよびトランプ政権の「いずれも「Prevaricator（言い逃れ屋）」と評していることは興味深い。

(23) "Fourth ACP-EEC Convention signed at Lomé on 15 December 1989," (EUR-lex：https://eur-lex.europa.eu/legal-content/EN/TXT/?uri=CELEX%3A21991A0817%2801%29), Art 5 (1). (閲覧日：2024年1月16日)

◆ 第 6 巻 ◆ 国際人権法の動態 —— 支える力，顕現する脅威　[I] アクターの諸相

の発展及び定着という一般的目標，並びに人権と基本的自由の尊重という一般
的目標に寄与するものとする」と規定された[24]。

　その後も，EU の対外援助において人権および民主主義の規範を促進してい
るが，それとともに人権条項に基づいて実際に制裁措置を適用してきており，
多くの適用事例はアフリカおよびカリブ海等の旧植民地諸国と結んだ連携協定
（通称「コトヌー協定」）に由来するものとされ，制裁措置は欧州開発基金から
の融資を凍結し，もしくは減額するものに大方とどまるのであるとされる[25]。

　このように，EU でも二国間コンディショナリティという形で対外援助を手
段として人権外交が実施されてきたと言える。

（3）　日　　本

　日本においては，米国のカーター政権のように，「人権外交」に直接言及し
ながら，それを推進しようとした政権は見られない。しかしながら，人権を経
済援助の条件とした施策として，1992 年に閣議決定された政府開発援助（Offi-
cial Development Assistance，以下 ODA）大綱があげられる。ODA 大綱とは，
1992 年に ODA について内外の理解を深めることによって幅広い支持を得る
とともに，援助を一層効果的・効率的に実施するために閣議決定されたもので
ある。大綱ではまず基本理念として，人道的見地，国際社会の相互依存，環境
の保全，開発途上国の自助努力と良い統治などによる途上国の健全な経済発展
の支援であるとする。そのうえで，実施原則として，①「環境と開発の両立」，
②「軍事的用途及び国際紛争助長への使用の回避」，③「開発途上国の軍事支
出，大量破壊兵器・ミサイルの開発・製造，武器の輸出入等の動向への十分な
注意」とともに，④「開発途上国における民主化の促進，市場指向型経済導入
の努力並びに基本的人権及び自由の保障状況への十分な注意」があげられてい
る。その後，ODA 大綱は 2003 年 8 月に改定されたが，「援助実施の原則」
は，基本的に旧 ODA 大綱の「原則」が踏襲されていた[26]。そのため，ODA

---

(24)　山本直『EU 人権政策』（成文堂，2011 年）102-103 頁を参照。

(25)　詳しくは，山本直「グローバル世界の中の EU 人権外交 —— 発現・源泉・制約」日
　　本 EU 学会年報 33 号（2013 年）80 頁。

(26)　「援助実施の原則」『政府開発援助（ODA）白書 2003 年版 —— 新 ODA 大綱の目指
　　すもの』第 I 部 第 2 章 第 2 節〈https://www.mofa.go.jp/mofaj/gaiko/oda/shiryo/
　　hakusyo/03_hakusho/ODA2003/html/honpen/hp002020000.htm〉（閲覧日：2024 年 1
　　月 16 日）を参照。

表3　ODA大綱改定後の第4原則（人権・民主化）の運用実績

時期	対象国	とられた措置	手段
2003.05	ミャンマー	新規援助を基本的に停止	NEG
2003.07	カンボジア	資金協力・無償資金協力の実施	POS
2006.07	ネパール	機材供与案件の実施表明	POS
2007.10	ミャンマー	無償資金協力案件の取り止め	NEG
2008.07	カンボジア	国民議会選挙支援	POS
2008.12	ギニア	新規援助を基本的に停止	NEG
2009.03	マダガスカル	新規援助を基本的に停止	NEG
2011.03	シリア	新規案件の停止	NEG
2011.06	ミャンマー	基礎生活分野（BHN）案件の実施	POS
2012.04	ミャンマー	延滞債務問題の包括的解決の道筋の表明	POS
2013.05	ミャンマー	新規円借款、無償資金・技術協力の表明	POS
2013.12	ミャンマー	新規円借款供与の表明	POS
2014.03	ミャンマー	円借款供与方針の表明	POS
2014.08	ミャンマー	円借款供与方針の表明	POS

NEG＝ネガティブ・リンケージ　POS＝ポジティブ・リンケージ
（出所）『ODA白書』の2003年版〜2014年版をもとに筆者作成。

　白書には、「援助実施の原則」という項目で、基本的人権および自由の保障状況への十分な注意に関する運用実績が説明されてきた[27]（表3）。
　その後、2015年2月にODA大綱に代わって閣議決定された開発協力大綱においては、「非軍事的協力による平和と繁栄への貢献」という基本方針を示した上で、開発協力の適正性確保のための原則として、「民主化の定着、法の支配及び基本的人権の保障にかかる状況」が明記され、「開発途上国の民主化の定着、法の支配及び基本的人権の尊重を促進する観点から、当該国における民主化、法の支配及び基本的人権の保障をめぐる状況に十分注意を払う」とされ、2023年6月の閣議決定で改定された開発協力大綱においても踏襲されている[28]。このように、文言それ自体はODA大綱から開発協力大綱へと引き

---

(27)　詳細は、『ODA白書（2003-2014年版）』を参照されたい。
(28)　外務省編『2014年版 政府開発援助（ODA）白書 日本の国際協力』（2015年）21頁。「開発協力大綱 —— 自由で開かれた世界の持続可能な発展に向けた日本の貢献（令和5年6月9日）」外務省〈https://www.mofa.go.jp/mofaj/gaiko/oda/files/100514690.pdf〉（閲覧日：2024年1月16日）

◆第 6 巻 ◆ 国際人権法の動態 —— 支える力，顕現する脅威　[I] アクターの諸相

継がれているが，白書のタイトルが変更された『開発協力白書 日本の国際協力』となってからは，「開発協力の適正性確保のための取組」という項目において，2015 年版と 2016 年版では「基本的人権の状況などに日本として強い関心を持っている」との言及にとどまり[29]，2017 年版から 2022 年版においては上記項目の内容に「人権」に関する記述が見られなくなった[30]。

　もちろん，このことは「人権」を無視していることを意味しない。しかしながら，先述した米国や欧州も含め，総合的な観点から外交が行われるため，元々「二重基準」との批判を受けてきたことを踏まえると，後退しているように見える。この背景に，ODA による人権外交の手段として有効性，すなわち，先進国から途上国への資金の流れにおける ODA の割合が小さくなってきていることに留意する必要がある。実際，日本から途上国への資金の流れにおける ODA の割合は，特に 2005 年以降は新型コロナウイルスが世界中でまん延した 2020 年を除き，概ね民間資金を大きく下回っている（表 4）。この傾向は，日本を含む先進国から途上国への資金の流れにおける ODA の割合に関しても言える（表 5）。

　以上のことから，近年，人権外交の手段に関しては新たな動きが見られる。そこで次節では，米国や欧州における新たな動きとそれを受けた日本の動きを説明する。

IV　近年の新たな動き

（1）　米　　国

　米国では，人権違反の制裁を可能にする「マグニツキー法（Magnitsky Act）」が 2012 年に制定された。マグニツキー法とは，ロシア政府の腐敗を暴

---

(29)　外務省編『2015 年版開発協力白書 日本の国際協力』（2016 年）169 頁，同『2016 年版開発協力白書 日本の国際協力』（2017 年）165 頁。

(30)　外務省編『2017 年版開発協力白書 日本の国際協力』（2018 年）138-139 頁，同『2018 年版開発協力白書 日本の国際協力』（2019 年）124-126 頁，同『2019 年版開発協力白書 日本の国際協力』（2020 年）142-143 頁，同『2020 年版開発協力白書 日本の国際協力』（2021 年）158-160 頁，同『2021 年版開発協力白書 日本の国際協力』（2022 年）143-145 頁，同『2022 年版開発協力白書 日本の国際協力』（2023 年）153-155 頁。なお，2020 年版には「開発協力における性的搾取・虐待等に関する取組」という記述はある。

2 外交における人権〔古川浩司〕

表4 日本から途上国への資金の流れ

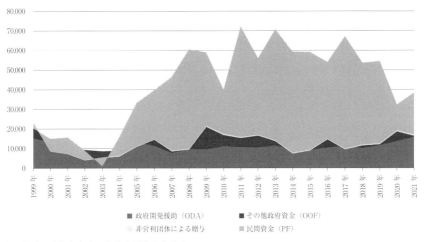

(出所)「開発協力白書・参考資料集」外務省
〈https://www.mofa.go.jp/mofaj/gaiko/oda/shiryo/hakusyo.html〉(閲覧日：2024年1月16日) 内の『ODA白書 (2001-2014年版)』『開発協力白書 (2015-2017年版)』および『参考資料集 (2018-2022年版)』をもとに筆者作成。

表5 先進国から途上国への資金の流れ

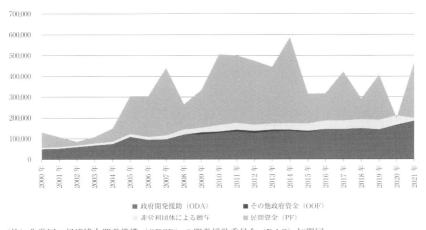

(注) 先進国：経済協力開発機構 (OECD) の開発援助委員会 (DAC) 加盟国
(出所)「開発協力白書・参考資料集」外務省
〈https://www.mofa.go.jp/mofaj/gaiko/oda/shiryo/hakusyo.html〉(閲覧日：2024年1月16日) 内の『ODA白書 (2001-2014年版)』『開発協力白書 (2015-2017年版)』および『参考資料集 (2018-2022年版)』をもとに筆者作成。

いたことで拘束され，その後発病しながら治療を認められず獄死したロシア人
会計士セルゲイ・マグニツキーの名をとった法律である。同法により，マグニ
ツキーの死に関連するロシア政府関係者に対し，入国と米国金融機関の使用が
禁止された。その後，2016年12月に米国議会は「グローバル・マグニツキー
法（Global Magnitsky Act）」を制定し，マグニツキーの死への関与だけでなく
人権違反を犯した人物であれば，どこの国の誰でも制裁する内容に大きく拡大
した。次いで2017年12月には，米法を実施するため，「大統領令第13818号
（深刻な人権侵害行為及び腐敗行為の関与者の資産の凍結）」（以下「米令」という）
が制定された(31)。

　グローバル・マグニツキー法は，大統領が信頼できる証拠に基づいて，①次
の者に対する超法規的殺害，拷問その他の国際的に認められた人権の重大な侵
害行為の責任者（a. 外国において公務員の違法行為を明らかにしようとする者，b.
外国において国際的に認められた人権・自由（信教・表現・結社・集会の自由，裁
判・選挙に関する権利等）を獲得・行使・擁護・増進しようとする者），②①の行
為に関してその外国者の代理として行動した者，③重大な腐敗行為（私利のた
めの資産収用，贈収賄等）の責任者・加担者である公務員，④③の行為の支援
者のいずれかに該当すると認めた外国者（個人・組織）に対し，制裁を科すこ
とができることを規定している（1263条(a)）(32)。

　グローバル・マグニツキー法は，被制裁者として指定した者に対して入国不
許可およびビザ等の取消しの措置を採ることができることを規定し（1263条
(b)），被制裁者のアメリカ国内およびアメリカ国民・法人による管理下の資産
は凍結され，移転，支払，物品・サービスの提供・受領その他の取引が禁止さ
れる（米法1263条(b)）。なお，禁止行為を行った者は，行政罰としては33万
947ドルまたは取引額の2倍の額のいずれか大きい方を超えない額の制裁金を
科せられ，刑事罰としては，個人の場合は100万ドル以下の罰金刑もしくは
20年以下の拘禁刑またはその両方に，法人の場合は100万ドル以下の罰金刑
に処せられる（米法1263条(f)，合衆国法典第50編1705条，連邦規則集第31編

---

(31)　杉田弘毅『アメリカの制裁外交』（岩波書店，2020年）112-113頁を参照。なお，
　　マグニツキー法の成立過程に関して詳しくは，佐藤真千子「オバマ政権とマグニツキー
　　法」国際関係・比較文化研究14巻2号（2016年）153-169頁，越田崇夫「諸外国の人
　　権侵害制裁法」レファレンス858号（2022年）34-35頁を参照されたい。
(32)　越田・前掲注(31)37-38頁。

583.701 条）。また，禁止行為を行った者は，自らが被制裁者として指定される可能性がある。

（2）　欧　　州

EU では，2018 年 11 月にオランダが人権侵害制裁法の制定に関する議論を提起し，2019 年 3 月には，欧州議会が，重大な人権侵害行為の責任者等を対象とする自律的で柔軟な制裁の枠組みを速やかに設けることを EU 理事会に求める決議を行った。その結果，同年 12 月の EU 外相会議において人権侵害制裁法の制定に向けて準備作業を開始することが合意され，2020 年 12 月の EU 理事会において，「深刻な人権侵害行為に対する制限的措置に関する理事会決定」（以下「EU 決定」という）および「深刻な人権侵害行為に対する制限的措置に関する理事会規則」（以下「EU 規則」という）が制定された[33]。

EU 決定・EU 規則は，EU 理事会が①集団殺害犯罪（ジェノサイド），②人道に対する犯罪，③次の深刻な人権侵害行為（a. 拷問または残虐な，非人道的なもしくは品位を傷つける取扱いもしくは刑罰，b. 奴隷状態に置くこと，c. 超法規的・即決的・恣意的な処刑・殺害，d. 強制失踪，e. 恣意的な逮捕・拘禁），④その他の人権侵害行為（人身取引，性的暴力，集会・結社・表現・信教の自由の侵害等）であって，広範または組織的に行われるものや，EU の共通外交安全保障政策の目的に照らして深刻な懸念があるものに関する行為の責任者・支援者・指示者等やその関連者（個人・組織）を被制裁者として指定すると規定している（EU 決定 1 条～3 条・5 条，EU 規則 2 条・3 条）[34]。そのうえで，主な制裁内容として，EU 決定は，被制裁者として指定された者の入国・通過を阻止するために必要な措置を講じることを，加盟国に義務付けている（2 条）。また，EU 決定・EU 規則は，被制裁者の資産が凍結されなければならないこと，EU 域内において（加盟国の国民・法人の場合は域外においても）被制裁者に対してまたは被制裁者のために資産を利用可能としてはならないことを規定している（EU 決定 3 条，EU 規則 3 条）。さらに，EU 規則は，その規定に違反した場合に適用される罰則を定めることを，加盟国に義務付けている（16 条）[35]。

なお，EU 加盟国以外では，EU から離脱した英国が 2020 年 7 月に，エスト

---

(33)　同上 41-42 頁を参照。
(34)　同上 36 頁。
(35)　同上 40・43 頁を参照。

ニアが2016年，リトアニアが2017年，ラトビアが2018年，コソボが2020年に同趣旨の法律を制定しているとされている[36]。

（3）　日　　本

日本でも米国やEUで導入されている「グローバル・マグニッキー法」を導入しようとする動きが出ている。2021年4月に「人権外交を超党派で考える議員連盟」が設立され，第1回総会では，「海外の重大な人権侵害行為（ジェノサイド等）に対し，政府に事実関係の調査・公表を求め，出入国制限や資産凍結などの「制裁措置」を科すことを可能とする「人権侵害制裁法案」の成立に向け検討を進める」ことが決議された。なお，この議員連盟には与野党の国会議員が参加し，同年5月の第2回総会では特定人権侵害問題への対処に関する法律案が取り上げられた（なお，2023年11月に第18回総会が開催されている）[37]。

また，2021年5月には，自由民主党外交部会の「わが国の人権外交のあり方検討プロジェクトチーム」が第1次提言を発出した。この提言では，人権外交推進にあたって認識すべき国内外の潮流（①人権擁護の強調が国際社会における潮流に直結，②人権擁護の徹底が企業の国際共同力に直結，③国民のあいだに広く浸透する人権意識）を踏まえ，基本方針（①人権＝「普遍的価値」との立場をさらに明確化，②積極的な人権外交の推進，③国際情勢に即しつつ，国民とともに歩む人権外交の推進）を掲げられている。そのうえで，具体的に追及すべき施策を（1）短期的に検討・実現すべき事項（「日本が更なる人権重視に動いた」との象徴になるもの）と（2）中長期的に強化・実現すべき事項（対外的アピール材料を含む人権外交の背骨となる制度）と（3）人権外交を推進するための必要な体制強化に分けて提言している。その中で，いわゆる日本版「グローバル・マグニッキー法」に関連する提言としては，短期的に検討・実現すべき事項とし

---

(36)　同上33-34頁。

(37)　詳しくは，人権外交を超党派で考える議員連盟ウェブサイト〈https://jinken-gaikou.org/〉（閲覧日：2024年1月16日）を参照されたい。なお，2021年5月14日時点での参加議員は83名（〈議院別〉衆議院60名，参議院23名：〈政党別〉自由民主党33名，立憲民主党17名，日本維新の会14名，国民民主党6名，公明党1名，日本共産党1名，れいわ新選組1名，古い政党から国民を守る党1名，無所属9名）であった。また，第7回総会では，人権に配慮した事業活動の促進に関する法律案（日本版DD（デュー・デリジェンス法案）も取り上げられている。

て，①国内法整備を含めてジェノサイド条約の取り扱いを検討，②重大な人権侵害がある場合における外為法等の積極的運用改善，③政府による総合的外交判断の下での人権侵害制裁法案など，新たな法令上の枠組について検討を開始が提言されている[(38)]。

しかしながら，その後，2021年10月に発足した岸田政権において，同年11月に国際人権問題担当の首相補佐官が新設され，「人権外交を超党派で考える議員連盟」の共同会長であった中谷元氏が就任したが，2023年9月の内閣改造の際に，同ポストの後任は不在となった[(39)]。また，2022年6月に立憲民主党が「特定人権侵害行為への対処に関する法案」を衆議院に提出したが，審議は進んでおらず，政府内でも日本版「グローバル・マグニツキー法」の法案化に向けた作業は進んでいないようである[(40)]。

---

(38) 「わが国の人権外交のあり方検討プロジェクトチーム 第一次提言（令和3年5月27日）」自由民主党〈https://storage2.jimin.jp/pdf/news/policy/201677_1.pdf〉（閲覧日：2024年1月16日）。なお，他に短期的に検討・実現すべき事項として，④企業の人権デュー・デリジェンスの支援強化，⑤JICA支援を中心にODAによる人権支援メニューの拡充，⑥人権理等の国連の活動でのイニシアティブの発揮（効果的な国連独自調査への支援等），⑦厳しい立場におかれる在留外国人等への支援強化，⑧事実認定のための外務省や情報当局の情報収集能力の強化，⑨人権関連部局の体制の拡充，⑩人権広報の強化（わが国の政策・制度への批判に対する明確な反論）が提言されている。また，中長期的に強化・実現すべき事項として，①二国間「人権対話」の推進，②権威ある国際NGOとの人権外交に関する対話枠組の創設，③外国人労働者との共生のための制度の強化，④国際的保護を必要とする難民等の受入れ改革，⑤「人権」に関する健全な国民世論の形成が提言され，人権外交を推進するための必要な体制強化として，①事実認定のための外務省や情報当局の情報収集能力の強化，②人権関連部局の体制の拡充，③在外公館およびJICA在外事務所における人権問題担当間の指名，④省庁横断的な司令塔の確保（人権を担当する政務レベルの任命），⑤人権分野における議員外交の推進が提言されている。この他，日本国内の人権侵害制裁法導入の動きに関しては，市原麻衣子「変容する「人権・民主主義外交」−民主主義国の国際連携と日本の在り方」『外交』Vol. 67（2021年）42-47頁が詳しい。

(39) 「『人権』担当補佐官，新設2年で不在に　戦争犯罪・中国政府の弾圧，課題山積なのに」（朝日新聞，2023年9月26日朝刊）

(40) 「人権大国に向け『日本版マグニツキー法案』を提出（2022年6月10日）」立憲民主党〈https://cdp-japan.jp/news/20220610_3867〉（閲覧日：2023年12月30日）。なお，法案の内容は上記ウェブサイトにて閲覧可能である。また，衆議院議員の松原仁氏の2023年12月13日のX（旧ツイッター）によれば，同法案は一度も審議されず，与党からの対案もないという。さらに，人権侵害制裁法による制裁に関する留意点として，①被制裁者の指定が選択的にならざるを得ないこと，②被制裁者の指定の多くが半

V おわりに

本章は「外交における人権」と題し，「人権外交」に焦点を当て，その定義，手段および近年の新たな動きを考察した。その結果，人権外交における「人権」は当該国が人権とみなす内容とされていることを再確認した。米国はもちろん日本も国際人権の先進国とは必ずしも言えない点に関しては，先述した通りであるが，2006年に麻生外相が提唱したとされる「価値観外交」は，こうした人権の具体的内容にまで踏み込めない状況を踏まえた造語であると考えられる[41]。他方，いかに日本の人権外交における「人権」に関する国際的な評価を向上させるか。そのためには，国家・企業・市民社会・メディア・大学・個人などのあらゆる行為主体が適切に人権問題と向き合い対応する力である，言わば「人権力」がより重要になるであろう[42]。

次に，これまでの人権外交の手段の主流であった対外援助とは異なる新たな手段が生じつつあることを，その背景も含めて明らかにした。すなわち，グローバリゼーションにより，先進国から途上国への資金の流れにおけるODAの割合が低下し，民間資金の流れが大きくなっていることにより，対外援助が人権外交の手段として有効になりにくくなっていることを示した。加えて，中国のような途上国でありながらも経済力は米国に匹敵する国が出ていることが，米国や欧州で人権侵害を理由に団体や個人に対して制限をかける動きに拍車をかけたとも考えられる。

そのうえで，人権外交の手段に新たな動きとして，国ではなく，個人・団体を制裁する手段が採られる場合もある点を明らかにした。この背景には，欧州議会外務委員長のデイビッド・マリカスター氏も述べているように，一般市民への意図しない悪影響や特定国との関係悪化を防ぐことがあげられる[43]。その意味で，国ではなく個人・団体を制裁する手段は，これまでの対外援助を手段とする人権外交のデメリットを是正するものであると言える。なお，先述し

永久化する可能性があること，③被制裁者の権利を害するおそれがあることがあげられる（詳しくは，越田・前掲注(31)54-55頁を参照されたい）。

(41) 価値観外交について詳しくは，「「自由と繁栄の弧」をつくる」外務省〈https://www.mofa.go.jp/mofaj/press/enzetsu/18/easo_1130.html〉（閲覧日：2024年1月16日）。

(42) 日本の「人権力」に関しては，筒井清輝「人権と国家 —— 理念の力と国際政治の現実」（岩波書店，2021年）204-209頁が詳しい。

(43) 「複眼 人権外交は奏功するか」（日本経済新聞，2021年4月8日）。

たように，いわゆる「マグニツキー法」制定への動きは欧米では議会の主導権により進められており，現在の日本国内の人権外交に関する動きは外交政策決定における国会議員の主導権，すなわち，議員外交が今後発展する可能性を秘めているとも言える。

　しかしながら，日本で導入が進まないのは，これまで日本政府が人権外交の基本的立場として採用してきた「対話と協力」に基づく手段とは異なる性質を持つものだからではないか。例えば，元駐中国大使の宮本雄二氏は，中国で天安門事件が起きた当時の外務省の方針は「価値観の表明は明確に，実際の行動は慎重に」であり，今もってこの考え方は間違っていないとした上で，ウイグル族弾圧について制裁することで生じる中国との関係悪化と見送ることで生じる米国の不況とをよく検討してトータルで日本の国益を追求するしかないと述べている(44)。確かに，米国のマグニツキー法の可決に伴うロシアの報復措置として養子縁組禁止法案が可決され(45)，欧州マグニツキー法導入に伴う中国の報復措置として欧州議会10名，ドイツに拠点を置く中国専門シンクタンク及び研究者らの中国との取引や渡航を禁じた(46)。これに関連して，2015年以降，邦人10名および日本の大学に勤務する中国籍の研究者などが中国で不当にスパイ行為により起訴されたとされる事案も生じており(47)，「制裁」に基づく手段の発動により，その更なる悪化も懸念される。これらの点が，日本政府内で日本版マグニツキー法の検討が進まない理由ではないだろうか。

　とは言え，冒頭で述べたロシアのウクライナ侵攻やイスラエル・ハマス戦争の進展によっては，人権外交に関しても，これからより大きな変化が生じることも予想されるため，今後も引き続き注目していくべきであろう。

---

(44)　同上。

(45)　詳しくは，佐藤・前掲注(30)165-168頁。

(46)　市原・前掲注(38)45-46頁。

(47)　「中国でスパイ罪 邦人女性が帰国 懲役6年」（東京新聞，2021年8月13日朝刊），「道教育大元教授，中国拘束から2年 国籍の壁 日本政府は消極姿勢」，袁成驤「日本の大学教員だった父を突然，中国当局に拘束されて」（『ニューズウィーク日本版』2021年6月9日）〈https://www.newsweekjapan.jp/stories/world/2021/06/post-96483.php〉（閲覧日：2024年1月16日），「中国で拘束の父，長男が解放訴え 2年半以上経過，北海道大で講演」（産経新聞，2021年12月13日）〈https://www.sankei.com/article/20211213-6EOATKDDAVPRJK2XW6RS65IF5Y/〉（閲覧日：2024年1月16日）。

3 ビジネスと人権

菅原絵美

I　はじめに
II　国際社会における「ビジネスと
　　人権」の展開
III　国連ビジネスと人権に関する指
　　導原則とは
IV　「ビジネスと人権」をめぐる多中

　　心的ガバナンスの発展
V　「ビジネスと人権」における国家
　　の保護義務
VI　「ビジネスと人権」をめぐる企業
　　の義務／責任
VII　むすびにかえて

I　は じ め に

　ヒト・モノ・カネ・情報の国境を越えた移動が当然の前提となったグローバル社会のなかで，国際人権法が挑戦を受ける課題の1つが「ビジネスと人権」である。企業は国境を越えて拡大する取引関係に加え，ときに国家を凌ぐ私的権力をもつなかで，ステークホルダー（労働者，消費者，地域住民など）の人権保障に対して正と負の両面から多大な影響を与えてきた。企業が関与する人権課題は，職場における差別やハラスメントから，強制労働や児童労働など労働搾取，政府や反政府勢力，取引先による侵害への加担など多岐にわたる。このように「ビジネスと人権」は，原材料調達や生産委託から廃棄・リサイクル・再資源化までの取引先を含めた事業活動の全体（これをバリューチェーン[1]と呼ぶ）とステークホルダーの関係における人権課題を1つの問題群として包括的にとらえる視点である。

　本章では，「ビジネスと人権」に関する最近の動向，特に多中心的ガバナンスといわれる多様な主体による多様なレベルや方法による統治を通じて[2]，

---

(1)　バリューチェーンに対し，サプライチェーンは原材料や資材の調達などの製品・サービスがつくられる流れ（上流）を指す用語であるが，近年ではグローバル・サプライチェーンとしてバリューチェーンと同義で使われている。

(2)　指導原則の起草者のラギーは公共の法政策システム，市民ガバナンスシステム，企業ガバナンスシステムから成る多中心的ガバナンスを指摘する（John G. Ruggie, *Just Business* (2013) pp. 78-80)。多中心的ガバナンスについては，山田高敬「『企業と人権』をめぐる多中心的なガバナンスの試み：ステークホルダー間の知識共有と人権デュー・

「ビジネスと人権」という視点が国際人権法上の国家の義務，そして企業の義務／責任をめぐる議論にどのような影響を与えているかを検討することを目的とする。Ⅱでは国際社会における「ビジネスと人権」の展開を考察したのち，Ⅲでは展開の中心にある「国連ビジネスと人権に関する指導原則」（以下，指導原則）を確認する。現在，指導原則は国家と企業はもちろん，国際機関，地域機関，市民社会，労働組合，投資家などによって実施されており，この「ビジネスと人権」をめぐる多中心的なガバナンスをⅣで述べたのち，国際人権法への影響として，Ⅴでは国家の義務，Ⅵでは企業の義務／責任の展開を検討する。

Ⅱ　国際社会における「ビジネスと人権」の展開

（1）　国際人権法からの2つのアプローチ

「ビジネスと人権」の登場は国際法および国際人権法にとって新たな研究領域の出現を意味すると言われて久しい[3]。国際人権法の実施は，国家主権の尊重（内政不干渉）との緊張関係が不可避であることから国内的実施，国際的実施と段階的であった。「ビジネスと人権」という視点は，後述するように，受入国による国内的実施が機能不全となるなか，国際社会に対してこれまでとは異なるアプローチが必要であることを提起してきた。

第1のアプローチは，国外で活動する自国企業が人権を侵害しないよう，立法，行政，司法上の措置を通じて対処することを本国の域外的保護義務として求めるものである。当初，受入国は途上国，本国は先進国であることが暗黙の前提となっていたが，いずれの国も受入国，本国双方の立場を担うことから，

ディリジェンス規範の形成」西谷真規子編著『国際規範はどう実現されるか：複合化するグローバル・ガバナンスの動態』（ミネルヴァ書房，2017年）23-58頁，Surya Deva, "Business and Human Rights: Alternative Approaches to Transnational Regulation", *Annual Review of Law and Social Science*, vol. 17 (2021), pp. 141-144；小寺智史「国際労働法における規範の柔軟性：現代国際法における国家と個人の状況性」国際法外交雑誌121巻1号（2022年）44-47頁。

(3)　Dinah Shelton, "Protecting Human Rights in a Globalized World", *Boston College International and Comparative Law Review*, vol.25 afl.2, 2002; Philip Alston & Ryan Goodman, "*International Human Rights; The Successor to International Human Rights in Context*" (2013), pp. 1461-1462.

現在では本章Ⅳ(2)で論じる人権デューディリジェンス（以下，DD）の法制化など，立場を越えた施策が「国家の義務」として期待されるようになってきている。

第2のアプローチは企業の義務／責任に関する国際規範の作成である。企業という社会的権力に対する国際人権による制約は法的要請となる前に社会的な要請であった。国家，国際機関といった公的アクターはもちろん，企業，投資家，市民社会といった私的アクターを含めた重層的なガバナンスによって，企業に対し国際人権基準の履行を求める実行がひろがっている。これら国家および企業に対するアプローチは区別されながらも相互に関連しながら展開されてきた。以下では，2つのアプローチの背景および論点，展開について述べる。

（2） 多国籍企業による人権侵害への国際的な関心の高まり

第2次世界大戦後，企業の海外進出は欧米市場を中心に盛んになり，1960年代に脱植民地化の進む第三世界へ広がった。先進国の多国籍企業は大規模な経済力と先進的技術をもつことから，受入国，特に独立直後の途上国の経済発展に貢献するとして奨励される一方，多国籍企業による政治介入や天然資源の支配などの負の側面も懸念されていた。このような複雑な状況のなかで問題となっていたのは，多国籍企業による人権侵害である。多国籍企業は本社の集権的な経営判断でグループ企業全体が動くため，現地の国内労働組合による交渉力を通じた問題解決が困難になっていた[4]。また現地住民や先住民族に対する人権侵害も深刻で，たとえば，ナイジェリアではシェル社の石油開発に伴う環境汚染により，先住民族オゴニ族は健康，食糧，水への権利などの侵害を受けてきた[5]。

これら多国籍企業の活動の規制に関して，経済的恩恵や政治家や官僚などとの利害関係を考えると，受入国政府による問題解決は期待できず，労働組合や市民社会は国際社会にその対策を訴えるようになった。これがILO「多国籍企

---

(4) 花見忠「労働問題の国際化」ジュリスト 681 号（1979 年）34 – 40 頁；Hans Günter, "The International Labour Office Declaration of Multinational Enterprises and the International Code of Conduct Movement", *Loyola of Los Angeles International and Comparative Law Journal, vol. 4 no. 1* (1981), pp. 1-25.

(5) UNEP, "Environmental Assessment of Ogoniland: Site Factsheets, Executive Summary and Full Report" (2011).

業および社会政策に関する原則の三者宣言」（1977年），90年代に検討が始まる「人権に関する多国籍企業および他の企業の責任に関する規範」（2003年）（以下，人権規範）[6]などの動きにつながっていった。多国籍企業の特徴を反映して，これら規範では国内法や地域慣行の重要性にふれつつも，ILO条約および世界人権宣言や国際人権規約など国際基準を尊重するべきとした。

また，多国籍企業に対する人権侵害の法的責任の追及として，注目を集めたのは米国外国人不法行為請求法である[7]。1789年に制定された本法は，慣習国際法および米国が締約した条約に違反する不法行為から被害をうけた外国人が連邦地方裁判所に訴えることができることを規定する。1980年にパラグアイにおける警察官による拷問に対する訴訟が提起されたことを契機に本法の活用が始まり，1990年代後半にはユノカル社のミャンマー事業，シェル関連企業のナイジェリアにおける活動など，多国籍企業の人権侵害に関する事案が複数提起された。これまではコーポレートベールやフォーラム・ノン・コンビニエンスなどの法理[8]によって認められなかった国内裁判での責任追及および被害者救済に道を開くものとして期待が寄せられた。

（3）　企業活動の国際的な規律をめぐる「自発的か強制か」の対立

さらに，冷戦終結に伴う世界の資本主義体制化により劇的に進むグローバリゼーションを背景に，地球規模に拡大した企業のバリューチェーンにおいて生じる人権問題が注目を集めるようになった。一例として，ナイキ社のスウェットショップ（搾取工場）問題がある。製造委託先である東南アジアの複数の企業で強制労働，児童労働，ハラスメントといった深刻な問題が明らかにされ，これが委託元であるナイキ社の責任として対応が問われた[9]。

グローバリゼーションのもたらす負の側面に対し，企業への責任追及により

---

(6)　E/CN.4/Sub.2/2003/12/Rev.2, E/CN.4/Sub.2/2003/38/Rev.2（2003）.

(7)　Andrew J Wilson, "Beyond Unocal: Conceptual Problems in Using International Norms to Hold Transnational Corporation Liable under the Alien Tort Claims Act" *in Oliver De Schutter, Transnational Corporations and Human Rights*（2006），稲角光恵「人権侵害及び国際犯罪に関わる国際法上の企業の責任」法学論集245号（2012年）。

(8)　前者は親会社・子会社が別法人であることから生じる法的責任の追及回避，後者は裁判管轄権がある他の裁判所での審理が適切かつ便宜であることにより提起を受けた裁判所において訴えを却下することをいう。

(9)　高浦康有「企業と人権をめぐる国内外の動き」国際人権ひろば41号（2002年）。

企業活動を規制するか，企業の社会的責任（以下，CSR）として企業に自発的な対応を促していくかで主張や対応は二分した[10]。特に，後者であるCSRは，90年代に欧州で登場し，その後米国，日本へと広がってきた概念である。CSRは社会からの要請に対応する責任であり，その内容や履行確保も社会との関係，すなわちステークホルダーと地域社会の支持・評価に依存する。消費者によるボイコット，投資家による社会的責任投資（SRI），NGOや評価機関による企業格付，政府調達でのCSR評価など様々に取り組まれるなかで，CSRの内容も様々であったが，しだいに社会的要請として企業が守るべきは国際的基準であることが確認されていった。たとえば，2000年に発足した国連グローバル・コンパクト（以下，UNGC）では，世界人権宣言や労働における基本的原則および権利に関するILO宣言（以下，ILO基本的原則宣言）に基づく原則を企業に実現するよう求め，またISO26000では，社会的責任として期待されるのは国際行動規範と整合した行動であるとした[11]。

　一方，社会的権力としての企業の存在，そして実際の人権侵害の深刻さを前に，企業の自発性には疑問や批判が提示されてきた[12]。そこで企業に国際人権法上の義務を課すとともに，被害者の救済を目指した規範形成が試みられていく。国連人権小委員会は，2003年に人権規範を採択し，国家と同様に，国際法上の義務を企業に直接課そうとしたが，反対する国家・企業側と賛成する市民社会側に大きな対立を招き，定立に至らなかった。

　また，企業規制は自発的であるべきか強制的であるべきかの議論は，国家に二者択一を迫った。日本やEUをはじめ多くの政府が企業の自発的取組みを促す施策を推進するなか，国際レベルでは，2007年の人種差別撤廃委員会のカナダ政府に対する所見にて他国でのカナダ企業の活動から当該国の先住民族の権利を保護するのに必要な措置をとるよう勧告したのを皮切りに，子どもの権利委員会や社会権規約委員会などの人権条約機関で本国の域外的保護義務違反を認める実行が積み重ねられた。

---

(10)　梅田徹「保護・尊重・救済フレームワーク」に関する一考察：企業の自発性の尊重か，法的その他の規制の強化か」国際法外交雑誌110巻1号（2011年）1-29頁，Ruggie, *supra* note 2, pp. 37-80.

(11)　ISO/SR国内委員会監修『日本語訳ISO26000：2010 社会的責任に関する手引き』（日本規格協会，2011年）40頁。

(12)　一例として，Surya Deva and David Bilchits, *Human Rights Obligations of Business* (2013).

（4）　国際社会の共通枠組としての指導原則の成立とその後

2003 年の人権規範は，反対する国家・企業側と賛成する市民社会側の間の対立を一層深刻化させることになった。個人資格の委員からなる小委員会と異なり，政府代表からなる国連人権委員会は人権規範の審議を先送りするとともに，国連事務総長に対して特別代表を任命し，人権に関する企業の責任とアカウンタビリティの基準の特定および明確化を求めた。この国連事務総長特別代表に任命されたのが国際政治学者のジョン・ラギーであった。

ラギーは，「基準は，多くの場合，ただ単純に記録され，履行されるのを待ってそこに『存在する』のではなく，社会的に構築されるものである」[13]という立場から，6 年にわたり，国家，国際機構，企業，NGO，労働組合，先住民族などのステークホルダーと協議を，地理的配分などに考慮しながら繰り返し行った。多様なステークホルダーとの協議を通じて，国家と企業のための既存の基準・慣行と企業行動に対する社会の期待がまとめられ，これが 2008 年に「保護，尊重および救済」枠組，そして 2011 年に指導原則として起草され，国連人権理事会の全会一致での承認（endorse）として結実した。このように指導原則は，国家とともに企業を名宛人とした国際文書で初めて国家から承認を得たものとなったのである。指導原則は「自発的か強制か」の二元論を越えて，国家の義務として「自発的措置も，強制的措置も」とスマートミックスの重要性を示し，さらに企業の人権尊重責任を国際法上の義務ではないが従来の社会的責任のような「自発的」でもないものとして示した。

指導原則成立後，2013 年の子どもの権利委員会の一般的意見 16（「子どもの権利に関するビジネス部門の影響に関する国家の義務」），2017 年の社会権規約委員会の一般的意見 24（「ビジネス活動における社会権規約上の国家の義務」）においても国家の域外的保護義務が示された。国連人権理事会では，指導原則の実効的で包括的な普及と実施の促進のため，2011 年に，ビジネスと人権に関する作業部会を設置した。作業部会は，国連ビジネスと人権フォーラムの年次開催をはじめ，実効的な救済へのアクセスやジェンダー視点の統合など指導原則で残された課題についての調査・解釈を発表をしてきた。一方で，2014 年国連人権理事会において，ビジネスと人権に関する法的拘束力ある文書を起草するための政府間作業部会が設置された。作業部会による条約案では，企業責任

---

(13)　E/CN.4/2006/97 (2006), para. 54.

を国内裁判で追及し，被害者の救済を可能とする本国の義務などが検討されている。

（5）　バリューチェーンでの人権尊重を通じた持続可能な社会の実現

「ビジネスと人権」という視点の原点はガバナンス・ギャップの克服，すなわち多国籍企業の影響力が受入国の規制・救済能力より上回る現状の是正という目の前にある課題解決の必要性であった。これに対し，2015 年の国連持続可能な開発目標（SDGs），2019 年末に始まる新型コロナウイルス感染症からの「よりよい復興（Build Back Better）」[14]，さらに 2021 年国連気候変動枠組条約第 26 回締約国会議（COP26）で支持された「公正な移行」宣言[15]を通じて，誰ひとり取り残さないという持続可能な社会の実現にはバリューチェーンにおける人権の尊重が不可欠であるという中長期的な視点が加わっている。今後 10 年を見据えた国連戦略文書[16]では，指導原則は持続可能な社会を実現するための羅針盤とされるとともに，「構造的課題（systemic challenges）に取り組むための協働を促進すること」を目標の 1 つにあげている。ここでいう「構造的課題」とは，企業活動における人権への負の影響の根底にあるもので，人種差別，ジェンダー差別，気候変動，武力紛争，児童労働，強制労働，インフォーマル経済，腐敗防止などを指す。個別の国家や企業が独力で解決できる範囲を超えている問題ではあるが，他のステークホルダーとの協力・協働などを通じて取り組むことが期待されている。

---

(14)　OHCHR, "Business and Human Rights in the Times of Covid-19"（October 2020）.

(15)　UK Government & UN Climate Change, "Supporting the Conditions for a Just Transition Internationally: Green Growth, Decent Work and Economic Prosperity in Transition to Net Zero" UN Climate Change Conference UK 2021.〈https://ukcop26.org/supporting-the-conditions-for-a-just-transition-internationally/〉（閲覧日：2022 年 9 月 20 日）

(16)　UN Working Group on Business and Human Rights, "Raising the Ambition-Increasing the Pace: UNGPs 10⁺ A RoadMap for The Next Decade of Business and Human Rights"（2021）.

Ⅲ　国連ビジネスと人権に関する指導原則とは

（1）　目的と意義

　指導原則は，その名の通り法的拘束力を有しないものの，国連機関や国家の
みならず，企業，市民社会などに広く普及し実践されてきた。その登場と展開
を考察するに先立ち，指導原則とはどういう国際文書であるのかについて，そ
の特徴を確認する。

　第1に，「ビジネスと人権」という問題群に対して国際社会が行動をとって
いくための共通枠組みとして形成された点である。その起草が開始された
2000年代，CSRをめぐって国家や企業，国際機構，投資家，市民社会などが
多種多様な取組みを世界中で展開するものの，「ビジネスと人権」に関する社
会からの期待を収斂するような権威ある規範を欠いていた。確かにあらゆる企
業に通用する「銀の弾丸」のような解決策は到底存在しないが，国家や企業，
ステークホルダーが行動する際の基盤となるような「ビジネスと人権」の概念
や政策の枠組みが早急に必要であった。アイディアによる行動の統制を重視す
るコンストラクティヴィズムに立ったラギーならではの戦略である。

　第2に，指導原則という共通枠組みが必要とされた背景である。「ビジネス
と人権」はガバナンス・ギャップへの危機感から関心が高まった[17]。グロー
バリゼーションの恩恵を受けて多国籍企業の力が大きくなる一方，その行為を
規制・制裁し，被害者を救済する社会の機能は弱まっていた。この解消には，
領域内で人権保護することはもちろん，自国企業の国外活動からの人権保護，
そして企業がバリューチェーンにおける人権尊重を広げることが不可欠であっ
た。このような目の前にある課題の解決の必要性に加え，指導原則承認後の国
際社会の動きを受けてより中長期的な視点が強調されていくことになる。すな
わち，SDGs，新型コロナウイルス感染症からの「よりよい復興（Build Back
Better）」，さらに公正な移行を通じて，指導原則は，持続可能な社会を実現す
るための針盤としての役割を期待されるようになっている。

---

(17)　E/CN.4/2006/97 (2006), paras. 20-30; A/HRC/4/35 (2007), para. 82; A/HRC/8/5
　　(2008), para. 11; A/HRC/17/31 (2011), General Principles.

（2） 国家の保護義務

指導原則は，第1の柱として国家の人権保護義務を位置づけている。これは国際人権法上の国家の義務としてすでに認められてきたものであり，新たな国際法上の義務を創設するものではなく，また既存の義務を制限し損なうものではない（一般原則）。そのうえで，保護の対象となる人権は，自国内での企業活動から負の影響を受けるものはもちろん，自国企業が世界で展開するバリューチェーンで生じる人権への負の影響も含まれる。よって，国家の義務は，領域内はもちろん，領域外での自国企業による行為にも及ぶ（原則1・2）。

そのうえで，国家は，企業が人権尊重責任を実現することができる環境を，その施策を通じて創り出す義務を負う。たとえば，国内的および国際的措置，強制的および自発的な措置を含む規制や政策を実施すること（原則3），輸出信用機関，公的投資保険または保証機関などによる公的支援・サービス（原則4），民営化（原則5），公共調達（原則6）を通じて企業の人権尊重を促進すること，紛争影響地域での企業の人権尊重を支援すること（原則7），投資条約や契約（原則9）や多数国間機関の加盟国としての行動（原則10）など国家による政策がビジネスと人権への対応として一貫性が確保されていること（原則8）である。

さらに，指導原則成立後，国家の義務の具体化が進む。2014年には，ビジネスと人権に関する国家戦略として国別行動計画（NAP）の策定が国連加盟国政府に対して要請され，NAPには自発的な措置と義務的な措置，国内政策と対外政策をバランスよく組み合わせたスマートミックスが盛り込まれるべきとされた[18]。さらに，後述するように，企業の人権尊重責任の法制化，さらにはその履行確保について，第3の柱である救済へのアクセスとともに，議論が続いている。

（3） 企業の尊重責任

第2の柱である企業の尊重責任とは，人権侵害を回避し，負の影響に対処する責任であり（原則11），この際に基準となるのが国際的に認められた人権であり，最低限の内容として世界人権宣言，自由権規約，社会権規約，ILO基本的原則宣言である（原則12）。企業の人権尊重責任は国家の義務を果たす能力

---

(18) A/69/263 (2014), paras. 35-36.

◆ 第 6 巻 ◆ 国際人権法の動態 ── 支える力, 顕現する脅威　[I] アクターの諸相

や意思からは独立してあるものとされ, 国際人権基準は企業に期待される行為基準となる。

　また, 尊重責任は自社および自社グループだけでなく, バリューチェーン全体を対象としている（原則13）。指導原則では企業活動と人権への負の影響との関係を「引き起こす」「助長する」「直接関連する」の3つに分類して責任の範囲を整理しており, これはコーポレートベールで問題となる法人格の分離, 議決権比率といった経営上の支配, 雇用契約や業務委託契約といった契約関係などとは異なる概念を採用していることから, 取引先の労働者はもちろん, 地域住民に対する人権侵害といった企業とは直接的な契約関係のないステークホルダーに対する侵害行為も責任の範囲となりうる。

　このような尊重責任の具体的な実施として, 企業は, その規模および置かれている状況に適した人権方針の策定, 人権DDのプロセスの実施, 是正を可能とするプロセスの確保の責任を負う（原則15）。なおここでいうDDとは, 国際法上の国家の義務において問題となる「相当の注意（due diligence）」とは異なる概念で, 指導原則が企業の人権尊重責任として求める具体的なプロセスであり, 企業活動および取引関係における人権影響評価, その結果の体制や仕組みへの統合, 継続的な追跡評価, そして取組みの情報開示・透明性の確保をいう。さらに企業がいくら人権を侵害しないよう注意を払って防止しようとしても人権侵害は起こり得るため, 被害者がグリーバンス（苦情）を伝えるためのメカニズムを並行して設けることが不可欠である。企業は, その責任を果たすにあたり, 事業内容や展開国・地域はさまざまであることから, チェックリスト方式は通用せず, 企業活動から影響を受けるステークホルダーとエンゲージメント（対話・協働）しながら, 優先度を考慮し特定していくことが求められる。

（4）　救済へのアクセス

　第3の柱である「救済へのアクセス」の内容は, 国家による司法的メカニズム（原則26）, 国家による非司法的なグリーバンス（苦情処理）メカニズム（原則27）, 非国家アクターによるグリーバンスメカニズム（原則28-30）から構成される。国家は, 企業による人権侵害が生じた場合, その保護義務として司法, 行政, 立法, その他しかるべき手段（たとえば, 国内人権機関など）を通じて, 被害者が実効的な救済を利用できるようにしなければならない（原則25）。救済の対象には自国企業の国外での侵害の被害者も含まれる。

企業に期待される救済手段としては，実効的な事業レベルでのグリーバンスメカニズムがあり（原則29），利用者となるステークホルダーが協議し，苦情に対処し解決する手段として，エンゲージメントや対話に基づくべきことが確認されている（原則31）。ただし，このメカニズムは，団体交渉に代わるものとはなり得ず，労働関係紛争に取組む正当な労働組合の役割を害するために使われてはならないということに注意が必要である（原則29解説）。そして救済の実効性を確保するための要件も示されている（原則31）。

なお，救済へのアクセスは進捗に課題の残る分野であり，たとえば，国連人権は2014年からプロジェクトを開始し，救済へのアクセスを実施するためのガイダンスを示してきた[19]。

Ⅳ　「ビジネスと人権」をめぐる多中心的ガバナンスの発展

（1）　国際レベル

指導原則は，国連事務総長特別代表の国際政治学者ジョン・ラギーにより，国家，国際機関，企業，市民社会，投資家などマルチステークホルダーを巻き込んだプロセスで起草され，国連人権理事会の全会一致の承認により権威を得て成立した。指導原則が多様な主体により国際社会の共通の枠組みとして認識されることで，公共レベル，民間（企業および市民社会）レベルなどと様々なレベルで実施され[20]，多中心的ガバナンスが形成されてきた。この多中心的なガバナンスの土台には，90年代からの企業の社会的責任（CSR）の動向に加え，国際人権法のほか，たとえば国際刑事法の移行期正義など国際法の多層的な実現過程が捉えられるなかで企業が登場してきたことがある。

一方で，主体の多様化，権威の多元化により，指導原則の解釈の断片化が課題となってきた。指導原則が示す規範内容がアクターの行動を通じてより具体化・明確化される部分もあれば，アクターの実行を通じて規範内容が衝突し乖離していくという課題も見えてくるのである[21]。これに対して，国際機関が

---

(19)　OHCHR, "Accountability and Remedy Project". 〈https://www.ohchr.org/EN/Issues/Business/Pages/OHCHRaccountabilityandremedyproject.aspx〉（閲覧日：2022年9月20日）

(20)　Ruggie, *supra* note 2, pp. 78-80.

(21)　Enrico Partiti, "Polycentricity and Polyphony in International Law: Interpreting

非強制的な方式で多中心的ガバナンスを調和的に編成する役割を果たしてきた[22]。

　国連人権理事会決議17/4（2011年）に基づく国連事務総長2012年報告書では，指導原則が加盟国，企業，労働組合，市民社会などから幅広い支持が得られたことを繰り返し確認した[23]うえで，次の段階として実効的な実施の確保が課題であり，国連システムにおいて指導原則を普及・統合するにあたって今後生じうる規範面での食い違いなどに対して，OHCHRを中心に国連ビジネスと人権作業部会，そして国連人権理事会，条約実施機関など国連人権レジームが基準の開発や解釈の統一を担うことが確認された[24]。国・地域レベルでの活動はもちろん，開発，投資・貿易，平和構築・安全保障，人道支援，労働など国連システム一般に指導原則を組み込むことが目指されてきた。例えば，国連貿易開発会議（UNCTAD）も対象であり，2012年の持続可能な開発に向けた投資政策枠組[25]や2018年の国際投資改革パッケージ[26]の前提となる必要性の根拠のひとつに指導原則が確認されている。国連人権システムとの連携しながら[27]，改革案において，受入国政府の規制権限の保護，人権に関する投資家の社会的責任（CSR）条項の設置など責任投資の確保，投資紛争解決の刷新などが掲げられてきた。

---

　　the Corporate Responsibility to Respect Human Rights", *International & Comparative Law Quarterly* vol. 70 issue 1 (2021).

(22)　Kenneth W. Abbott, Philipp Genschel, Duncan Sindal and Bernhard Zangl, *International Organizations as Orchestrators* (2015). 西谷真規子「多中心的ガバナンスにおけるオーケストレーション・腐敗防止規範をめぐる国際機関の役割」西谷編著・前掲注(2)。

(23)　A/HRC/21/21 (2012). paras. 2 & 12.

(24)　*Ibid,* paras. 31-34.

(25)　UNCTAD, "World Investment Report 2012: Toward a New Generation of Investment Policies" (2012).

(26)　UNCTAD, "UNCTAD's Reform Package for the International Investment Regime" (2018).

(27)　2018年世界投資フォーラム（2018年10月22-26日ジュネーヴ開催）のハイレベル会合において国連ビジネスと人権作業部会委員が，受入国政府の規制権限の確保，投資家の人権義務条項の規定，そして受入国や地域社会のアクセスを欠く既存の投資家対国家紛争の課題などを述べている。

（2） 国・地域レベル

国・地域レベルでのビジネスと人権に関する国家による施策展開は，国別行動計画（NAP）の策定と企業の人権尊重責任の国内法化が目覚ましい。ともに指導原則には明記されておらず，国連人権システムが舵取りをしてきた。

NAPの策定は，2014年の国連人権理事会決議[28]において，国家による指導原則の実施の鍵として勧告された。当該決議に先立って，2011年，欧州連合（EU）ではCSR新戦略によって加盟国に指導原則の国内政策化が求められていたこともあり，2013年には英国，オランダ，2014年にはデンマーク，フィンランドと欧州各国を中心にNAPの策定が続いた。2015年にはドイツ・エルマウサミットの首脳宣言[29]において，G7各国は責任あるバリューチェーンの実現として指導原則を支持し，NAP策定を歓迎するとともに，企業に対して人権DDの履行を要請した。なお，このような背景を受けて，日本政府は2016年にNAP策定を表明し，4年の月日を経て2020年10月に「『ビジネスと人権』に関する行動計画（2020-2025）」を策定・発表した[30]。国連ビジネスと人権作業部会は，国家，企業，市民社会，国内人権機関などとのマルチステークホルダーによるプロセスを通じて作成した「NAPガイダンス」[31]を2016年に発表し，各国におけるNAP策定の手続と内容の双方について文字通りガイドを示した。2024年9月末現在36カ国・地域で策定されている。

加えて，企業の人権尊重責任の立法化も進んでいる。米国ドッド・フランク法（2010年）による紛争鉱物規制などバリューチェーンでの人権侵害に焦点を当てる立法は指導原則以前からも存在していたが，英国現代奴隷法（2015年），フランスDD法（2017年），オーストラリア現代奴隷法（2018年），オランダ児童労働DD法（2019年），そしてドイツサプライチェーンDD法（2021年）と制定が続き，このような国内法化の広がりを背景に，2022年2月には欧州委員会からコーポレート・サステナビリティ・デューディリジェンスに関する指

---

(28) A/HRC/RES/26/22 (2014).

(29) 外務省「2015 G7エルマウ・サミット首脳宣言（仮訳）」〈https://www.mofa.go.jp/mofaj/ecm/ec/page4_001244.html〉（閲覧日：2022年9月20日）。

(30) 外務省「『ビジネスと人権』に関する行動計画（2020-2025）の策定について」〈https://www.mofa.go.jp/mofaj/press/release/press4_008862.html〉（閲覧日：2022年9月20日アクセス）。

(31) OHCHR, "Guidance on National Action Plans on Business and Human Rights" (2016).

令案が発表され，欧州理事会，欧州議会での議論・採択を経て成立し，2024年7月に発効した。立法を求める動きは市民社会のみならず，先進的に取組みを進めてきた企業などにも広がっており，公正な競争環境（a level playing field）の実現が1つの合言葉になっている。各国の法令は指導原則を掲げるものではあるが，規制対象となる人権課題，企業の義務内容や範囲などは各国さまざまである。このような動きに対し，OHCHRは2020年には立法化を議論するにあたっての政策上のポイントを提供することを目的としたイシュー・ペーパー[32]を発表するとともに，国内法において企業の人権DD義務の履行を確保する手段としての行政府による監督への考慮を提案する政策研究ペーパー[33]を発表した。また前述のEU指令案に対して，OHCHRは欧州委員会に対し指導原則との相違を懸念し再考を勧告する文書[34]を発表した。

（3）　企業およびステークホルダーレベル

企業レベルでは，CSR，SDGs，さらには責任ある企業行動（RBA）と一体となって指導原則が取組まれつつある。なかでも，2018年に発表された「責任ある企業行動のためのOECDDDガイダンス」は人権や労働のみならず，環境，腐敗防止など幅広い課題を対象としたもので，当該ガイドラインの普及が指導原則の示してきたDDの概念や取組みをより広く認知させることに寄与してきた。一方で，指導原則によって示された人権方針，DDやグリーバンスといった取組みは，企業が実際に実行に移すにはさらなる具体化が必要であり，また企業と人権の負の影響との関係を示す「引き起こす」「助長する」「直接関連する」の3類型は企業の事業内容や環境の多様性からその理解にギャップが生まれやすいものであった。そこでOHCHRでは企業の尊重責任に関する指導原則の解釈[35]はもちろん，人権方針[36]，DD[37]，グリーバンスに関するガ

---

(32)　OHCHR, "UN Human Rights 'Issues Paper' on Legislative proposals for Mandatory Human Rights Due Diligence by Companies" (June 2020).

(33)　Shift & OHCHR, "Enforcement of Mandatory Due Diligence: Key Design Considerations for Administrative Supervision" (October, 2021).

(34)　OHCHR, "OHCHR Recommendations to the European Commission regarding the EU Mandatory Human Rights Due Diligence Directive" (July 2021).

(35)　一例として，OHCHR, "The Corporate Responsibility to Respect Human Rights: An Interpretive Guide" (2012).

(36)　UN Global Compact, OHCHR, and EY, "A Guide for Business How to Develop a

イド[38]を示すほか，ステークホルダーからの要請に応じて指導原則の適用に関する見解を示してきた。たとえば，金融セクターや銀行業務，少数株主などの投融資に関する取引関係，ソフトウェアの軍事利用などにおいて，企業活動と人権への負の影響との関係を明らかにし，企業の人権尊重責任として何が求められるかを示すことで，断片化による解釈の多様化への歯止めが試みられている[39]。

　以上は，企業に対する直接的な働きかけであるが，企業のステークホルダーに対する働きかけも行われている。たとえば，ESG 投資をはじめ，投資家と企業との対話を通じて持続可能性を高めるようとする動きが広がっており，このなかでビジネスと人権の課題も位置付けられている。国連ビジネスと人権作業部会は，指導原則成立 10 周年をうけたプロジェクトのなかで，機関投資家による指導原則の実施に関する現状について報告書を発表した。そこでは，機関投資家の責任はもちろん，企業の人権尊重を促進する役割に関して，機関投資家およびグループはもちろん，国家，市民社会や学術機関などへの勧告が示された[40]。

V 「ビジネスと人権」における国家の保護義務

　指導原則の成立，その後の「ビジネスと人権」をめぐる多中心的ガバナンスでの相互作用を通じて，国際人権法上の国家の義務にどのような展開があったのだろうか。

Human Rights Policy（2nd Edition）"（2015）．
(37)　OHCHR, "Corporate Human Rights Due Diligence: Identifying and Leveraging Emerging Practices". 〈https://www.ohchr.org/en/special-procedures/wg-business/corporate-human-rights-due-diligence-identifying-and-leveraging-emerging-practices〉（閲覧日：2022 年 9 月 20 日）
(38)　A/HRC/44/32（2020）; OHCHR, "Access to Remedy in Cases of Business-related Human Rights Abuses: An Interpretive Guide（Advanced Version）"（2024）．
(39)　OHCHR からの見解については次を参照。OHCHR, "Publications and Resources: OHCHR and business and human rights". 〈https://www.ohchr.org/en/business-and-human-rights/publications-and-resources〉（閲覧日：2022 年 9 月 20 日）
(40)　UN Working Group on Business and Human Rights, "Taking Stock of Investor Implementation of the UN Guiding Principles on Business and Human Rights"（June 2021）．

◆第6巻◆国際人権法の動態 —— 支える力，顕現する脅威　[Ⅰ]アクターの諸相

（1）　国際人権法上の国家の保護義務とその論点

国際人権法上，国家は人権を尊重・保護・充足する義務を負う。なかでも「ビジネスと人権」の文脈と関わるのは，国家に帰属しない第三者の侵害行為から管轄（jurisdiction）下にある個人の人権を保護する義務である[41]。「ビジネスと人権」において，企業のバリューチェーン全体での人権尊重が問題となるなかで，国家に保護義務を問うにあたり，次の点が問題となってきた。

第1に，国家が保護する義務を負う「管轄下にある個人」の解釈である。人権条約における適用範囲の規定は異なるものの，締約国が「管轄下」にある個人の権利に対し義務を負うことで共通している。この「管轄」には領域内はもちろん，国家の実効的支配下にあることが含まれると解されている[42]。企業の行為および取引関係は自国の領域外へも広がっており，この企業の領域外での活動も「管轄」として考えることができるのだろうか。

第2に，「相当な注意としての合理的な措置」の解釈である。第三者の人権侵害が直接的に国家の義務違反になるのではなく，第三者の侵害に対して相当な注意をもって防止・救済するための合理的な措置を怠った場合に義務違反となる。このように保護義務は行為の義務であり，どのような措置をとるかは国家に一定の裁量が認められてきた。この点について，指導原則は一歩踏み込んだ内容となっているが，企業活動から人権を保護するための相当な注意として措置の合理性はどのように判断できるのだろうか。

（2）　「ビジネスと人権」における国家の保護義務の展開

指導原則を通じて，本国としての役割，さらに自発的措置と義務的措置の双方による政策のスマートミックスが，国家の義務として注目されることになった。そこで，国家の域外的義務および政策の一貫性の確保を通じて，国家の保護義務に関する2つの論点を検討する。

---

[41]　申惠丰『国際人権法：国際基準のダイナミズムと国内法との強調〔第2版〕』（信山社，2016年）218-293頁，Oliver De Shutter, *International Human Rights Law: Cases, Materials, Commentary* (3rd Edition) (2019), pp. 436-556.

[42]　人権条約の適用範囲に関する規定は，①管轄下にある個人とするもの（拷問禁止条約，子どもの権利条約，移住労働者権利条約など），②領域内あり管轄下とするもの（自由権規約），③明文規定を持たないもの（社会権規約，人種差別撤廃条約，女性差別撤廃条約，障害者権利条約など）に大別される。しかし，自由権規約は領域外での人権侵害への責任を排除する趣旨の規定ではないと解されている（申・前掲注[41]115頁）。

（i）　国家の域外的義務

　指導原則は，国家の保護義務として域外における企業活動での人権尊重を対象とし，問題となる「管轄」の解釈については人権条約機関の勧告に言及している（原則2解説）。その人権条約機関の見解をまとめると，国家と企業との間に「合理的な結合（a reasonable link）がある場合」に，本国は域外的での企業活動から個人の権利を保障する義務を負うとする。この「合理的な結合」は当該締約国に，①企業が活動の中心地を有する場合，②登録地もしくは住所地を有する場合，③ビジネスまたは実質的なビジネス活動の主要地を有する場合に認められる[43]。

　合理的な結合を有したうえで，国家が企業による人権侵害の予見が可能であり，かつ国家が企業活動を規制することができるにもかかわらず，合理的な措置を怠った場合に義務違反の責任が問われる[44]。この侵害の予見可能性については，合理的な予見可能性で十分であるとする見解もある[45]。このように国家の実効的支配下にあることと解釈されてきた「管轄下」を，合理的な結合，予見可能性，そして国家の規制能力の3点から域外での自国企業の活動下に認め，そのもとにある個人の権利を保護する義務を国家に認めてきている。

（ii）　政策の一貫性の確保

　指導原則は，国家の保護義務の実現として，「ビジネスと人権」をめぐる政策の一貫性の確保を求めている（原則8・9・10）。国内政策の一貫性には，国際人権法上の義務に合致した国内措置という垂直的な一貫性と，会社法や投資・貿易といった国内政策が国および地方の両レベルで人権保護を合致させるという水平的な一貫性の双方を含む。政策の一貫性は，指導原則の起草段階からガバナンス・ギャップの克服として受入国および本国の投資政策の調整が取

---

(43)　CRC/C/GC/16（2013），paras. 31 & 43. なお国際法律家委員会および国連で特別報告者などを担ってきた専門家らによって2011年に策定された「社会権分野に関する国家の域外的義務に関するマーストリヒト原則」の原則25d）でも明示される（Oliver De Schutter at all, "Commentary to the Maastricht Principles on Extraterritorial Obligations of States in the Area of Economic, Social and Cultural Rights", *Human Rights Quarterly* no. 34（2012），pp. 1137-1144）。また社会権規約委員会一般的意見24において合理的な結合という用語は用いていないが①から③の要素を挙げる（E/C.12/GC/24（2017），para. 31）。

(44)　CCPR/C/120/D/2285/2013（2017），para. 6.7.

(45)　E/C.12/GC/24（2017），para. 32; CCPR/C/GC/36（2019），paras. 21-22.

り上げられてきた[46]が，成立後の 2014 年に国連加盟国政府にビジネスと人権に関する国別行動計画（NAP）策定が要請されるなかで，政策の一貫性の確保が確認されている。すなわち NAP には自発的な措置と義務的な措置，国内政策と対外政策をバランスよく組み合わせたスマートミックスを盛り込むべきとされるが[47]，当然のことながらこれら施策は人権尊重を促進するという点で一貫性が求められる。なぜならばバリューチェーンにおける十分な是正・救済なしに DD を義務化することは，社会的に弱い立場におかれた被害者を取り残したままにしかねないからである。さらに，政策の一貫性の確保を通じた国際貿易や投資政策への変革が期待されており，持続可能な社会を実現する経済システムの構築への関心が示されてきた[48]。

（3）　国家による「ビジネスと人権」施策への反映と課題

　国家による「ビジネスと人権」施策は多岐にわたるが，域外的な保護義務と政策の一貫性の確保の双方が関わるものとして，人権 DD の国内法化および貿易・投資協定における人権保護義務の実現がある。

（ⅰ）　企業の人権 DD の国内法化

　前述のように，欧州を中心として企業にバリューチェーンにおける DD の実施やその情報開示を義務づける国内法の制定が続いている。使用者団体からは慎重論も上がるが，先進的企業，市民社会，そして国際機関などからはバリューチェーンを通じて自国外の活動および取引関係に人権尊重の要請が及ぶことから，公正な競争環境（a level playing field）を実現するものとして期待の声もある[49]。

　OHCHR は，その立法内容は，「ビジネスと人権」一般の規制か特定の業種・特定の課題の規制か，企業に情報開示義務を課すのかデューディリジェンスを実施する義務を課すのかなどさまざまである。OHCHR は国家の立法裁量を認めつつも，国家に求められる施策として，法律案や制度設計などに幅広いステークホルダーとの協議を実施すること，特に，立法が域外的な適用を想定する場合，生じうる矛盾や衝突などを特定し適切に対処するため，影響を受ける

---

(46)　A/HRC/8/5（2008），paras. 33-42.
(47)　A/69/263（2014），paras. 35-36.
(48)　UN Working Group on Business and Human Rights, *supra* note 16, pp. 15-17.
(49)　*Ibid.*

ステークホルダー，市民社会，企業，他国政府との協議を行うこと，立法の有する循環型効果（regulatory ecosystem）を踏まえて他の政策の一貫性を含めて検討すること，そして立法の順調な実施のための研修および能力開発を行うことを挙げている[50]。国・地域レベルでの立法化に対して懸念もある。たとえば，EU 指令案に対しては指導原則の内容と乖離する点があるとして OHCHR は再考すべきポイントを示す見解を出した[51]。

（ii）　貿易・投資政策における国家の保護義務の実現

国家の保護義務である企業がその責任を果たすことができる環境づくりが，貿易・投資政策においても実施されてきた。貿易政策では，たとえば，EU は一般特恵関税（GSP）および GSP プラス，貿易協定の社会条項において ILO 条約や人権条約の締結・遵守を確認するとともに，その履行を監視する制度を設定してきた[52]。さらに米国や EU による紛争鉱物規制，さらに前述の中国ウイグル強制防止法など，特定の人権問題に関して企業に人権 DD を求める規制を実行する例も見られる。また，投資政策では投資協定において国家の人権保護の義務を確認し規定するものが登場してきた[53]。特に 2020 年に締結された全ての投資協定において持続可能な投資の促進が目的となっていた[54]。さらに，UNCTAD，WTO など多数国間機関の加盟国として行動する際，国際レベルにおいて政策上の一貫性を確保することなども含まれる。

他方，政策の一貫性確保の観点から懸念されてきたのは，主には貿易協定における輸入国政府，投資協定では受入国政府の人権義務を果たすための国内政策および規制を実施する権限の問題である。受入国によるビジネスと人権政策の実施が間接収用や公正かつ衡平な待遇違反など協定違反と判断されうることへの懸念，そもそも仲裁に必要となる時間的・資金的コストを回避しようと政

---

(50)　OHCHR, "UN Human Rights 'Issues Paper' on Legislative Proposals for Mandatory Human Rights Due Diligence by Companies" (June 2020).

(51)　OHCHR, "OHCHR Feedback on the Proposal for a Directive of the European Parliament and of the Council on Corporate Sustainability Due Diligence" (May 2022).

(52)　貿易協定については次の文献を参照した。濱田太郎「EU の特恵制度における社会条項」EU 法研究 5 号（2018 年），同「EU 韓国 FTA に基づく専門家パネル報告の概要と意義：基本的 ILO 条約の普遍化と日本に対する示唆」労働法律旬報 1195 号（2021年），二杉健斗「自由貿易協定（FTA）とサステナビリティ：EU の FTA における『貿易と持続可能な発展』章の意義と課題」論究ジュリスト 37 号（2021 年）。

(53)　一例として，モロッコ・ナイジェリア二国間投資協定（2016 年）第 15 条。

(54)　UNCTAD, "World Investment Report 2021" (2021), p. 131.

◆ 第 6 巻 ◆ 国際人権法の動態 ── 支える力，顕現する脅威　Ⅰ アクターの諸相

策実施をためらう問題（a regulatory chill の問題）が指摘されてきた[55]。

　国連ビジネスと人権作業部会では，投資協定に限定した議論として，このような協定上の問題に対して投資家保護の範囲および投資家の定義の厳格化の課題を指摘するほか，条約交渉において人権条約上の義務との矛盾を特定（人権影響評価の実施）し矛盾がある場合には条約の締結を控えること，また貿易協定・投資協定の一般的例外として国家の人権保護を明文化すること，今後締結する条約に人権に関する人権保護に関する条項を挿入することが提案された[56]。

Ⅵ 「ビジネスと人権」をめぐる企業の義務／責任

　企業に対する国際規範の形成をめぐり，国際人権法上の論点のひとつとして，企業は国際法上の人権義務を負うのかが議論されてきた。「ビジネスと人権」に関する多中心的ガバナンスの拡大・深化を受けて，当該論点はどのように展開されてきたのだろうか。

（ 1 ） 国際人権法上の企業の義務：
多国籍企業による人権侵害に対するガバナンス・ギャップの克服

　「ビジネスと人権」への国際関心が受入国による国内的実施の機能不全によるものであったことから，国際法によって企業活動を直接規制しようとする動きが出てくるのは必然であった。他方，CSR に基づく企業の自発的取り組みに期待する動きもあり，UNGC では企業に対して世界人権宣言や ILO 基本的原則宣言など国際的な基準を遵守した行動が求められた[57]。同様に，企業およびそのステークホルダーによる市場（投融資，調達，委託，消費など）を通じた社会メカニズムなども展開されたが，実際にどれだけ企業活動が規制できているか，被害者が救済されているかの点で実効性がないという批判を受けてきた[58]。

---

(55)　A/76/238（2021），paras. 20-23.

(56)　*Ibid.*, paras. 52-62.

(57)　深刻な違反に対する手続および除名の仕組みはあるが，基本的には自発的な取り組みである。

(58)　一例として，Surya Deva, "Global Compact: A Critique of the U.N.'s 'Public-Private'

3 ビジネスと人権〔菅原絵美〕

このように，企業活動の国際的規律は自発的であるべきか強制的であるべきかと議論が二分するなかで，強制を目指したものが人権規範である。国際人権法が規定する諸権利を尊重・保護・充足する企業の義務を明示したが，30を越える国際文書を挙げながら，あくまで既存の国際法を再確認するものであることが強調された。人権規範は性質としてはソフトローを目指すことになったが，国際法上の義務とすることで，企業による人権義務の規範化と遵守を促すことはもちろん，人権規範が国連，国際機関，NGO，労働組合，国家などによる履行の架け橋，例えば国家による国内法の制定・執行に土台を提供することを目指していた[59]。

また，米国外国人不法行為法への期待も影響を与えてきた。前述したユノカル社やシェル社のケースが起訴されるなど，「ビジネスと人権」に対する救済として注目され，企業による国際法違反を認める学説が議論されてきた。しかしながら，キオベル事件判決をきっかけに，外国人不法行為法による救済の期待はしぼんでいった[60]。

自発性か強制性かという対立軸のなかで，国際法上，企業は人権義務を負うのかについてはどのような議論が展開されてきたのか。第1に，世界人権宣言など既存の国際文書に，国際人権法上の権利の源泉である「人の尊厳」を根拠に企業の人権尊重・保護・充足義務を認めていく議論である[61]。第2に，条約上の国家の保護義務から企業の間接的義務を示すとする議論である[62]。

人権規範の挫折後，2014年からのビジネスと人権条約草案の検討のなかで，企業の国際法上の義務については，再度議論された。2017年第3会期での「法的に拘束力ある文書のための諸要素」では，「3.2 多国籍企業およびその他の企業の義務」として規定が設けられていたが，その検討のなかで各国政府により

Partnership for Promoting Corporate Citizenship", *Syracuse Journal of International and Law and Commerce*, vol.34（2006），pp. 107-151.

(59)　David Weissbrodt and Muria Kruger, "Human Rights Responsibilities of Businesses as Non-State Actors" *in Philp Alston, Non-State Actors and Human Rights*（2005），pp. 315-350.

(60)　Beth Stephens, "The Rise and Fall of the Alien Tort Statute" *in Surya Deva & David Birchall, Research Handbook on Human Rights and Business*（2020），pp. 46-62.

(61)　David Bilchitz, "A Chasm Between 'Is' and 'Ought'? A Critique of the Normative Foundations of the SRS"s Framework and the Guiding Principles" *in Surya Deva and David Bilchitz, Human Rights Obligations of Business*（2013），pp. 111-114.

(62)　CRC/C/GC/2003/5（2003），para. 43.

法的根拠や国際的な仕組みがないことへの疑問が示された。これをうけてか，2018年ゼロ草案以降においては削除された。さらに，2021年の第3修正草案では「条約の目的」（第2条）の1つとして「企業の人権義務の明確化」が残っていたが，2023年の更新草案では「企業の責任」と修正された。

（2）　国際人権基準を尊重する企業の社会的責任：
規範の明確化と多中心的ガバナンスによる実効性

　一方で，指導原則は，「自発的か，強制か」の二元論を越えて，企業は法的義務とは異なる「責任」[63]である人権尊重責任を負うとした。企業に国際法上の義務を課すほどの国家間のコンセンサスは未形成である一方，CSRをはじめとして，すでに社会規範として定着した「企業の人権尊重責任」の明確化と，それを果たすために具体的に何をしたらいいのかという施策をガイダンスを示した。

　社会的期待であった「企業の人権尊重責任」は，指導原則を通じて，規範として改めて国際社会のコンセンサスを形成した。そして国際機関，地域機関，国家，ステークホルダーなどによる多中心的ガバナンスのなかで履行確保されてきた。この際，規範として企業に求められる取組みの準拠は国際人権基準である。当然，規範・解釈の断片化が生じるが[64]，国際レベルでは国際機関による直接および間接的な調整がなされ[65]，国内レベルでは国家の保護義務として，企業の人権尊重責任を実現する施策の実施・調整が，政策の一貫性や国別行動計画（NAP）の策定などの形でなされてきた[66]。

---

(63)　A/HRC/14/27 (2010), para. 55; Ruggie, *supra* note 2, p. 91.

(64)　Enrico Partiti, "Polycentricity and Polyphony in International Law: Interpreting the Corporate Responsibility to Respect Human Rights", *International & Comparative Law Quarterly* vol. 70 issue 1 (2021).

(65)　Kenneth W. Abbott, Philipp Genschel, Duncan Sindal and Bernhard Zangl, *International Organizations as Orchestrators* (2015), 西谷真規子「多中心的ガバナンスにおけるオーケストレーション：腐敗防止規範をめぐる国際機関の役割」西谷真規子編著『国際規範はどう実現されるか：複合化するグローバル・ガバナンスの動態』（ミネルヴァ書房，2017年）。

(66)　具体的には，輸出信用機関，公的投資保険または保証機関などによる公的支援・サービス（指導原則原則4），民営化（指導原則原則5），公共調達（指導原則原則6），貿易・投資協定など（指導原則原則9）に加え，人権DDの国内法化，これら施策を国家戦略として策定する国別行動計画（NAP）が含まれる。

企業の人権尊重責任は社会的責任である。しかし従来のように社会的責任だから自主的なものであるというわけではない。それは，国際人権基準を基礎に企業がそれを尊重するという権威をもった規範内容の明確化，さらに，公による強制のみならず，多様な主体により多様なレベルと方法による多中心的ガバナンスを通じて企業は規範の履行が求められる事実上の拘束力を備えている。指導原則は「なぜ企業は人権を尊重すべきなのか」という問いを払拭したと評されるように[67]「分厚いコンセンサス」により人権侵害者に対する内外の圧力の動員をもたらす[68]。これが企業の人権尊重責任という，完全に自発的とはいえない，事実上の拘束力を有する社会的責任の実効性なのである。

（3） 投資協定上の投資家の義務

一方，企業の人権尊重責任をうけて，国際人権法以外の分野でも，国際法上の企業の人権義務が議論され始めている。国際投資協定上の投資家の義務である。国家の保護義務で論じたように，ガバナンス・ギャップの克服を目指す指導原則の起草過程のなかで，投資協定における投資家保護と国家の保護義務はバランスを欠く場合のあること（投資仲裁への提起の恐れから受入国の人権政策の余地が一方的に狭められる結果となる）が懸念されてきた[69]。

第1に，投資協定において投資家の国際人権法上の義務が認められるのかの問題がある。この点についてその可能性を示唆する判断が極少数示されているに過ぎない。例えば，Urbaser 事件（2016 年）では，指導原則が示すように，国際的に事業を行う企業は国際法の主体となることを免れることはもはや認められないとしつつも，国際人権法上の一般的義務が投資家に課されているとはいえず，個別の検討が必要であるとした[70]。そのうえで，水への権利を検討し，企業である投資家に消極的義務は認められる[71]が，水を提供する積極的

---

(67)　Deva, *supra* note *2*.

(68)　Ruggie, *supra* note *2*; John G. Ruggie, "The Social Construction of the UN Guiding Principles on Business and Human Rights" in *Surya Deva & David Birchall, Research Handbook on Human Rights and Business* (2020); Joost Pauwelyn, Ramses A. Wessel & Jan Wouters, "When Structures Become Shackles: Stagnation and Dynamics in International Lawmaking", *The European Journal of International Law*, vol. 25 no. 3 (2014).

(69)　A/HRC/8/5（2008），paras. 34-38.

(70)　ICSID No.ARB/07/26（2016），para. 1195.

◆ 第 6 巻 ◆ 国際人権法の動態 ── 支える力，顕現する脅威　□1　アクターの諸相

義務は認められない[72]とした。また，Bear Creek Mining Corporation 事件（2017 年）では部分反対意見において，ILO 条約 169 号（1989 年の原住民および種族民条約）が投資家に対して義務を課さないことは法的効果を有しないことを意味するのではなく[73]，センターはカナダ・ペルー FTA837 条に基づき，投資家が Aymara 民族の希望を適切な方法で実現する義務を果たしたかを判断する際に，ILO 条約 169 号を考慮する権限を有する[74]とした。

　そこで，第 2 のアプローチとして，投資協定に投資家の人権保護義務を明文化することが国連ビジネスと作業部会によって提案されている[75]。投資協定では投資家の権利保護が手厚い一方で，投資家の義務は規定されてこなかった[76]。実際は少数ながら，モロッコ・ナイジェリア投資協定，そしてカナダ，オランダ，コロンビアのモデル投資協定のように投資家の人権義務を規定するものがあり，またブラジル・アンゴラ投資促進協力協定，インド・キルギス投資協定のように人権を明記した CSR 条項（ただし投資家に自発的な遵守を求める規定）が登場してきた。投資協定での投資家の人権義務の規定は投資紛争での効果が期待されている[77]が，投資家の義務を規定すること自体に国家が消極的であること，投資紛争の解決機関で投資家の人権義務が判断されることに懐疑的な見解が多い。

Ⅶ　むすびにかえて

　本章では，「ビジネスと人権」への国際関心が国際法理論に与える影響を，「ビジネスと人権」をめぐる多中心的ガバナンスを通じて展開される国家の義務および企業の義務／責任の論点から検討した。

　国家の義務については域外的保護義務に注目した。サプライチェーンを含む

---

(71)　*Ibid.*, para. 1199.

(72)　*Ibid.*, para. 1210.

(73)　ICSID No. ARB/14/21（2017），para. 10.

(74)　*Ibid.*, para. 11.

(75)　A/76/238（2021），paras. 63-66.

(76)　*Ibid.*, paras. 24-25.

(77)　Markus KaraJewski, "A Nightmare or a Noble Dream? Establishing Investor Obligations Trough Treaty-Making and Treaty-Application", *Business and Human Rights Journal*, vol. 5 issue1（2020），p. 119.

企業活動から人権を保護するためには，人権条約上の国家の義務に関して，「管轄下」の解釈，第三者の侵害行為と国家の関係性，相当な注意としての合理的な措置が問題となる。人権条約機関の見解では，管轄が認められるのは国家と企業に「合理的な結合」がある場合で，国家が企業の侵害を予見可能であり，かつ国家が企業活動を規制することができる場合であり，さらに措置の合理性に関しては「政策の一貫性の確保」が要請されてきた。

　また企業の義務／責任について，指導原則は「自発的か，強制か」という従来の二元論を越えて「法的義務ではない責任」を示した。企業の尊重責任は多中心的ガバナンスを通じて履行確保が試みられており，この指導原則を基にしたステークホルダーの動員が，完全には自発的といえない，事実上の拘束力を有する責任の基盤となっている。この企業の義務／責任の議論は，実例はわずかであるものの，投資紛争および投資協定における投資家の義務へ展開されてきている。

　一方で，このような多様な主体による多様な方法・レベルでの関与が，指導原則として示された規範の断片化をもたらす側面も浮き彫りになった。従来からのガバナンス・ギャップの克服に加え，持続可能な社会の実現という目的がより強調されるようになる一方，その実現のための国連人権レジームによる調整は，人権 DD のハードロー化を取り上げても，十分に機能するには至っておらず，今後の大きな課題である。

4 実務法曹の貢献

武村二三夫

Ⅰ　はじめに ── 国内実施措置と日
　　弁連の取組み
Ⅱ　訴訟の取組み
Ⅲ　政府報告書審査
Ⅳ　個人通報制度実現に向けての取
　　組み
Ⅴ　国内人権機関設立に向けての取

組み
Ⅵ　当番弁護士制度の取組みと被疑
　　者国選弁護制度
Ⅶ　国際人権規範と弁護士会
Ⅷ　平和に対する権利の国際法典化
　　の試み
Ⅸ　ま　と　め

Ⅰ　はじめに ── 国内実施措置と日弁連の取組み

（1）　国内実施措置

　条約の国内実施措置について，条約レベルでみると，政府報告書審査制度，国家通報制度および個人通報制度がある。わが国について政府報告書審査は機能しているが，国家通報制度と個人通報制度は機能していない。また人権理事会が行う普遍的定期的審査（UPR）も我が国についてなされている。

　地域レベルでみると，欧州，米州およびアフリカに地域人権保障機構があるが，アジアについてはまだ設置されていない。

　国内レベルでみると，訴訟は国内実施の一方法と位置付けられるが，人権条約の国内実施という観点からすれば十分に機能していない。国家の機関として，行政，国会また地方自治体も人権条約の実施義務を負うものと考えられるが，これらで作成される行政政策等で国際人権条約の実施が目的などでかかげられることはきわめて少ない。政府から独立した国内人権機関はいまだ設立されていない。

　以上通覧すれば，わが国について機能している実施措置としては人権条約に基づく政府報告書審査制度，人権理事会の行う普遍的定期的審査および訴訟ということになる。

◆第6巻◆国際人権法の動態 —— 支える力，顕現する脅威　Ⅰ アクターの諸相

（2）　日弁連のかかわり

1988年11月日弁連は神戸市で第31回人権擁護大会を「人権は国境を越えて」とのテーマで開催した。この大会において，日弁連は，日本政府に対して国際人権条約の完全な実施を求めるとともに世界人権宣言の真の実現にむけて努力するとの「人権神戸宣言」[1]を発した。1993年の自由権規約第3回政府報告書審査は日弁連の人権擁護委員会を中心として取り組まれた。1996年に日弁連の中に，国際人権・人道法諸条約の批准並びに国際人権・人道法文書の国内実施の推進および普及啓発に関する活動を目的とする国際人権問題委員会が設置された。

また，日弁連は，2007年に個人通報制度を実現するため自由権規約個人通報制度等実現委員会を，2009年には国内人権機関の設置を実現するため国内人権機関実現委員会を，それぞれ設置した。

Ⅱ　訴訟の取組み

（1）　意　　義

日本国憲法98条により，日本が締結した条約は国内法として効力を持つとされている。自由権規約の実体規定は，原則として自力執行力がある，あるいは裁判規範になりうるとされている。日本における通説判例は，条約は憲法より下位だが法律より上位とされる[2]。すると条約に反する法律の規定の効力を争うことも可能となる。その意味で条約が持つ意味は非常に大きいことになる。

（2）　会員への周知・情報提供

当然のことながら，訴訟の取組み自体は会員（弁護士）が行う。日弁連は，国際人権法を講演，学習会などを介して会員への周知に努めてきた。たとえば日弁連国際人権問題委員会が会員等を対象として開催してきた国際人権に関する研究会は101回に及んだ。日弁連は，1996年別府市での人権擁護大会で「法

---

(1)　日弁連ホームページ（https://www.nichibenren.or.jp/document/civil_liberties/year/1988/1988_1.html）（閲覧日：2021年11月1日）。
(2)　韓国では，日本と異なり，多数説は，条約と法律とは「同位」とするとのことである。

廷で活かそう国際人権規約」というシンポジウムを開催し 1997 年その成果を
まとめた「国際人権規約と日本の司法・市民の権利」を出版し，主要な人権条
約の詳細な紹介と日本の裁判所による判例を紹介し，モデル準備書面も掲載し
ている。また日弁連のホームページに国際人権ライブラリー[3]を設置し，各
条約についての報告書審査，一般的意見，個人通報に対する見解，国際人権に
関する研究会の資料などの情報を提供している。

（3） 裁判規範性

訴訟の場では，国は，国際人権法の当該条項は自力執行性がない，裁判上個
人の権利の根拠たりえないと主張することが多かった。自由権規約の規定につ
いても，日本政府はジュネーヴの政府報告書審査では裁判規範性を認める答弁
をしながら，法廷では否定するということがよくあった。国は，国際人権法の
適用においては，他の条約の場合よりもことさら自力執行性を狭めようとして
いる，という批判もある。現在，自由権規約の実体規定については裁判規範性
を認めるようであるが，他の条約ではまだこの入口論争がなされている。

（4） 下級審での国際人権法の適用

日本語を理解できない外国人の刑事事件についての無料の通訳の援助を受け
る権利[4]，受刑者との刑務所における民事事件の接見妨害が自由権規約 14 条
1 項違反であること[5]，日本人女性と結婚を予定していた外国人に対する退去
強制が自由権規約 23 条の家族の保護を受ける権利の侵害であること[6]など，
下級審では国際人権法の適用を認める裁判例が得られた。

（5） 最　高　裁

しかし最高裁判所は，1989 年 3 月 2 日塩見訴訟判決[7]において，社会権規

---

(3)　日本ホームページ（https://www.nichibenren.or.jp/activity/international/library.
html）（閲覧：2021 年 11 月 1 日）。

(4)　東京高裁判決平成 5 年 2 月 3 日（刑事）判決時報 44 巻 1〜12 号 11 頁，法曹会「外
国人犯罪裁判判例集」57 頁。

(5)　徳島地方裁判所判決平成 8 年 8 月 3 日判例時報 1597 号 115 頁。

(6)　東京地裁判決平成 11 年 11 月 12 日判例時報 1727 号 94 頁。

(7)　裁判所ホームページ（https://www.courts.go.jp /app/files/hanrei_jp/351/062351_
hanrei.pdf）（閲覧：2021 年 11 月 3 日）。

◆ 第6巻 ◆ 国際人権法の動態 ── 支える力，顕現する脅威　[I] アクターの諸相

約は即時に具体的権利を付与するものではないとした。

　最高裁の国際人権法に対する姿勢は，①最高裁では憲法解釈・適用はするが，国際人権法の適用はしない，②国際人権法違反あるいは国際人権法の不適用を憲法98条違反と主張しても，その実質は単なる法令違反を主張するものとして，適法な上告理由として取り上げない，③国際人権法の規定や条約委員会の勧告を援用する場合であっても憲法解釈の根拠（証拠）として位置付ける，というものである[(8)]。

（6）　宮崎・宇賀反対意見

　2021（令和3）年6月23日の選択的夫婦別氏に関する最高裁決定[(9)]における宮崎・宇賀反対意見は，①条約において「agree to ～（～に合意する）」，「shall ～（～ものとする）」，「undertake～（約束する）」，「ensure～（～を確保する）」という用語が使われる場合，法的拘束力があることを示すことに疑問の余地はない，②女性差別撤廃条約16条1項(g)[(10)]について，個人に直接権利を付与しない場合でも，行政府，立法府および司法府を拘束する，として法的拘束力を認めた。

　国際人権法の各規定について自力執行力あるいは裁判規範性があるかなどの争いがなされてきた。この反対意見は，国際人権法に法的拘束力を認める場面をその用語から客観的に明らかにするものであり，きわめて意義が大きい。ま

---

(8)　2008年6月4日戸籍法非嫡出子差別規定違憲最高裁判は，わが国が批准した市民的及び政治的権利に関する国際規約および児童の権利に関する条約にも，児童が出生によっていかなる差別も受けないとする趣旨の規定が存することなどの国際的な社会環境の変化等を根拠に，準正を出生後における届け出による日本国籍取得の要件としておくことについて，立法目的（日本国籍を取得する者は，日本との結びつきが密接でなければならない）との間に合理的関連性を見出すことがもはや難しくなったとして，国籍法3条1項の日本国民である父の非嫡出子について父母の婚姻により嫡出子たる身分を取得したことを日本国籍取得の要件とし，父の生後認知した非嫡出子にとどまる子に日本国籍取得を認めない規定は，憲法14条1項に違反するとした。

(9)　裁判所ホームページ（https://www.courts.go.jp/app/files/hanrei_jp/412/090412_hanrei.pdf）（閲覧：2021年11月3日）。

(10)　女性差別撤廃条約16条1項(g)。

　締約国は，婚姻および家族関係に係るすべての事項について女子に対する差別を撤廃するためのすべての適当な措置をとるものとし（shall），特に，男女の平等を基礎として次のことを確保する（ensure）。

(g) 夫および妻の同一の個人的権利（姓及び職業を選択する権利を含む）

た法的拘束力は，従来個人の請求権ないし権利という側面で問題にされること
が多かった。この反対意見は，個人の請求権が認められない場合でも，行政
府，立法府および司法府を拘束する場面での法的拘束力を認めた点で画期的な
ものといえる。

　この反対意見は，夫婦別氏の婚姻届け不受理を違法とするものである。その
結論は，反対意見が法的拘束力を認めた女性差別撤廃条約16条1項(g)の適用
によって直接導くことができるはずであるが，反対意見はそうしていない。そ
の結論は憲法24条2項の解釈から導いており，同条約16条1項(g)の解釈
は，憲法24条2項の解釈の根拠（証拠）という位置付けであった。その意味
では最高裁の上記③の手法を踏襲していることになる。この反対意見が今後ど
のような影響を与えるのか，またこれが多数意見となりうるのかどうかが注目
される。

III　政府報告書審査

（1）　日弁連の参加

　1988（昭和63）年7月に自由権規約委員会の第2回日本政府報告書審査が予
定され，これに向けて日本政府は報告書を作成した。日弁連内で，この日本政
府報告書には拘禁二法などについて事実と異なる点があるなどとする報告書を
つくり，日弁連執行部はこの報告書を理事会に諮った。理事会では，自由権規
約の政府報告書審査の趣旨からして国連自由権規約委員会に提出すべきとの意
見もあったが，家の中のもめ事を父親が勤めている会社の社長に頭越しで文句
をいう感じがするという発言もあり，国連に提出するには至らなかった。同年
11月に日弁連は前記の「人権神戸宣言」を発するが，その直前において，日
弁連の執行部や理事会の政府報告書審査の意義についての認識はこの程度だっ
たということになる。

　結局，条約委員会の日本政府報告書審査への参加は，1993（平成5）年4月
自由権規約委員会の第3回日本政府報告書審査にはじまり，さらに，社会権規
約委員会，女性差別撤廃委員会，人種差別撤廃員会，拷問禁止委員会の日本政
府報告書審査についても参加し，カウンターレポート（オールタナティブレポー
ト）を提出している。

（2） 委員の事前招聘

　日本報告書の各審査にさきだって，審査の担当となる各委員会の委員を日本に招き，最高裁や法務省を訪問する際に，日弁連が東京で，大阪弁護士会が大阪で，それぞれ報告集会をもつことを重ねてきた。これは，委員に対して，日本の実情および日弁連の持つ問題意識を理解してもらうことを意図したものであった。また，日本国内では，政府報告書審査制度ばかりか国際人権法自体が知られていないので，人々にこれらを知ってもらう意味もあった。政府報告書審査に参加するNGOにとって，論点について委員と意見を交わし，委員との面識も得られるという利点もあった。しかし人権高等弁務官事務所は，委員が政府報告書審査の前に当該審査対象国を訪問することは望ましくないとした模様で，2008年の自由権規約委員会の第5回審査に先立ってポサダ，シーラ両委員が来日したのが最後となって，以後審査前に来日することはなくなった。

（3） 審査の手続

　自由権規約委員会についていえば，まず日本政府報告書が作成され，会期前セッションで質問項目（list of issue）が定められるので，日弁連などのNGOはまずこの質問項目について意見書を提出する。委員会が作成した質問項目に従ってその実施状況について日本政府の報告書が作成される。日弁連や他のNGOは，その実施状況が不十分である点を指摘する意見書を出す。政府報告書審査の会期では，審査の前に人権高等弁務官事務所が各NGOに，委員会の委員が同席する場で発言（ブリーフィング）する機会を与える。これとは別に，NGOが国連の会議室を借りて，昼食時間に委員を招きNGOが発言するランチ・タイム・フリーフィングを開催した。また日弁連の報告書は英語版でも100頁を超えていたが，重要な論点について，たとえばA4判1枚にしぼった書面を準備し，委員に配布して直接説明を試みたこともあった。また国連施設外の会場をかりてサイドイベントを開催し，委員を招いたこともあった。

　審査当日は，日本政府側が報告書を読み上げ，これに対して委員が質問を行い，日本政府側が回答していくが，日弁連その他のNGOは，傍聴はできるが発言は認められていない。

（4）　総括意見と勧告等

（i）　は じ め に

　各委員会は，政府報告書の審査を終え，総括所見（concluding observation 最終所見）をまとめ，該当国の条約の国内実施についての評価をし，また勧告などをする。日弁連など NGO の活動の目標は，いかによい総括所見を得るかということにあった。また弁護士としては，一般的意見などによって条約委員会の人権法の解釈を知るが，総括所見で示される締約国の実施状況に対する勧告などによって，それぞれが取り組む問題について国際人権法違反と構成できるかどうかなどの検討をすることができる。ここでは近時の自由権規約委員会の総括所見を概観する。

（ii）　自由権規約第 4 回審査（1998 年 10 月）の総括所見[11]

　第 4 回審査の総括所見の「C. 主要な懸念事項及び勧告」は 30 項目に及び，前回の勧告の大部分が履行されていないとする第 6 項，総括所見の第 34 項および次回の提出日の指定第 35 項を除いた実体にかかわるものは 27 項目である。そのうち「強く要請」が 1（再入国許可の必要性の除去第 18 項），強く勧告が 3（公共の福祉，独立した人権侵害調査の仕組み，代用監獄），勧告が 14（警察入管当局の不適正処遇に対する申立，公共の福祉，婚外子差別，部落差別，外国人永住者への外国人登録法の適用，入管の収容，死刑犯罪の限定，代用監獄，人身保護請求の限定，証拠開示，不正取引の女性の保護，売春目的の外国人児童の来日，障害を持つ女性の強制不妊，規約に沿った国内法改正および選択議定書の批准），懸念が 8（正当化のための世論統計の使用，合理的な差別の曖昧さ，在日韓国・朝鮮人に対する差別，アイヌに対する差別，女性に対する差別的法律，行刑施設制度，中労委の腕章着用時の審問拒絶，女性に対する暴力）となっている。規約の実体規定との関係では，勧告とする事項について規定違反とは簡単に断定できないようである。

　また第 3 回審査における勧告の大部分が履行されていないと指摘し（第 6 項），外国人登録法の永住者への適用と代用監獄については，再度の勧告と明示している。

（iii）　自由権規約第 5 回審査（2008 年 10 月）の総括所見[12]

　第 5 回の総括所見の「C. 主要な懸念事項及び勧告」は 29 項目に及び，うち

（11）　国際人権ライブラリー（https://www.nichibenren.or.jp/activity/international/library/human_rights/liberty_report-4th_observation.html）（閲覧：2021 年 11 月 3 日）。

（12）　日弁連国際人権ライブラリー（https://www.nichibenren.or.jp/library/ja/kokusai/

実体規定に関するものは 26 項目である。各条項は，前段で問題点を指摘して懸念を表明し，後段で具体的な勧告内容を勧告という言葉を用いず，すべきである，と表現している。

（iv）　自由権規約第 6 回審査（2014 年 7 月）の総括所見[13]

第 6 回の総括所見の「C. 主要な懸念事項及び勧告」は 25 項目に及び，うち実体規定に関するものは 21 項目である。各条項は，前段が問題点について懸念を表明し，後段が勧告という構成は第 4 回と同じだが，国内人権機関の設置の検討は勧告とし（第 7 項），公共の福祉によって宗教・信念を表明する自由や表現の自由について規約の厳格な要件を満たさない制限を課すことを差し控えることは「促す」としている（第 22 項）。それ以外の項目では，「すべきである」としている。これらの用語の使い分けがどのような意味を持つのは必ずしも明らかではない。

（ⅴ）　自由権規約第 7 回審査（2022 年 10 月）の総括所見

第 7 回の総括所見の「C. 主要な懸念事項及び勧告」は，個人通報制度の採用，国内人権機関，反差別の法的枠組み，包括的反差別法，性的少数者差別ヘイトスピーチ，男女共同参画，共謀罪，女性に対する暴力，死刑，福島原子力災害，刑事・拘禁手続，「慰安婦」，人身売買・技能実習制度，難民を含む外国人の取扱い，プライバシーの権利，思想良心宗教の自由，日の丸の起立斉唱，平和的集会を持つ権利，少数民族，こどもの家族からの引離し・親による子の奪取の 21 項目を取り上げている。第 6 回の総括所見では，各条項の前段が懸念，後段が勧告という構成であったが，第 7 回では 1 条項を懸念，次の 1 条項を勧告等にあてている。つまり懸念および勧告に関する記述がより詳細になったといえよう。さらに刑事・拘禁手続および難民を含む外国人の取扱ではそれぞれ勧告が 6 項目となっているように勧告内容が具体的に，多くの項目に分かれてなされている。

またフォローアップにおいて，次の第 8 次定期報告書審査については，委員会がまず質問リストを出し，日本が 1 年以内に報告書を提出することが求めら

---

humanrights_library/treaty/data/Concluding_observations_ja.pdf）（閲覧：2021 年 11 月 3 日）。

(13)　日弁連国際人権ライブラリー（https://www.nichibenren.or.jp/library/ja/kokusai/ humanrights_library/treaty/data/Alt_Rep_JPRep6_ICCPR_ja180308.pdf）（閲覧：2021 年 11 月 3 日）。

れている。

（vi）　勧告とその履行

既に多くの項目の勧告がなされている。日弁連は，政府報告書審査において，各人権条約に規定する人権規定の尊重，保護および伸張のため，委員会の勧告を得る活動を展開してきた。この勧告の獲得という観点からすれば相当程度の勧告が得られたことになる。

各条約の総括所見では，国内実施を評価する記述がある。たとえば自由権規約委員会の総括所見では，毎回「B.　肯定的側面」において，日本がとった措置について「歓迎」「満足をもって留意」「留意」とする記述がある。自由権規約第6回総括所見では，2項目の行動計画策定，2項目の法改正，2項目の条約加入があげられている。男女共同参画の観点からすれば，過去3回の総括所見で，満足をもって留意ないし歓迎という評価をされる項目があることになる。これらの措置を政府報告書審査による成果とみれば，これは，国内実施制度の国内レベルに位置づけられる行政・国会による実施になる。日本政府の政府報告書は外務省が取りまとめるが，リスト・オブ・イッシューの各項目は該当部局に伝えられ，その該当部局の検討結果が外務省で集約される。第6回政府報告書審査では，日本政府は36人の代表団を派遣した。委員会における質疑に備えて関係部局の担当者を集めたものと思われる。つまり政府報告書審査については，総括所見が示す勧告などの問題点は，該当部局に伝達され，見直しを迫っているものである。末尾の表は6つの人権条約の総括所見において「歓迎」などと評価された日本の措置であり，条約間の重複はあるが，国内実施として一定の成果は得られたことになる。

（vii）　課　　題

従来の政府報告書審査の取組みは，いかにして委員会に求める勧告をださせるか，であった。しかし近時は，勧告は出るが履行されず，という状態が続いている。自由権規約の第5回，第6回および第7回の総括所見では，いずれも前回等の勧告の大部分が履行されていない，と指摘している。そして公共の福祉による制限，独立した国内人権機関の設置，個人通報制度の実現（第一選択議定書の批准），代用監獄の廃止などでは，毎回のように勧告が繰り返されている。日本政府は必ずしも勧告そのものを受け入れようとしないこともあり，勧告に対して反論書を提出することもある。

日弁連の政府報告書審査の取組みは，女性差別撤廃条約についての両性の平

◆ 第 6 巻 ◆ 国際人権法の動態 ── 支える力，顕現する脅威　[I] アクターの諸相

等委員会，子どもの権利条約について子どもの権利委員会以外は，アドホックなワーキンググループによってなされてきた。このワーキンググループによる場合，審査の後勧告が出ればワーキンググループは解散し，次の報告書審査のときにまた設置される。したがって勧告の履行監視という作業はこのアドホックなワーキンググループに担当させることができなかった。

　日弁連は 2009 年に人権擁護活動として重点的に取り組む課題を「人権のための行動宣言」としてまとめた。これは両性の平等・男女共同参画から国内的人権保障システムにいたるまで 36 項目の目標を掲げ，この実現にかかわる日弁連の委員会等を目標ごとに明示し，毎年その進行状況がチェックされる。条約委員会の勧告事項は，この人権のための行動宣言に重なることになる。人権のための行動宣言では各項目について担当委員会等が指定されており，その進行状況がチェックされる。したがって日弁連として，勧告の履行・監視のための体制はできていることになる。

　なお人権のための行動宣言は 2019 年に改訂されている[14]。

IV　個人通報制度実現に向けての取組み

（1）　は じ め に

　個人通報制度は，人権侵害を受けた個人が国際機関に直接救済を求める制度である。個人通報制度は，自由権規約，社会権規約，女性差別撤廃条約，子どもの権利条約，障害者権利条約，拷問等禁止条約，人種差別撤廃条約及び強制失踪条約の 8 つの人権条約について設置されている。またアジアには地域人権条約はないが，他の地域人権条約には個人通報制度が設置されている[15]。自由権規約の個人通報制度は，1966 年 12 月国連総会で採択され，1976 年 3 月発効した自由権規約第 1 選択議定書によって定められた。1988 年の第 3 回政府報告書審査において，委員会は日本政府に対して自由権規約第 1 選択議定書の批准を勧告している。日本における個人通報制度の実現は，それ自体国際人権の国内実施のための有力な手段の取得であると同時に，自由権規約委員会その他から勧告の対象となっているのである[16]。

---

(14)　日弁連ホームページ（https://www.nichibenren.or.jp/document/policies/jinken_sengen_2019.html）（閲覧：2021 年 11 月 3 日）。
(15)　欧州人権条約にも設けられていたが，欧州人権裁判所に判決権が認められた。

なお G7 サミット参加国の中では日本が唯一個人通報制度を採用していない。また OECD（経済協力開発機構）加盟 35 カ国においては，日本とイスラエルのみが，個人通報制度を持たない国となっている。

（2）　大阪弁護士会の取組み

大阪弁護士会選択議定書批准推進協議会（現在の名称は，国際人権個人通報実現協議会）は自由権規約の個人通報制度実現を目的として 1992（平成 4）年 9 月設立された。同協議会は，2001（平成 13）年から人権小委員会に参加して，国連人権高等弁務官に対する要望書を提出していた。2004（平成 16）年 8 月戸塚悦朗龍谷大学教授（当時）がアルブール人権高等弁務官に面談するのに同席する形で，大阪弁護士会のメンバーも同弁務官と面談ができ，日本の選択議定書批准を推進させるため弁務官自身が日本を訪問されるよう要請した。同弁務官は，これにこたえて，同年 11 月白石上席人権官らとともに来日し，日弁連とは，自由権規約第 1 選択議定書批准，国内人権機関設立などについて意見交換をし，さらに，最高裁判所裁判官，外務大臣，法務省担当官，国会議員などと懇談した。同弁務官は選択議定書の批准を積極的に勧告したのである。

（3）　日弁連の取組み

日弁連は，2007（平成 19）年個人通報実現委員会を設置した。各単位会における説明会（意見交換会）を実施し，2014 年 2 月までに 8 弁護士会連合会，52 弁護士会のすべてにおいて「個人通報制度の想起導入を求める決議」をした。また市民やマスコミに対する周知活動を実施し，「今こそ，個人通報制度の実

---

(16)　人種差別撤廃委員会は 2001 年（1・1 回），2010 年（3〜6 回）の審査の際は個人通報の受諾宣言の可能性を検討するよう勧告したが，2014 年（7〜9 回）および 2018 年（10・11 回）の審査では，受諾宣言を行うことを勧告する，としている。拷問禁止委員会は第 1 回および第 2 回の審査において受諾宣言を行うよう求めている。女性差別撤廃委員会は，2003 年第 4・5 回審査および 2009 年第 6 回審査，2014 年第 7・8 回審査で批准の奨励などを表明している。強制失踪条約委員会は 2018 年第 1 回日本審査で個人通報の受理の奨励をしている。子どもの権利委員会は 2019 年第 4・5 回審査において子どもの権利条約の通報手続の選択議定書批准を勧告し，自由権など 4 条約の選択議定書の批准の検討を勧告した。社会権規約委員会は 2013 年第 3 回審査において，社会権規約の選択議定書の批准の検討を奨励している。国連人権理事会の 2017 年の第 3 回普遍的定期的審査において，9 カ国が個人通報制度の導入を求める勧告をし，2018 年日本政府はフォローアップすることに同意する，と表明している。

施を！大集会」を 2010 年，2011 年，2012 年，2016 年開催し，2018 年徳島に
おける第 62 回人権大会で「今こそ，国際水準の人権保障システムを日本に！
── 個人通報制度と国内人権機関の実現を目指して」をテーマとして実施し
た。

　また関係省庁との協議も進めた。2010（平成 22）年外務省は，総合外交政策
局人権人道課内に個人通報制度導入の準備のための組織として，人権条約履行
室を立ち上げた。また最高裁は個人通報制度は事実上の 4 審制となるとして反
対しているという噂があったが，のちに最高裁自身がこれを「冤罪だ」として
否定したと伝えられている。残る課題は，国会ということになる。

（4）　訴訟との関係

　現在の最高裁の国際人権法の適用に対する態度は上記のとおりであり，極め
て消極的である。しかし，個人通報制度が実現した場合，最高裁で敗訴しても
条約委員会に通報し，その判断を受けることができることになる。最高裁が国
際人権法を適用しなかった点が条約委員会の見解において厳しく指摘されるこ
とになりかねず，さらには国際社会の批判をあびかねない。最高裁は，予想さ
れる条約委員会の判断を意識せざるを得なくなる。つまり，最高裁は自ら国際
人権法の適用について判断をせざるを得なくなる。当然国際人権法の条文のみ
ならず，それが条約委員会でどのように解釈されているかなどについても意識
せざるを得ないことになる。すなわち個人通報制度が実現すれば，最高裁の，
さらに裁判所全体の国際人権法に対する態度が大きく変化するものと期待され
る。日本の国内裁判所における訴訟において，国際人権法の実施が大きく進む
ものと期待される。

V　国内人権機関設立に向けての取組み

（1）　はじめに

　国内人権機関は，1970 年代から各国で設立するようになり，国連は 1993（平
成 5）年，あるべき国内人権機関の原則をまとめた「パリ原則」を定めた。委
員会は，自由権規約委員会は，1998 年の第 4 回政府報告書審査による総括所
見において独立した人権侵害調査の制度の設置を求めた。国内人権機関も，国
際人権の国内実施の有力な手段であるが，その設置が自由権規約委員会他から

求められているものである[17]。

（2） 日弁連の取組み

日弁連は 2000（平成 12）年岐阜で開催された第 43 回人権擁護大会シンポジウム「一人で悩んでいませんか？ —— 21 世紀をひらくために「独立した人権機関」を創ろう」を開催した。そして，人権救済，政策提言及び人権教育の機能をもつ政府から独立した国内人権機関の設置を求めた。訴訟ももちろん人権救済機能を持つが，費用がかかり，主張立証責任の観点から訴訟遂行は必ずしも容易ではなく，時間がかかる。これと対比して，国内人権機関は，費用がかからず，容易に利用でき，迅速に結論を出す手続として位置付けた。そして日弁連の運動として取り組むため，2009 年に国内人権機関実現委員会を設置した。なお現在は政府から独立した人権機関実現委員会に名称変更している。

（3） 2002 年人権擁護法案

政府は，人権擁護推進審議会の答申を受け，2002 年 3 月人権擁護法案を国会に提出した。これは，同和問題の差別意識の解消から出発し，公私の差別と虐待，さらに報道機関等による人権侵害を特別救済の対象としたもので，人権擁護委員会を国家行政組織法第 3 条 2 項に基づいて法務省の外局として設置するというものであった。しかしながら報道被害を除けば人権侵害を差別と虐待に限定する点で致命的な欠点があり，また法務省の外局とする点で独立性に欠けるものであった。人権擁護法案は継続審議を経て，2003 年 10 月衆議院解散により廃案となった。

（4） 2008 年日弁要綱案

日弁連は人権擁護法案に対しては反対の立場をとったが，2008 年 11 月，日

---

(17) 自由権規約委員会以外でも，子どもの権利委員会では 2001 年第 2 回，2010 年第 3
回，2019 年第 4・5 回審査においてパリ原則に従って国内人権機関の設立などの勧告
が，女性差別撤廃委員会では 2003 年第 5 回，2009 年第 6 回，2016 年第 7・8 回審査に
おいてパリ原則に従った独立の国内人権機関の設置等の勧告が，人種差別撤廃委員会は
2008 年第 3〜6 回，2014 年第 7・8 回，2018 年第 10・11 回審査で国内人権機関の設置
の勧告を，それぞれしている。
　また障害者権利条約はその 33 条 2 項自体がパリ原則に従った国内人権機関の設置を
求めている。

弁連が求める日弁要綱案をまとめ，公表した。これは公権力によるすべての人権侵害を，また私人による人権侵害としては，雇用・教育，公共施設の利用，物品・不動産・役務の提供による不当差別，社会的影響力のある組織集団・個人による人権侵害を，それぞれ対象とするものであった。報道機関などの被害については，自主的第三者機関が優先的に取り扱うものとした。そして人権委員会は各省庁の影響力が及びにくい内閣府の外局とするものであった。

（5） 2012年人権委員会設置法案

　政府は，民主党政権下の2012年9月人権委員会設置法案を国会に提出した。これは私人による違法な人権侵害一般を対象とし，報道機関等による人権侵害は特別扱いをせず，人権委員会は法務省の外局に置くとするものであり，ある程度日弁要綱案を反映したものであった。この法案は国会審議に入らないまま，同年12月の衆議院解散により廃案となった。

（6） 監視社会への対応

　2001年米国同時多発テロが発生し，テロ対策の名目で市民社会への監視強化がすすんだ。2007年陸上自衛隊情報保全隊が自衛隊イラク派遣に反対する全国の市民を監視している実態が判明した。2010年公安警察が収集したとされる600人以上のイスラム教徒監視データが流出した。2013年スノーデンが，全世界のネット上のほぼ全部の電子情報を監視できるという超監視社会の実態を暴露し，米国国家安全保障局が包括データ検索プログラムを日本の防衛省に提供したとの報道がなされた。2013年岐阜県警大垣署により風力発電施設反対市民の監視データが電力会社の子会社に提供されていたことが判明した。2013年12月18日[18]国連総会は，デジタル社会のプライバシー権について，監視活動に対して独立した効果的な監視機関を設けるべきであると決議し，日本も賛同した。

　警察等の監視活動を監督する第三者機関は，すべてのEU加盟国，オーストラリア，ニュージーランドなど既に多数存在している。日本においても，この警察の監視活動問題の観点からも，独立した国内人権機関が必要となってい

---

(18)　アジア太平洋人権情報センター（https://www.hurights.or.jp/archives/newsletter/sectiion3/2014/01/post-233.html）（閲覧：2021年11月3日）。

る。

Ⅵ　当番弁護士制度の取組みと被疑者国選弁護制度

（1）　はじめに

　自由権規約14条3項(d)は，「司法の利益のために必要な場合には，十分な支払手段を有しないときは自らのその費用を負担することなく，弁護人を選任されること」と規定しており，これは公判段階の被告人だけでなく，捜査段階の被疑者にも適用される。ところが日本国憲法37条3項は「刑事被告人は，いかなる場合にも，資格を有する弁護人を依頼することができる。被告人が自らこれを依頼することができないときは，国でこれを附する。」と規定しており，これは公判段階の被告人に適用され，捜査段階の被疑者には適用されないと解されている。このため，日本の国選弁護人制度は公判段階においてのみ実施され，捜査段階では実施されていなかった。

　刑事弁護を担当した弁護士は誰でも痛感することであるが，弁護人がつかないまま取調べで被疑者の言い分が反映されない調書が作成されることが多い。その被疑者の調書がほとんどそのまま公判で証拠として採用される裁判の実務に照らせば，捜査段階で裁判の大勢が決まってしまい，公判段階で調書の任意性や信用性を争っても奏功しないことが多い。冤罪を防止し，被疑者被告人の権利を守るためにも，捜査段階の弁護人の援助が是非とも必要であり，資力に乏しいもののため捜査段階の国選弁護人制度が必要であった。

（2）　被疑者と法律扶助制度

　弁護費用を立て替える法律扶助制度は刑事事件の被疑者にも適用される。しかし法律扶助制度では，立替費用の償還（本人負担）が原則とされていた。逮捕された場合，捜査官から被疑者に弁護人依頼権を告知することになっている。弁護人選任費用を自分で負担できない人は，ふつう弁護費用を立て替える法律扶助制度そのものを知らないであろう。知ったとしても立替費用は償還が原則ということであれば，法律扶助制度の利用そのものを断念せざるを得ないであろう。

◆ 第 6 巻 ◆ 国際人権法の動態 ── 支える力，顕現する脅威　１ アクターの諸相

（３）　当番弁護士制度

　故庭山英雄教授が 1989 年 NHK の番組によってイギリスの当番弁護士制度をはじめて日本に紹介した。これを受け，1990 年大分県弁護士会と福岡弁護士会で当番弁護士制度がはじまり，1992 年にはすべての弁護士会で当番弁護士制度が採用されるにいたった[19]。当番弁護士制度とは，逮捕されて身体を拘束された被疑者やその親族などから要請があった場合に，弁護士会が弁護士を派遣する制度である。原則として要請があったその日のうちに弁護士が接見に行き，初回接見は原則無料で対応する。逮捕・勾留中の被疑者の申し出に備えて，一定の数の弁護士が待機し，あるいは名簿に基づき一定の弁護士がリスト化され，申し出に応じて接見に出動する。

　被疑者が弁護人の選任を求める場合，私選弁護人を選任することができる。また 1990 年 4 月から法律扶助協会による「被疑者弁護人扶助制度」が発足していた。資力のない被疑者も一定の要件で弁護について扶助が受けられるようになった。当番弁護士と連動することによってこの被疑者弁護人扶助制度の利用者は急増し，その費用を弁護士会が援助した。後述のように 2006 年から被疑者国選制度が始まるが，その前年 2005 年でみると，勾留請求 14 万 2,272 件，当番弁護士受付件数 6 万 7,711 件，被疑者弁護援助件数 8,290 件となっている。当番弁護士の出動率は実に 47％ となっている。日弁連及び単位弁護士会は，初回接見・通訳費用 6 億 3,207 万 5,599 円，刑事被疑者弁護援助・少年保護事件付き添い援助費用 7 億 8,031 万 3,396 円を負担している。日弁連および単位弁護士会の負担ということは結局個々の会員弁護士の負担ということになる。弁護士会は，自らがまず被疑者の弁護費用を負担して被疑者弁護を実施し，国に被疑者国選の実現を迫っていったのである。

（４）　被疑者国選制度の実現と問題点

　2006 年 9 月，勾留以後の短期 1 年以上の法定合議事件等について被疑者国選弁護制度が導入された。なお預貯金等を含み 50 万円未満の資力基準がある。2009 年必要的弁護事件（死刑または無期もしくは長期 3 年を超える懲役もしくは禁錮にあたる事件）まで拡大された。そして 2018 年勾留状が発せられてい

---

[19]　福岡県弁護士会の当番弁護士活動について美奈川成章「わが国における被疑者の人権保障の現状」国際人権 4 号（1993 年）40 頁。

るすべての事件にまで拡大された。

　しかしながら，まだ問題が残っている。逮捕されてから勾留状が発せられるまでの間と身柄拘束をせず任意の取り調べ段階では，被疑者国選制度が実施されていない。逮捕から勾留までの72時間の間も身柄拘束の上での取り調べがなされ，被疑者の供述調書が作成されていく。当番弁護士は，逮捕段階でも要請があれば出動する。そしてこの逮捕段階でも刑事被疑者弁護援助の制度が適用される。弁護士会がその費用を負担し，逮捕段階の弁護を補っている。

Ⅶ　国際人権規範と弁護士会

（1）　は じ め に

　人権の国際基準はもともと西欧社会においてつくられたものであり，アジアなどの他地域において当然受け入れられるとは限らないという疑義は従前から示されていた。ここでは，国際基準の受け入れという観点から弁護士会のヘイトスピーチの刑事規制の議論を紹介する。

（2）　ヘイトスピーチの刑事処罰の勧告

　自由権規約20条2項は「差別，敵意，又は暴力の扇動となる国民的，人種的又は宗教的憎悪の唱道は，法律で禁止される」としており，日本は同規約の批准にあたってこの条項を留保していない。自由権規約委員会の2014年第6回日本報告書審査の総括所見12項で，委員会は「締約国は，差別，敵意，又は暴力を扇動する人種的な優位性又は憎悪を唱道するあらゆる宣伝を禁止すべきである。……締約国はまた，人種差別主義者による攻撃を防止し，加害行為の嫌疑者が徹底的に捜査を受け，起訴され，有罪の場合には適切な制裁をもって処罰がなされることを確保するため，あらゆる必要な措置をとるべきである」として，人種差別的なヘイトスピーチの刑事処罰を勧告した。

　人種差別撤廃条約4条2項(a)および(b)は，人種差別を助長差別する宣伝活動を処罰すべき犯罪であることを認めること，としている。日本国は，これらの規定を留保している。しかし人種差別撤廃委員会は2018年第10回および第11回の日本政府報告書審査の総括所見13項(g)で「私人又は政治家を含む公人もしくは報道機関職員によるヘイトクライム，人種差別的ヘイトスピーチ及び憎悪の扇動に対して，捜査し，適正な制裁を科すこと」との勧告をした。

◆ 第6巻 ◆ 国際人権法の動態 —— 支える力，顕現する脅威 ［I］アクターの諸相

両委員会とも日本に対して人種差別的なヘイトスピーチの刑事処罰を求めている。

（3） 弁護士会での議論

ヘイトスピーチの刑事処罰について，日本の憲法学者は一般的に消極的だと聞く。いわゆる在特会の街頭における在日コリアンなどに向けた宣伝活動は，放置できる問題ではないとほとんどの者は考えるだろう。ヘイトスピーチ被害に関わる弁護士の中では，ヘイトスピーチに関する損害賠償や差止めだけではなく，刑事処罰は当然とするものが多い。

これに対して，ヘイトスピーチの刑事処罰を認めると，処罰の対象とする表現行為を定義しても，表現内容は多様かつ微妙でもあり，いわゆる「ヘイト」と目される行為以外の行為も対象にするのではないのか，との危惧が示されている。逮捕や捜索という重大な強制権限を有する捜査機関が判断を誤り，あるいは恣意的，拡大的な解釈・運用をするのではないか，などの危惧も示されている。人権の保護は，権力からの保護から始まり，権力に対する十分なる警戒を必要とするところ，ヘイトスピーチ規制ということで強大な権限を捜査機関に与えてよいのか，という疑問も提示されている。

刑事罰の対象とする行為について，少数者に対して向けられるヘイトスピーチに限定されるべきであり，少数者の多数者に対する表現行為は規制の対象にすべきではない，という見解もある。また，偏見や差別思想の拡散という点はさておき，集団名誉毀損罪，集団侮辱罪の新設のように，「実害」の範囲の拡大という観点からヘイトスピーチの刑事罰を考えていこうというアプローチの提案もなされている。

ヘイトスピーチに関しては，刑事処罰とする前に，民事的にこれを違法とすることも考えられる。2023年4月日弁連は「人種等を理由とする差別的言動を禁止する法律の制定を求める意見書」を公表し，特定の人種等に対して著しく侮辱するなど5つの類型の言動を禁止する法律の制定を求めた[20]。

---

(20) 日弁連ホームページ (https://www.nichibenren.or.jp/document/ja/opinion/year/2023/230464.html)（閲覧：2021年11月3日）。

（4）　ま　と　め

ヘイトスピーチの民事的規制について，上記のような議論がなされている段階で，刑事処罰について日弁連としての合意形成をするにはなお時間を必要とするようである。

Ⅷ　平和に対する権利の国際法典化の試み

（1）　はじめに

日弁連は，国際人権問題委員会を中心に，国連人権理事会における平和への権利に関する審議に，国連経済社会理事会との協議資格を有する NGO として関与してきた。結局規範力のある法典化とはならなかった。国際人権規範との関係では，従来は日本がそれを規範として受け入れるのか，受け入れるとしてどのように国内実施していくのか，が課題であった。しかし平和に対する権利については，平和的生存権によって自衛隊の派兵差止判決を得るという貴重な実行例を踏まえ，これを国際人権規範に組み込もうとした。おそらく日弁連として新たな国際基準の作成の試みに加わった最初の体験と思われる。

（2）　2008 年名古屋高裁自衛隊イラク派遣差止判決と日弁連の平和的生存権の宣言

2008 年 10 月 3 日日弁連の人権擁護大会で「平和的生存権は，すべての基本的人権の基礎となる人権であり，戦争や暴力の応酬の絶えることのない今日の国際社会において，全世界の人々の平和に生きる権利を実現するための具体的規範とされるべき重要性を有すること」とする「平和的生存権および日本国憲法 9 条の今日的意義を確認する宣言」が採択された[21]。これは憲法前文の「全世界の国民が，ひとしく恐怖と欠乏から免かれ，平和のうちに生存する権利（the right to live in peace）を有することを確認する」との規定を踏まえたものである。これは同年 4 月 17 日自衛隊イラク派遣差止訴訟判決[22]において「原告個人が訴えの根拠とした憲法前文の平和的生存権について，現代において憲

---

(21)　日弁連ホームページ（https://www.nichibenren.or.jp/document/civil_liberties/year/2008/2008_1.html）（閲覧：2021 年 11 月 1 日）。

(22)　裁判所ホームページ（https://www.courts.go.jp/app/files/hanrei_jp/333/036333_hanrei.pdf）（閲覧：2021 年 11 月 3 日）。

◆第6巻◆国際人権法の動態 ── 支える力，顕現する脅威　Ⅰ アクターの諸相

法の保障する基本的人権が平和の基盤なしには存立し得ないことからして，全
ての基本的人権の基礎にあってその享有を可能ならしめる基底的権利であり，
単に憲法の基本的精神や理念を表明したにとどまるものではなく，局面に応じ
て自由権的，社会権的，または参政権的な態様をもって表われる複合的な憲法
上の法的な権利として，その侵害に対しては裁判所に対して保護・救済を求め
法的強制措置の発動を請求できるという意味において，具体的な権利性が肯定
される場合もあり，憲法9条に違反する戦争への遂行等への加担・協力を強制
される場合には平和的生存権の主として自由権的な態様の表れとして司法救済
を求めることができる場合がある」とし，航空自衛隊がクウェートからイラク
のバクダットへの武装した多国籍軍の兵員輸送を行っていることについて，憲
法9条1項違反と判断したことを踏まえたものであった。

（3）　従来の国連の「平和に生きる権利」

　1948年12月国連総会で採択された世界人権宣言の前文では，人類社会のす
べての構成員の固有の尊厳と平等で譲ることのできない権利とを承認すること
は，世界における自由，正義および平和の基礎である，としている。

　1978年12月15日に国連総会で採択された「平和な生活のための社会の準
備に関する宣言」[23]においては，「各国民と各人は，人種，思想，言語，性に
よる別なく，平和な生活への固有の権利（inherent right to life in peace）を有
する」とされている。

　1984年11月12日に国連総会で採択された「人民の平和への権利について
の宣言」[24]においては，「地球上の人民は平和への神聖な権利（sacred right to
peace）を有することを厳粛に宣言する」としている。これは人民の権利とす
るものである。

（4）　国連での法典化の動き

　2003年，イラクの大量破壊兵器保有を理由とするアメリカを主体とする有
志連合によるイラク侵攻がなされ，民間人を含め多数の死傷者が出た。このよ
うな中で2005年スペインのNGOである国際人権法協会が，平和への権利を

---

(23)　https://undocs.org/en/A/RES/33/73（閲覧：2021年10月31日）。

(24)　https://undocs.org/en/A/RES/39/11（閲覧：2021年11月3日）。

人権として国際法典化する国際キャンペーンを立ち上げた。2011 年以降，日弁連は，国連において平和への権利を国際法典化することに向けて積極的に関与した。

（5） 人権理事会諮問委員会[25]

2010 年 6 月，人権理事会第 14 会期決議において，人権理事会は諮問委員会に平和への権利宣言草案の起草を委託した。諮問委員会は起草委員会を設置し，草案の作成にあたった。

日弁連は 2011 年 11 月 15 日付日弁連意見書[26]を提出し，①平和に対する権利宣言を国連総会で採択されるべきであること，②平和に対する権利宣言の確定に際しては，平和的生存権（the right to live in peace）を始めとし，平和に対する権利に資する各国の先例や国家実行の実績が適切に考慮されるべきこと，③平和に対する権利の実現のために，各国は司法上の救済措置の可能性を発展させなければならないこと，などとし，上記 2008 年の名古屋高裁自衛隊イラク派遣差止判決を紹介した。アメリカ政府代表などが，国際平和の問題は国連安全保障理事会で扱うべきであって，人権理事会で取り上げるべきではないと主張していた。これに対しては，日弁連意見書は，「平和の問題で直接被害を受けるのは個々の国民であり，安保理は個人の立場が直接反映される場ではなく人権理事会でこそ取り上げるべき課題である」としている。

諮問委員会が作成した宣言草案[27]は，「個人及び人民は平和に対する権利（a right to peace）を有する」（1 条 1 項），「国は，国際関係における武力の行使または武力による威嚇を放棄する法的義務を遵守する」（1 条 4 項），「全ての者は，能力，身体など全面的に発展させることができるように，平和のうちに生きる権利（the right to live in peace）を有する」（2 条 2 項），「国家は，立法上，司法上，行政上，教育上その他の手段で宣言を実施しなければならない」（14 条 3 項）とするものであり，上記日弁連意見書を取り入れている。

（25） 坂元茂樹「人権理事会諮問委員会の最近の活動」国際人権 24 号（2013 年）118 頁。

（26） 日弁連ホームページ（https://www.nichibenren.or.jp/document/opinion/year /2011/111115_2.html）（閲覧：2021 年 11 月 1 日）。

（27） A/HRC/20/31（https://undocs.org/A/HRC/20/31）（閲覧：2021 年 11 月 1 日）。

◆第6巻◆国際人権法の動態 ── 支える力，顕現する脅威　Ⅰ　アクターの諸相

（6）　人権理事会作業部会における活動

　作業部会は参加を希望する国連全加盟国の政府代表の議論の場であった。意見の対立は激しく，諮問委員会草案を前提とすること自体についても反対意見もあった。諮問委員会草案に対する賛成国はアジア，アフリカ，中南米諸国を中心とし，数では多数であった。反対国はヨーロッパ諸国，北米，日本，韓国，オーストラリアで数では少数派であった。議論は3会期にわたってなされた。2013年1月の第1会期では，条文ごとに賛成国，反対国の意見が表明され，ほとんどの条項について賛否の意見が分かれ，良心的兵役拒否については発言した国の意見は全て反対で，NGOのみが賛成であった。諮問委員会草案ではまとまらず，妥協的抽象的な条文の提案がなされ，議長提案が第2会期，第3会期と2回なされた。2014年7月の第2会期には，日弁連から執行部を含む3名が参加し，平和に対する権利は個人の権利としてとらえるべきこと，平和に対する権利草案には平和的生存に関する具体的な人権を含めるべきであるとする意見書[28]を提出し，発言も行った。また議長が新たな権利の創設を明記しない案を提出したため，日弁連は他のNGOとともにNGO共同声明を発した。作業部会第3会期に先立ち，2015年3月の人権理事会第28会期に権利性を明記させるべきという観点から日弁連が再度意見書を提出した。同年4月の作業部会第3会期では「平和な生活に対する権利（right to life in peace）」とする議長案が示された。

（7）　人権理事会と国連総会

　2016年7月作業部会第4会期が予定されていたが，2016年6月の人権理事会第32回会期で，推進側のキューバなど数カ国の提案で投票にかけることが提案された。コンセンサスによる一致を目指して議論がなされてきたが，議論が行き詰まったための決断だった。同会期で投票にかけられ，賛成多数で可決された。同年11月国連総会第3委員会で採択され，同年12月19日国連総会で，平和に対する権利宣言（Declaration on the Right to Peace）が，賛成131カ国，反対34カ国，棄権19カ国で採択された（A/RES/71/189）[29]。標題では平

（28）　日弁連ホームページ（https://www.nichibenren.or.jp/library/ja/opinion/report/
　　　data/2014/opinion_140117.pdf）（閲覧：2021年11月1日）。
（29）　https://documents-dds-ny.un.org/doc/UNDOC/LTD/G16/131/45/PDF/
　　　G1613145.pdf?OpenElement（閲覧：2021年11月1日）。

和に対する権利（right to peace）となっているが，5条からなり，第1条では，「すべての人は，平和を享受する権利（the right to enjoy peace）を有する」という抽象的な表現になり，第3条では「国連及び特定の機関は，この宣言を実施するため適切な維持できる措置をとる」となっている。

（8）　小　　括

1984年の人民の平和への権利についての宣言では，人民の権利であったところ，2016年12月19日の平和に対する宣言では，個人の権利という形になった。しかし内容的には平和に対する権利の法典化という程度に至らなかった。平和の問題を人権という観点でとらえようとしても，国連の安全保障理事会の権限との関係でなお大きな壁がある。

Ⅸ　ま　と　め

以上，弁護士会の国際人権の国内実施のための取組みを中心に紹介した。弁護士という職能からすれば，国際人権法を裁判規範として機能させることを目指すことは当然である。しかし裁判所はきわめて消極的であり，なかなか進展していないのが現状である。個人通報制度を実現すれば，最高裁以下の裁判所は国際人権規範を意識せざるを得なくなる。1992年大阪弁護士会において選択議定書批准推進協議会を設置し，2007年日弁連に個人通報実現委員会を設置し，個人通報制度実現のため努力を重ねてきたが未だ実現していない。

従来の取組みを顧みながら，これからも地道な取組みを進めていきたい。

◆ 第 6 巻 ◆ 国際人権法の動態 —— 支える力，顕現する脅威　[I] アクターの諸相

総括所見と国内実施

	2008.10.30　第5回	2014.8.20　第6回	2022.11.3　第7回
自由権規約委員会	2001　男女共同参画について法制定・担当大臣任命・男女共同参画局設置 2007　国際刑事裁判所ローマ規定加入	2008　国籍法2013年民法の非嫡出子差別除去の改正 2009　強制失踪条約批准 2009　人身取引対策行動経過策定 2000　第3次男女共同参画基本計画決定 2012　同姓カップルを排除しない公営住宅法改正 2014　障害者権利条約批准	2015　矯正医官兼業勤務時間特例法 2016　取調録画義務化の刑訴法改正 2016　外国人技能実習適正実施法 2017 性犯罪に関する刑法一部改正 2018 女性活躍加速のための重点方針 2018　政治分野における男女共同参画計画推進法 2018　男女婚姻年齢同一化民法改正 2019 旧優生保護法による優生手術等を受けた者への一時金支給法 2020　第5次男女共同参画基本計画
	2001.9.24　第2回	2013.5.17　第3回	
社会権規約委員会	1999　児童買春等処罰法 2000　ストーカー規制法 2000　児童虐待防止法 2001　配偶者暴力等防止法 2001　性的犯罪等被害者保護の刑事訴訟法改正 2001　児童商業的搾取反対行動計画策定	2005　児童売買等条約選択議定書 2004　武力紛争児童関与条約の選択議定書 2009　強制失踪条約	
	第4・5回	2009.8.7　第6回	2016.3.7　第7・8回
女性差別撤廃委員会	1997　セクハラ防止配慮義務を規定する雇用機会均等法改正 2000　男女共同参画基本計画策定 2000　ストーカー規制法 2001　育児休業取得による不利益取扱い禁止の育児・介護休業法改正 2001　配偶者からの暴力防止法 2001　男女共同参画局，男女共同参画会議設置	2004　人身取引対策関係省庁連絡会議設置，人身取引対策行動計画の採択 2006　障害者自立支援法制定 2008　障害者雇用促進法改正 2008　日本人男性と外国人女性の嫡出でない子の国籍取得に関する国籍法改正	2009　強制失踪条約批准 2010　第3次・2015年第4次男女共同参画基本計画 2012　子育支援法 2013　ストーカー規制法改正 2013　日本再興戦略 2014　人身取引対策行動計画 2014　障害者権利条約 2014　短時間労働者雇用管理改善法改正 2014　児童売春処罰法改正 2015　女性職業生活活躍推進法制定

総括所見と国内実施（続き）

	2004.2.26　第2回	2010.6.20　第3回	2019.3.5　第4・5回
子どもの権利委員会	2000　就業最低年齢 ILO138号条約 2001　最悪形態児童労働禁止 ILO182号条約批准	2004　武力紛争児童関与条約選択議定書 2005　児童売買等条約選択議定書	2014　子どもの貧困対策に関する大綱等 2014　児童ポルノ所持を犯罪化した児童買春‥に関する法律改正 2016　児童福祉法改正 2016　子ども・若者育成支援推進大綱 2017　刑法改正 2018　青少年インターネット利用計画 2018　男女の最低婚姻年齢18歳とする民法改正
	2004.4.6　第3〜6回	2014.9.26　第7〜9回	2018.8.30　第10・11回
人種差別撤廃委員会	2008　日本が先住民の権利に関する国際連合宣言の支持 2008　日本がアイヌ民族を先住民として認めたこと	2009　強制失踪からすべての者の保護に関する国際条約批准 2014　障害者の権利に関する条約批准	2014　人身取引対策行動計画，人身取引対策推進会議 2015　第4次男女共同参画基本計画 2016　ヘイトスピーチ解消法 2016　部落差別解消法 2017　外国人技能実習適正実施法
	2007.8.7　第1回	2013.6.28　第2回	
拷問禁止委員会	2004　入管法改正 2004　人身取引対策行動計画策定，人身取引対策のための刑法，入管法改正] 2005　刑事施設及び受刑者処遇法制定 2006　年同法改正 2007　留置施設委員会設置　人権基準を含む刑事施設職員研修カリキュラム	2007　国際刑事裁判所ローマ規定 2008　警察捜査取調適正化指針 2008　配偶者暴力防止法改正 2009　強制失踪条約 2009　人身取引対策行動計画策定 2009　出入国管理法改正 2010　第3次男女共同参画基本計画 2010　入国者収容所等視察委員会設置 2011　最高検監察指導部設置	

Ⅱ 脅威との対峙

5 「自国第一主義」の広がり，自由主義の動揺

楠田弘子[1]

Ⅰ　は じ め に
Ⅱ　米国ポピュリズムの台頭の歴史
Ⅲ　米国の移民法制度の変遷
Ⅳ　第2次世界大戦後の米国の難民

保護の歩み
Ⅴ　バイデン政権が直面する難民・
　　移民問題とその対応
Ⅵ　お わ り に

Ⅰ　は じ め に

　近年民主主義の後退が世界政治の舞台で懸念されている[2]。米国も例外ではなく，最近では極度の政治的二極化，現職大統領による選挙結果の拒否，立法府に対する反乱未遂など，確実に民主主義の後退を経験している。その傾向が，自国第一主義を謳うポピュリストによるマイノリティ，特に移民・難民に対する偏見・批判として現象化し，米国が第2次大戦後以降築き上げてきた国際人権保護のリーダー的立場を脅かしている。本章では，移民・難民法に携わる実務者の視点から，米国国内でのポピュリズムの歴史と政治・国民の二極

---

(1)　ロヨラ・ニューオーリンズ・カレッジ・オブ・ロー臨床法学教授。2002年から米国NPOであるCatholic Legal Immigration Clinic, Inc.（CLINIC）に所属，移民法弁護士としてルイジアナ州に収監されている移民の弁護活動に携わる。2004年にロヨラ移民法クリニックを立ち上げ学生弁護士の指導を始め，2009年から現職。〈https://law.loyno.edu/academics/faculty-and-staff-directory/hiroko-kusuda〉

(2)　Thomas Carothers and Benjamin Press, *Understanding and Responding to Global Democratic Backsliding*, Carnegie Endowment for International Peace（October 20, 2022）（last accessed October 9, 2023）.〈https://carnegieendowment.org/2022/10/20/understanding-and-responding-to-global-democratic-backsliding-pub-88173〉論文の筆者は国際民主主義の支持国が，民主主義後退現象の起因の多様性と，その中核的な推進要因と促進要因の複雑な組み合わせを学ぶと当時に，それに対抗するための戦略の差別化と重点を強化し，効果的な能力を実証することが重要であると述べている。

『新国際人権法講座』第6巻（信山社，2024年）

◆ 第 6 巻 ◆ 国際人権法の動態 —— 支える力，顕現する脅威　Ⅱ 脅威との対峙

化，移民法改正と難民庇護に関わる取組みの歴史と課題，そして近年のメキシコ米国間の国境問題などを交え，国際人権保護者の長としての米国のリーダーシップ能力が試される現状と課題を論じ，その解決方法を探る。

Ⅱ　米国ポピュリズムの台頭の歴史

米国独立宣言は次のように宣言している。

> すべての人間は平等に創造されており，創造主によって，生命，自由，幸福の追求などの譲ることのできない権利を与えられている。—— これらの権利を確保するために，政府は人民により設立され，被統治者の同意に基づき正当な権限が得られる —— 政府形態がこれらの目的を破壊する場合は，人々はそれを変更または廃止する，そして，その原則に基礎を置き，人々の安全と幸福に最も影響を与える可能性が高いと思われるような形で新しい政府を樹立する権利を持つ[3]。

しかし米国誕生初期の頃から，政治指導者らは，制約のない民主主義には危険が伴い個人や少数派の権利を踏みにじる恐れがあるという懸念を共有し，その後，選ばれた国民集団を媒介にして国民の意見を洗練し拡大するために代表者を選出し，単一派閥の出現が引き起こす政治的混乱を防ぐために十分な規模の政治団体を持たせるという政治体系を守ってきた。つまり「民意を受け入れる」か，「民意を警戒する」かというこの弁証的緊張感が，2世紀以上にわたりアメリカ政治の基盤となってきたと言える。しかし近年この緊張感のバランスが崩れかけつつあるのではないかとの懸念が高まっている。

ポピュリズムはパンプキンパイと同じくらいアメリカ的なものだと言われる[4]。すなわち米国の歴史を語るにおいて，ポピュリズムは不可欠な要素で

---

(3)　Thomas Jefferson, et al, July 4, Copy of Declaration of Independence. -07-04, 1776. Manuscript/Mixed Material.〈https://www.loc.gov/item/mtjbib000159/〉

(4)　Joseph S. Nye, Jr., *Symposium: Why Is Populism on the Rise and What Do the Populists Want?* The International Economy（Winter 2019), at 13.〈http://www.international-economy.com/TIE_W19_PopulismSymp.pdf〉（last accessed Oct. 20,

あるという意味だ。ポピュリストは自分たちだけが真に国民を代表しているという信念を持ち，強力な少数のエリートたちが不当な不平等を生み出しており，政党も組織も信頼できないと主張する。さらに「多数派」の権利を守る唯一の方法は，現存の代表政治を破壊し，「多数派」の声が直接反映される制度を設立することであると主張する。そしてポピュリスト運動の攻撃の対象となるのは，富裕層，銀行家，ユダヤ人，移民などさまざまなマイノリティである。

米国のポピュリズムのルーツはアメリカ独立戦争に遡り，20 世紀においては左派と右派の両派からポピュリストと称する指導者が台頭してきた。1933年から 1939 年にフランクリン・D・ルーズベルト大統領は，大恐慌渦に苦しむ国民を助けるために大規模なニューディール政策を推進した。同氏は「富と経済力の不当な集中」を攻撃し，ポピュリスト的なメッセージを活用してこの政策を擁護した。この政策の下，同大統領は強固な連邦官僚制度を確立し，企業の貪欲を規制し，さらに最も貧しくかつ最も深刻な影響を受けた国民に福祉や雇用を提供するため，富裕層への増税を行った。あるエコノミストは，大恐慌下の民主主義と市場経済を救うためには，国民の大多数に利益をもたらさなくなった既存の経済制度の大幅な見直しが必要だったことを理解した，ルーズベルト大統領の慧眼と手腕を評価する[5]。

このニューディール政策に反対した左派のポピュリストの代表例としては，「富の分かち合い」キャンペーンを推進し，ルーズベルト大統領の政策に反対したルイジアナ州知事ヒューイ・P・ロングが挙げられる[6]。ロングを代表としたこれら一連の運動は，後年連邦議会上院議員のバーニー・サンダースが掲げた民主社会主義およびプログレッシブ運動の基礎的な枠組みを形成したと言われる[7]。またこの同じ時期に登場した右派ポピュリストの代表例としては，

2023)

[5]　Dani Rodrik, *Is Populism Necessarily Bad Economics?* AEA Papers and Proceedings, 108: 196-99 (May 2018). 〈https://www.aeaweb.org/articles?id=10.1257/pandp.20181122〉(last accessed Oct. 20, 2023)

[6]　G. Campani, S. Fabelo Concepción, A. Rodriguez Soler, and C. Sánchez Savín, *The Rise of Donald Trump Right-Wing Populism in the United States: Middle American Radicalism and Anti-Immigration Discourse,* Societies 12, no. 6: 154 at 5 (2022) ("The Rise of Trump Right-Wing Populism"). 〈https://doi.org/10.3390/soc12060154〉(last accessed Oct. 20, 2023)

カナダ生まれのカトリック神父，チャールズ・コフリンが有名で，同氏のラジオ番組「The Golden Hour of the Little Flower」は，一般的なアメリカ人の声を代弁すると歌いながらも，実際には米国孤立主義，反ユダヤ主義，反共産主義のメッセージを拡散した[8]。コフリンの出現が，その後一連の右翼ポピュリスト的政治指導者の台頭に貢献したと言われている[9]。ルーズベルト大統領は「経済ポピュリスト」だと言われ，ニューディール政策は市場経済を活性化し，資本主義を破滅から救い，更に，ロングやコフリン神父などの危険な扇動者や排外主義的イデオローグが政治の足場を固めるのを防いだ民主主義の救世主とも言える。

　第2次世界大戦後のポピュリストとして著名なのは，アラバマ州の州知事を4期務めたジョージ・ウォレスである[10]。1968年にウォレスは左翼ポピュリストのプラットフォームから大統領に立候補したが，自身が人種差別主義者だったことから人種統合に反対する右翼ポピュリストと手を組み，「ワシントン官僚の横暴に対する平均的な（白人）アメリカ人の防衛」というスローガンを掲げて黒人に対する人種差別主義政策を提言した[11]。ウォレスは国政に就くことはなかったが，今日の政治アナリストの多くは彼が残したアメリカ政治への影響力を認め，カーター大統領やレーガン大統領のような「反ワシントン」的な大統領時代はウォレスが築いたポピュリスト的プラットフォームが存在したからこそ実現したと分析する[12]。ウォレスに投票した1,000万人の有権者は，現在富裕層と貧困層のみを優遇する政府から深刻に無視されていると唱えてトランプ大統領を指示する「中流階級急進派」に姿を変えたと言われる[13]。

　1980年代，ハリウッド俳優上がりのレーガン大統領は，独自のポピュリズ

---

(7)　*Id.*

(8)　*Id.* at 6.

(9)　*Id.*

(10)　The Martin Luther King, Jr. Research and Education Institute, *Wallace, George Corley, Jr.*, Stanford University (last accessed Oct. 25, 2023). 〈https://kinginstitute.stanford.edu/wallace-george-corley-jr〉

(11)　*Id.*

(12)　Britannica, T. Editors of Encyclopaedia. "George Wallace." Encyclopedia Britannica, Invalid Date. 〈https://www.britannica.com/biography/George-C-Wallace〉 (last accessed Oct. 15, 2023)

(13)　*The Rise of Trump Right-Wing Populism*, at 6.

ムで保守主義の魅力を国民に伝える政治的手腕を見せた[14]。同氏は自由市場の美徳を称賛し，自身が引き継いだエネルギー危機と「スタグフレーション[15]」危機は米国経済の過剰規制のせいだと非難した[16]。さらに同氏は，ポピュリズムとは「Big government」（大きな政府）が人々の生活に大きな脅威をもたらすことだと再定義し，かつリベラルな政策は大きな政府を促進し，個人の自由を制約すると訴えた[17]。レーガン大統領は国民全員への減税を約束し，「国の富の使い方を決めるのは国民か，それとも官僚か？」と国民に疑問を投げかけ，政権の政策に対する人気を高めた[18]。そしてビジネスグループのアイデアを推進し，環境保護庁，エネルギー省，労働安全衛生局の予算を4分の1削減したが，それら省庁を完全廃止することを防いだのは，民主党が支配する議会だった。

　クリントン大統領（1993〜2001年）とブッシュ大統領（2001〜2009年）の時代，米国の2つの主流政党である民主党と共和党の間の政治的・イデオロギー的な対立が先鋭化し，社会はレーガン政権時代の1980年代よりもさらに分断され二極化した[19]。アーカンソー州の知事を勤めた後，民主党から大統領選に出馬したクリントンは，自らの貧しい生い立ちの経験を有権者と共有し，時には自らを政治的反逆者・部外者だとアピールした。さらには個人責任，経済的機会，政府の再構築といったテーマを強調し，教育，法執行，福祉改革などの分野に焦点を当てた「新しい民主党」の政策課題を提言し，中道的な政治家として財政保守主義と犯罪者に厳しく対応することの重要性を主張した[20]。

---

(14) John W. Sloan, *Meeting the Leadership Challenges of the Modern Presidency: The Political Skills and Leadership of Ronald Reagan*, Presidential Studies Quarterly, Vol. 26, No. 3, 1996, at 795–804. JSTOR. 〈http://www.jstor.org/stable/27551632〉（last accessed Oct. 23, 2023）

(15) 持続的な高インフレと，高い失業率および国内経済における需要の停滞を意味する。

(16) Jefferson Decker, *Deregulation, Reagan-Style*, The Regulatory Review（Mar 13, 2019）. 〈https://www.theregreview.org/2019/03/13/decker-deregulation-reagan-style/〉（last accessed Oct. 25, 2023）

(17) *Id*. at 796.

(18) *Id*.

(19) *Id*. at 9.

(20) Julio Borquez, *Partisan Appraisals of Party Defectors: Looking Back at the Reagan Democrats*, The American Review of Politics, Vol. 26, Fall, 2005: 323-346（2005）（last accessed Oct. 21, 2023）, at 325. 〈file:///Users/hirokokusuda/Downloads/dcorbly,+Journal+manager,+26_Fall_2005_Borquez.pdf〉

◆第 6 巻 ◆ 国際人権法の動態 ── 支える力，顕現する脅威　Ⅱ 脅威との対峙

　その結果，伝統的な民主党の牙城で票を取り，多数の「レーガン民主党員[21]」
を取り戻し，かつ中流階級の共和党員を引き付けて大統領に選出され，中産階
級，少数派，貧困層を切り捨てることなく，スリムな政府を実現することを目
的とした「第三の道」を築いた[22]。しかし，冷戦の終結と経済的繁栄が米国
に楽観主義をもたらし，良好な経済状況であった時代にも関わらず，1994 年
の中間選挙で共和党が驚異的な勝利を収め，過去 40 年間で初めて上下両院が
共和党議員によって支配され，また個人的な不祥事も相まって政治生命の危機
に瀕した。この時期にクリントン大統領が，移民の生活を米国史上最悪にした
と言われる共和党提出の 3 法案に署名したことを，移民と難民の擁護者は今日
まで厳しく批判している[23]。

　ブッシュ大統領は，有力な政治家一家の裕福な育ちであることに焦点が当た
ることを極力避け，テキサスの小さな町の牧場主として大衆が共感できるイ
メージを有権者にアピールし，大統領選に打ち勝った。そして，「思いやりの
ある保守主義」，つまり政府の役割は福祉サービスを直接提供するのではな
く，民間団体が社会サービスを提供することを奨励すべきだという哲学を推し
進めた[24]。さらに同氏のポピュリズムは，自身のアルコール依存症を克服す
るための闘いと，福音主義的キリスト教信仰が結びついた強い宗教的要素を

---

(21)　*Id.* at 323-346. 1980 年と 1984 年の大統領選挙におけるロナルド・レーガンの成功
　　は，部分的には多数の自称民主党員，すなわち白人，ブルーカラー，中間層，労働者階
　　級の民主党員の投票によるものである。これらの離反民主党員は「レーガン民主党」と
　　して知られるようになり，1980 年代から 1990 年代にかけて選挙政治に存在が定着した。

(22)　Gil Troy, *A Bill Clinton Balance Sheet: Peace, Prosperity, Pluralism and Progress*,
　　Brookings（Dec.3, 2015）(last accessed Oct. 21, 2023). 〈https://www.brookings.edu/
　　articles/a-bill-clinton-balance-sheet-peace-prosperity-pluralism-and-progress/〉

(23)　Illegal Immigration Reform and Immigrant Responsibility Act of 1996（IIRIRA）, 1
　　Pub. L. No. 104-208, 110 Stat. 3009-546（1996）; Antiterrorism and Effective Death
　　Penalty Act of 1996（AEDPA）, P. L. 104-132, 110 Stat. 1214（April 24, 1996）; Personal
　　Responsibility and Work Opportunity Reconciliation Act of 1996（PRWORA）, P. L.
　　104-193, 110 Stat. 2105（Aug. 22, 1996）. IIRIRA 法により，父親が永久追放に処された
　　著名なジャーナリストが，同法がアメリカの一般家庭にもたらした悲劇を詳細に語り，
　　クリントン大統領の責任を求めている。Arti Shahani, Bill Clinton Owes My Father An
　　Apology, The Atlantic（Nov. 11, 2019）〈https://www.theatlantic.com/ideas/
　　archive/2019/11/time-bill-clinton-apologize-immigrants/601579〉

(24)　Melissa Deckman, *A Return to Compassionate Conservatism ?* Brookings（Oct. 29,
　　2014）, https://www.brookings.edu/articles/a-return-to-compassionate-conservatism/

持っていた。同政権時代は比較的親メキシコ移民政策から始まったが，2001年9月11日の同時テロ多発事件の勃発により，安全保障とテロとの戦いの名の下に，きわめて制限的な移民政策が導入された[25]。さらにブッシュ政権はアフガニスタンとイラクへの軍事介入という負の遺産によっても特徴づけられた。戦時中の大統領として，同氏は戦争努力とその後の政権による政策決定への支持を集めるために，自由を愛する世界の大多数の人々と，民主主義国民の安全を脅かすテロリストとの明確な対比を提言し，「我々に賛同する者」か，もしくは「我々に反対する者」かの二択であるという訴えを国民に投げかけ指示を得た。しかし2国にまたがる同時的戦争の人的・経済的コストと国家再建の複雑な取り組みにより，ブッシュ大統領の2期目の人気は悪化し，さらに2007年の経済崩壊により，同政権への国民の信頼は失墜した。

2008年から2016年にかけて行われた3回の大統領選挙では，出身，職業，社会的関与，さらには私生活においても大きく異なる，民主党のオバマと共和党のトランプという2人の候補者が勝利したが，彼らには既存の主流政治にとって「部外者」と見なされながらホワイトハウスに到着したという共通点がある。オバマ大統領は多文化で反人種差別的な米国を代表し，少数の人々の経済的利益のために行われる戦争に反対し，軍事力ではなくアメリカの進歩的価値観による覇権を目指した[26]。オバマ氏はブッシュ政権時代の帝国主義的政治拡大を見直し，イランとの和平とロシアとの関係のリセットを目指して，中東の新たなページを開こうとした。しかし国内政策に関しては経済危機は回避したものの，公約であった海外から米国に雇用をもたらした企業に対する新た

---

(25) National Security Entry-Exit Registration System (NSEERS). NSEERS は，同時多発テロ事件直後に制定された，アラブ人とイスラム教徒を不当に標的にしたブッシュ政権のプログラムである。プログラムは3つの部分から構成されていた。まず，非国民は米国に入国する際に登録する必要があり，その手続きには指紋採取，写真撮影，尋問が含まれていた。第2に，これらの人々だけでなく，すでに米国に在住する他の外国人も登録し，国土保安省執行部に定期的にチェックインすることを義務付けた。第3に，一時滞在者が不法滞在していないことを確認するために出国者を追跡した。違反者は逮捕され，罰金が科せられ，さらには退去強制となった。〈https://www.govinfo.gov/content/pkg/FR-2002-08-12/pdf/02-20642.pdf〉(last accessed Oct. 20, 2023)

(26) The Rise of Trump Right-Wing Populism, at 11. ノーベル平和賞を受賞はしたもののバラク・オバマは，2度の任期を経て，アフガニスタン戦争を終わらせることも，中東平定を達成することもできず，2017年1月20日に退任した時点で41人の囚人が残っていたグアンタナモ収容所の閉鎖さえも果たせなかった。

な税額控除，2016年末までに100万人の新たな製造業の雇用創出，さらに億万長者への増税など，肉体労働従事者である「ブルーカラー」層にとって重要課題を実行できなかった[27]。

2016年9月20日，オバマ大統領は国連での最後の演説で，現在，権威主義と自由主義の間の争いが激化していることを懸念し，リベラルな世界秩序が同氏の言う「粗暴なポピュリズム」の脅威にさらされていると警告した[28]。同氏は，将来は「強い指導者」に委ねた方が良いと主張する人がいるが，それは誤りであり，強固な民主主義制度の存在が将来を明るくすると主張した[29]。グローバリゼーションがなければ，最終的に国は国民の期待に応えられなくなり，歴史は，その時点で「強い指導者」がとる行動は，国内で争いを引き起こす恒久的な弾圧か，もしくは海外で敵をスケープゴートにして戦争を起こすかのどちらかであると証明していると警鐘をならした[30]。

2016年に共和党のトランプが大統領選に勝利しながらも，その2年後には民主党が下院多数席を獲得した中間選挙の選挙結果は，米国有権者の両義性の深さ，国民の不安，かつ深刻な二極化を浮き彫りにした。トランプ大統領が選挙活動中から任期中に繰り返してきた政治的スローガンである「アメリカ・ファースト」主義は，同盟国，貿易相手国，国際機関の利益よりも国益を優先する米国版ポピュリズムの象徴的政策である。トランプのリーダーシップスタイルは，ポピュリズムを代表する歴代の大統領や大統領選候補者の衝動性と美辞麗句で虚勢を張る態度が酷似している[31]。さらに，特権エリートが占める政治的階級に対する軽蔑心，社会的価値観が脅かされていると主張し国民の注意を喚起したこと，3政府部門の同等性に対する無関心さ，そして陰謀論を臭

---

(27) *Id.* at 11-12 (citing https://www.politifact.com/truth-o-meter/promises/obameter/?ruling=true).

(28) The White House, *Address by President Obama to the 71st Session of the United Nations General Assembly* (Sept. 20, 2016). 〈https://obamawhitehouse.archives.gov/the-press-office/2016/09/20/address-president-obama-71st-session-united-nations-general-assembly〉(last accessed Oct. 20, 2023)

(29) *Id.*

(30) *Id.*

(31) Richard H. Conley, *Donald Trump and American Populism*, Edinburgh University Press (2020) at 54 (last accessed Oct. 20, 2023). その主なポピュリストの先駆者の例としては，アンドリュー・ジャクソン，ウィリアム・ジェニングス・ブライアン，バリー・ゴールドウォーター，ジョージ・ウォレス，H. ロス・ペローなどが挙げられる。

わせる反知性的な言説など，彼の施政スタイルはポピュリストの先駆者たちとの共通点が多い[32]。権威主義的なポピュリストのトランプ大統領は，己のみが民意を代弁する真のリーダーという信念に従って民主主義機関と衝突し続け，憲法上の権限の限界に直面する度，裁判官，官僚，国会議員などに自分の政策を止める権力はないと対抗した。しかし 2023 年 1 月 6 日の国会議事堂襲撃事件までは，反乱分子の集団がこれほど簡単に「人民の家」（国会議事堂のニックネーム）に乱入できるとは誰も予想していなかった。暴徒は，大統領選挙結果の正当性を受け入れないポピュリストの米国大統領によって扇動された。しかし一方で，これはトランプ政権にふさわしい終着点でもあった。

　ジョージ・ウォレスの登場からトランプ大統領が出現するまでの約 50 年の間，米国は人種の多様化，経済のグローバル化，そして金融危機など，政治的，社会的，文化的に大きな変化を経験してきた。皮肉なことに，不法移民問題に対する不満が人種差別的な色を帯びてきたことは，トランプ政権が台頭した理由を説明する手がかりとなる[33]。トランプによる国際主義の拒否は，リベラルな社会的価値観，特にお互いの相違点の認識を公共の美徳とする「多様性」に対する容赦ない攻撃へと結びついている。このリベラルな社会規範に対する非難と，国民性に関するより狭義で人種差別的な概念は，1970 年代以降自分たちの社会的地位が急速に低下していることを経験し，少数派グループが自分たちの「列に割り込み」，「本物の」アメリカ人を犠牲にして制度を不当利用していると感じている高齢の白人の間で人気を博した[34]。トランプが 2020 年の大統領選挙の結果に関して発した嘘の情報を多くのアメリカ人に納得させ，選挙の正当性に反対する暴動行為に数万人を動員した事実は，国民のかなりの割合がこの種のポピュリズム的な訴えや主張に対してオープンであることを示している。しかしまたアメリカ人の大多数がこれら一連の事件に驚愕し，民主主義の危機を感じていることも事実である。

---

(32)　*Id.*

(33)　*Id.* at 7.

(34)　Caroline Nagel, *Populism, immigration and the Trump phenomenon in the U.S.,* Environment and Planning, C: Politics and Space, 37（1），12-16.〈https://doi.org/10.1177/0263774X18811923c〉(last accessed Oct. 20, 2023)

◆ 第 6 巻 ◆ 国際人権法の動態 ── 支える力，顕現する脅威 Ⅱ 脅威との対峙

Ⅲ　米国の移民法制度の変遷

　米国は英国から独立を勝ち取った 1776 年直後から移民の規制を開始し，その後制定された法律はその時代の政治と移民の流れを反映し変遷を重ねてきた。初期の法律はヨーロッパ人に有利な制限を課す傾向があったが，1965 年の包括的な法律制定により，世界の他の地域からの移民に門戸が開かれた[35]。ジョンソン大統領は，公民権運動の最盛期，人種差別問題が解決しない米国の世界における道徳的リーダーシップ能力に懸念が示される最中，この法律に署名した[36]。この法律は，ミシガン州のフィリップ・A・ハート上院議員とニューヨーク州のエマニュエル・セラー下院議員という 2 人の主な提案者にちなんで，一般にハート・セラー法として知られており，米国への移民受け入れ基準を徹底的に見直した。それまで連邦移民ビザ割り当て制度により，西ヨーロッパ以外から米国に定住する資格のある人の数が厳しく制限されていたが，ハート・セラー法はその白人優位主義を取払い，その代わりに高度な技術を持つ移民の受け入れを優先し，また米国に在住する親戚を持つ移民にも門戸を開く，家族再会条項という法的枠組みを設定した[37]。同法により米国在住の親戚を持つアジア諸国からの移民が新たな米国移住の機会を得たことにより，全体でアジア移民の年間人口は急増した。ピュー・リサーチ・センターによると 1965 年に 800 万人だったヒスパニック系の人口は，2015 年には 5,700 万人近くになっており，1965 年に 130 万人だったアジア系の人口は，2015 年には 1,800 万人に増加した[38]。さらに米国人口に占める移民の割合は 1965 年には

---

(35)　1790 年から 1965 年までの移民法概要に関しては米国国立公文書館の「*Major United States Laws Relating to Immigration and Naturalization: 1790–2005*」をご参照いただきたい。〈https://docs.google.com/document/d/1vfhr3-4PG-f0wYmu0WJ7GdE T2CczUOFg4xI0e-s11fw/edit〉(last accessed Oct. 20, 2023)

(36)　*Immigration and Nationality Act of 1965*, History, Art & Archives, U.S. House of Representatives. 〈https://history.house.gov/Historical-Highlights/1951-2000/ Immigration-and-Nationality-Act-of-1965/〉(last accessed Oct. 15, 2023); Immigration and Nationality Act, Pub. L. No. 89-236, 79 Stat. 911 (Oct. 3, 1965)

(37)　*Id.* § 201(a).

(38)　Pew Research Center, *Modern Immigration Wave Brings 59 Million to U. S., Driving Population Growth and Change Through 2065*, Chapter 2: Immigration's Impact on Past and Future U.S. Population Change (Sept. 28, 2015) (last accessed Oct. 22, 2023). 〈https://www.pewresearch.org/hispanic/2015/09/28/chapter-2-

5 「自国第一主義」の広がり，自由主義の動揺〔楠田弘子〕

5%だったが，2065年には過去最高の18%となり，移民の数にその子供の世代を加えると米国人口の36%を占め，20世紀初頭に見られたピーク時と同等かそれを上回ると予想される[39]。さらに2065年には米国人口が4億4,100万人に増加し，増加分の88%が将来の移民とその子孫に起源すると予測されている[40]。これらの数値は，ハート・セラー法が米国の人種の多様化に与えた影響の大きさを示している。

ハリウッド俳優からカリフォルニア州知事を経て，共和党から大統領に当選したレーガン大統領は，保守派でありながらも移民推進派で，特にラテンアメリカからの移民を支持した。同氏は，現在では否定的な意味に使われることが多い移民への「恩赦」という言葉をあえて肯定的かつ積極的に使った。そして1986年に「取り締まり法案」という肩書で移民反対派の議員の合意を取り付け，抜本的な移民改革法案の制定に成功した[41]。この「移民改革及び管理法」（IRCAまたは「レーガン恩赦法」とも呼ばれる）により，メキシコ－米国間の国境警備が強化され，米国雇用主は不法就労者を雇用すると罰金を含む厳しい罰則を受けることとなった[42]。その代わり，不法移民に対して「恩赦」を与えるプログラムを設立し，1982年以前から米国に在住する数百万人に上る，主にラテンアメリカ出身の移民に対し永住権を認めた[43]。さらにIRCAは，不法越境や不法就労活動を阻止するため，国境警備隊や労働省の予算を増額した[44]。結果，推定300万人に上る米国内の不法滞在者が永住権の申請権利を得た[45]。

ポピュリスト的なイメージでブッシュ大統領を破り，大統領選に勝利したク

---

immigrations-impact-on-past-and-future-u-s-population-change/〉

(39)　*Id.*

(40)　*Id.*

(41)　Immigration Reform And Control Act Of 1986, P.L. 99-603（Nov. 6, 1986）（IRCA）.

(42)　*Id.*

(43)　*Id.*

(44)　*Id.*

(45)　Nancy Rytina, *IRCA Legalization Effects: Lawful Permanent Residence and Naturalization through 2001*, Office of Policy and Planning Statistics Division, U.S. Immigration and Naturalization Service（Oct. 25, 2002）（last accessed Oct. 20, 2023）.〈https://www.dhs.gov/sites/default/files/publications/IRCA_Legalization_Effects_2002.pdf〉

113

リントン大統領は、「新民主党」メンバーとして政治的中道派を名乗り、共和党が提出した移民に対して厳格な3法案に署名した。「個人責任と労働機会調整法」は、永住権所持者が入国後5年間は連邦福祉給付金（生活保護）を受けることを禁止し、その後の給付金へのアクセスを付与または制限する権限を各州に与えた[46]。さらに1995年のオクラホマシティ爆破事件の余波を受けて1996年4月24日に「反テロ・実効死刑法」が可決された[47]。この法律は、テロリズムに対抗すると唱い、移民の拘留と退去強制の根拠を大幅に拡大した[48]。

　同じく1996年の不法移民改革および移民責任法（「不法移民改革責任法」）は、退去強制対象となる犯罪の種類を大幅に拡大し、収容人口と退去強制される移民の数を大幅に増やし、連邦政府の移民執行業務に地方の法執行官を関与させる仕組みを設立した[49]。不法移民改革責任法は、さらに国境における移民審判手続きを、従来の中立的な審判官による手続きから、下級国境警備官のみの判断で退去強制の執行ができる手続きに簡素化し、退去強制からの公平な救済を削減し、退去強制に直面する大多数の移民を強制的に収容することを義務付け、庇護認可への様々な法的障害をもうけ、米国憲法下に与えられた移民および庇護申請者の権利を侵食した[50]。さらに同法は、新たに米国に不法入国する行為を犯罪化した移民関連犯罪の訴追を強化することにより、犯罪と移民資格の欠如をゆっくりと、しかし意図的に混同させた「犯罪的外国人」の概念を確立した[51]。また、同法は家族の統合にスポンサーの収入基準を条件とし、また米国国民と非国民で構成される家族（いわゆる混合家族）の非国民メ

---

(46)　Personal Responsibility and Work Opportunity Reconciliation Act of 1996, P. L. 104-193, 110 Stat. 2105（Aug. 22, 1996）（last accessed Oct. 20, 2023）.〈https://www.congress.gov/104/plaws/publ193/PLAW-104publ193.pdf〉　当時移民世帯の僅か約7%が連邦現金給付金を受け取っていたという事実がある。

(47)　AEDPA.

(48)　*Id.*

(49)　Illegal Immigration Reform and Immigrant Responsibility Act, Pub. L. No. 104-208, 110 Stat. 3009-546（1996）（IIRIRA）, https://www.congress.gov/104/plaws /publ208/PLAW-104publ208.pdf

(50)　Donald Kerwin, *From IIRIRA to Trump: Connecting the Dots to the Current US Immigration Policy Crisis*, Journal on Migration and Human Security, 6（3）, 192-204（2018）（last accessed Oct. 20, 2023）.〈https://doi.org/10.1177/2331502418786718〉

(51)　*Id.*

バーを退去強制や収容することによって分断させ，多くの家族に限界的な，かつ不安定な生活をすることを強いた[52]。さらに，連邦政府は州および地方の法執行機関に対しても移民法執行活動に参加することを指示し，地元警察が移民法執行官としての役割を担う 287(g) プログラムを実施した[53]。また同法は，ゆすり行為，外国人の密輸，不正な移民関連書類の使用や作成に刑事罰を課し，ビザ申請やビザ乱用者の監視を担当する機関による取り締まりを強化し，国境管理を強化すると称して軽犯罪を犯した不法移民の退去強制も認めた[54]。移民を犯罪者扱いし，投獄と刑罰を国の移民制度の中核として据えたこの不法移民改革責任法が，人々，地域社会，国家に与えた影響は計り知れない。

オバマ政権の移民政策は，ブッシュ政権やクリントン政権のものとは大きく異なり，法執行の対象を犯罪者と最近の不法入国者という 2 つの主要なグループに絞り込んだ。加え，二極化した議会の機能不全を背景に，米国に長期在住するその他の移民の問題を行政プログラムで解決しようとした事実は，同氏独自の移民問題解決への努力の証だと言える。まず 2012 年 6 月に，オバマ氏は大統領令を発令し，子供の頃米国に連れてこられた不法滞在者に対し，更新可能な 2 年間の退去強制の猶予期間と就労権利を与える行政プログラム（Deferred Action for Childhood Arrivals - DACA）を打ち出した[55]。しかし，テキサス州などから行政法違反であると訴えられ，連邦地方裁判所が違法と判断したことから，現在は既存の受給者のみが更新資格を持ち，新たな申請が出来ない状態が続いている[56]。さらには 2014 年には米国国民や永住者の親の退去強

---

(52) *Id.*

(53) IIRIRA §287(g).

(54) IIRIRA.

(55) The White House, *Remarks by the President on Immigration* (Jun. 15, 2012) (last accessed Oct. 20, 2023). 〈https://obamawhitehouse.archives.gov/the-press-office/2012/06/15/remarks-president-immigration〉

(56) Juan A. Lozano, *Federal Judge Declares DACA Illegal Again, Issue Likely To Be Decided by Supreme Court*, Associated Press (Sept 13, 2023) (last accessed October 15, 2023). 〈https://www.pbs.org/newshour/politics/federal-judge-declares-daca-illegal-again-issue-likely-to-be-decided-by-supreme-court〉テキサス州連邦地方判事は，子供の頃に米国に連れてこられた数十万人の移民の退去強制を阻止する連邦政策の行政政策は違法であるとの判決を下した。ハネン判事は政府が新たな申請書を受諾することを禁じたが，上訴手続き中，既存の受給者には政策の継続を許可した。裁判官の判

◆ 第 6 巻 ◆ 国際人権法の動態 ── 支える力，顕現する脅威　Ⅲ 脅威との対峙

制延期を求めた行政政策を執行したが，連邦最高裁判所の判断により停止せざるを得なかった[57]。長引く訴訟の影響で，ピーク時には 70 万人いた DACA 参加者が，2023 年 3 月現在では 57 万 8,680 人に減少している[58]。現在の DACA 参加者は，プログラムの年齢，米国入国年齢，米国居住年数，当初のプログラムの規則に基づき 2022 年に DACA 参加資格を得るための教育要件を満たしていると推定される 120 万人の非国民の約半数に相当するというデータが発表されている[59]。

　オバマ氏は不法移民の合法化を含めた包括的な移民改革の推進に努力はしたが成功しなかった。比べて，2 期 8 年間で合計 124 万 2,486 人の不法移民を，年間平均で 15 万 5,311 人を退去強制するという，米国史上最多の記録を収め，皮肉にも「退去強制長官」というあだ名を頂戴した[60]。その結果，2014 年 1 月から 2015 年 10 月にかけて，83 人の米国退去強制者がエルサルバドル，グアテマラ，ホンジュラスへの帰国後に殺害されている[61]。人権団体は，2014 年中米から同伴者のいない子どもたちの米国国境到着数の急増を受けてオバマ

――――――――――
決は最終的に米国最高裁判所に上告されると予想されている。

(57)　*United States v. Texas*, 579 U. S. ___（June 23, 2016). 連邦最高裁は，米国人と永住者の親の退去強制延期をする行政政策（「Deferred Action for Parents of Americans and Lawful Permanent Residents」）が行政手続法に違反する可能性があるという理由で，その実施を一時的に差し止めた上訴裁判所の判決を，意見が均等に分かれたため支持した。

(58)　U. S. Citizenship and Immigration Services, *Count of DACA Recipients By Month of Current DACA Expiration As Of March 31, 2023*（last accessed Oct. 20, 2023). 〈https://www.uscis.gov/sites/default/files/document/data/Active_DACA_Recipients_March_FY23_qtr2.pdf〉

(59)　Arlel G. Rulz Soto and Julla Gelatt, *A Shrinking Number of DACA Participants Face Yet Another Adverse Court Ruling*, Migration Policy Institute（Sep. 2023）（last accessed Oct. 20, 2023). 〈https://www.migrationpolicy.org/news/shrinking-number-daca-participants〉

(60)　Baxter, A.M. & Nowrasteh, A. *A Brief History of U.S. Immigration Policy from the Colonial Period to the Present Day*, Policy Analysis No. 919, Cato Institute（August 3, 2021）（last accessed on Oct. 15, 2023）.
〈https://www.cato.org/policy-analysis/brief-history-us-immigration-policy-colonial-period-present-day#executive-summary〉

(61)　The Guardian, *US Government Deporting Central American Migrants To Their Deaths*（Oct. 12, 2015）（last accessed Oct. 20, 2023）. 〈https://www.theguardian.com/us-news/2015/oct/12/obama-immigration-deportations-central-america〉

政権がとった抑止措置が，地域全体に一連の強力な予期せぬ影響を引き起こしたと警告し，移民弾圧法の立案者として米国政府はこうした悲劇に対する責任の一端を負うべきだと主張している[62]。オバマ政権が前政権よりもはるかに多くの移民を退去強制に処したことは事実だが，政権は全体的な退去強制の絶対数よりも，最近到着した不法移民や犯罪者の退去強制に優先度を高く置いたことが特徴的である[63]。同政権がまた，米国のコミュニティに根を下ろし，犯罪歴のない人々の退去強制優先順位をはるかに低く設定し，それに沿った方針として，上記のDACAプログラムと，2014年11月に米国国民や永住者の親の退去強制を延期する行政政策の実行を試みたことは認めるべきである[64]。

　トランプ大統領の移民政策は，米国移民法史上重大な政治問題となった。政権は移民を敵対視し，米国の移民法制度を根底から解体すべく，前例のないスピードで472件にも上る行政改革法令を施行した[65]。その4年間で米国政府の人道的保護への関心は大幅に薄れ，米国とメキシコの国境は閉鎖された。オバマ政権の方針を180度覆し，国内在住の移民全員が退去強制の対象とされ，法の取り締まりはより無作為に行われた。同政権が，移民・難民の受け入れを大幅に削減する方針を打ち出したことにより，合法的な永住権の獲得は多くの人にとって手の届かないものとなった。さらに，これらの移民政策の変更は，大統領布告や大統領令，各省の政策指針，そして何百もの小さな技術的な方針調整など，すべて行政府によってほぼ独占的に行われた[66]。遺憾なことに同政権による米国移民法の解体工事の結果，米国は人権保護国としての世界的な立場を下落させ，移民制度に永続的な悪影響を与えたといえる。

　2021年に就任したバイデン大統領は，トランプ政権時代のダメージコントロールと方針転換に力を注ぎ，まず，より多くの新規移民を米国に入国させる

---

(62)　*Id.*

(63)　M. Chishti, S. Pierce, and J. Bolter, *The Obama Record on Deportations: Deporter in Chief or Not?* Migration Policy Institute（Jan. 26, 2017）（last accessed Oct. 22, 2023）.〈https://www.migrationpolicy.org/article/obama-record-deportations-deporter-chief-or-not〉

(64)　*Id.*

(65)　J. Bolter, E. Israel, and S. Pierce, *Four Years of Profound Change: Immigration Policy during the Trump Presidency*, Migration Policy Institute（Feb. 2022）（last accessed Oct. 22, 2023）.〈https://www.migrationpolicy.org/sites/default/files/publications/mpi-trump-at-4-report-final.pdf〉

(66)　*Id.*

◆ 第 6 巻 ◆ 国際人権法の動態 ── 支える力，顕現する脅威　Ⅱ 脅威との対峙

ことを目的とした野心的な法案を議会に提出した(67)。この法案は，推定1,050万人の不法移民に市民権を得るまで 8 年間の過程を設け，既存の家族関係や雇用に基づいたビザ規則を改訂し，多様性ビザの数を増やすことを提案した(68)。しかしながらこの法案は議会で停滞している。さらにバイデン大統領は，難民の受け入れを増やす計画(69)，子供の頃に米国に来た不法移民に対する救済措置（DACA）を維持すること(70)，メディケイド(71)などの公的給付金を利用する可能性のある移民に永住権を与えないとした「公共料金規則」の施行を停止する(72)など，トランプ政権下の行政規則を次々に停止し，前政権が新型コロナウイルスのパンデミック初期に，移民に発給されるビザの数を大幅に制限する規則も解除した(73)。

それに加え，バイデン政権は，庇護申請者を米国移民法審判所による審判期日まで米国に入国させずにメキシコ側で待たせるというトランプ政権が実施した「Migrant Protection Protocols」（移民保護プロトコル）(74)が，非人道的だと

---

(67)　The White House, *Fact Sheet: President Biden Sends Immigration Bill to Congress as Part of His Commitment to Modernize our Immigration System* (Jan. 20, 2021) (last accessed Oct. 20, 2023). ⟨https://www.whitehouse.gov/briefing-room/statements-releases/2021/01/20/fact-sheet-president-biden-sends-immigration-bill-to-congress-as-part-of-his-commitment-to-modernize-our-immigration-system/⟩

(68)　*Id.* Pew Research Center, Unauthorized immigrant population trends for states, birth countries and regions (Jun. 12, 2019) (last accessed Oct. 20, 2023). ⟨https://www.pewresearch.org/hispanic/interactives/unauthorized-trends/⟩

(69)　U.S. Department of State, U.S. Refugee Admissions Program, ⟨https://www.state.gov/refugee-admissions/#:~:text=President%20Biden%20affirmed%20the%20United,highest%20target%20in%20several%20decades⟩ (last accessed Oct. 15, 2023).

(70)　Julia Ainsley, *Biden Administration Moving To Protect Dreamers After Texas Court Ruling*, CBS (Sept. 27, 2021). ⟨https://www.nbcnews.com/politics/politics-news/biden-admin-moving-protect-dreamers-after-texas-court-ruling-n1280166⟩

(71)　メディケイドは，低所得者向けの米国の公的医療保険プログラムである。

(72)　Camilo Montoya-Galvez, *Biden Administration Stops Enforcing Trump-Era "Public Charge" Green Card Restrictions Following Court Order*, CBS (Mar. 10, 2021) (last accessed Oct. 15, 2023). ⟨https://www.cbsnews.com/news/immigration-public-charge-rule-enforcement-stopped-by-biden-administration/⟩

(73)　*Id.*

(74)　DHS, *Secretary Kirstjen M. Nielsen Announces Historic Action to Confront Illegal Immigration* (Dec. 20, 2018) (last updated Sep. 1, 2022) (last accessed Oct. 22, 2023). ⟨https://www.dhs.gov/news/2018/12/20/secretary-nielsen-announces-historic-action-confront-illegal-immigration⟩ 移民保護プロトコルは，一般的に「Remain in

いう理由で廃止することを宣言した[75]。しかし，同政策の終了に異議を唱えたテキサス州とミズーリ州が訴訟を起こし，連邦地方裁判所が原告州側に有利な判決を下し，さらに米国第5巡回区控訴裁判所と最高裁判所が下級裁判所の判決差し止めを拒否したことを受けて，政権は2021年12月に同政策を再開しなければならなかった[76]。同年10月に国土安全保障省は，同政策廃止理由を詳細に説明する覚書を作成し，同政策を終了する新たな決定をしたが，それも同連邦地方裁判所に実行を停止され，第5巡回区控訴裁判所はこの判決を支持した[77]。それを受けてバイデン政権は，前政権の移民法政策を維持する法的義務は本政権にはないとして最高裁判所に迅速な審査を求めた[78]。2022年6月30日，米最高裁判所はバイデン政権を支持する判決を下し，移民保護プロトコルの廃止を認めた[79]。トランプ政権が2019年1月に発効し，バイデン大統領が最終的に終了させるまでの間に，この移民保護プロトコルによって，7万人近くの庇護申請者がメキシコに送り返され長い間審判の日を待つことを余儀なくされた。その間，迫害を受け母国から命からがらに逃れてきた人々はメキシコ国内で危険な状況に置かれ，誘拐，殺人，拷問，強姦，その他の暴力的攻撃の犠牲となった[80]。

Mexico」Program（メキシコ残留プログラム）と呼ばれる。

(75)　Department of Homeland Security, Migrant Protection Protocols（Biden Administration Archive‒February 2021）（last updated Jan. 24, 2023）（last accessed Oct. 22, 2023）.〈https://www.dhs.gov/archive/migrant-protection-protocols-biden-administration〉

(76)　*Biden v. Texas*, 597 U. S. ___（2022）.
　Id.; see also Nick Miroff and Kevin Sieff, *U.S. And Mexico Reach Deal To Restart Trump-Era 'Remain In Mexico' Program Along Border*, Washington Post（Dec. 2, 2021）（last accessed Oct. 15, 2023）.〈https://www.washingtonpost.com/national/us-and-mexico-reach-deal-to-restart-trump-era-remain-in-mexico-program-along-border/2021/12/01/381a4190-5318-11ec-8ad5-b5c50c1fb4d9_story.html〉

(77)　*Id.*

(78)　*Id.*

(79)　*Id.*

(80)　J. Neusner and K. Kizuka, *Fatally Flawed*, Human Rights First（Sept. 13, 2022）at 6（last accessed Oct. 15, 2023）.〈https://humanrightsfirst.org/wp-content/uploads/2022/10/FatallyFlawed.pdf〉　Human Rights First はトランプ政権が同政策を実施したこの2年間で少なくとも1,544人が誘拐，殺人，拷問，強姦，その他の人々に対する暴力的攻撃の犠牲者となったと報告している。

Ⅳ　第2次世界大戦後の米国の難民保護の歩み

　世界人権宣言（Universal Declaration of Human Rights）は，人権の歴史上画期的な文書であり，すべての人が迫害からの亡命を求め，他国でそれを享受する権利を有すると宣言した[81]。国際人権法は，国家が尊重しなければならない義務を定め，特定の集団や状況にのみ適用される他の法体系とは異なり，常にすべての人々に適用される[82]。これは，すべての移民は，その地位に関係なく，他のすべての人々と同じ国際人権を有することを意味する[83]。

　国連難民条約は，第2次世界大戦後，何百万人もの避難民を扱うために1951年7月2日から25日までジュネーヴで開催された難民および無国籍者の地位に関する国連全権会議で採択された[84]。145の締約国が批准したこの条約は，「難民」という用語を定義し，避難民の権利と，避難民を保護する国家の法的義務を概説している。難民条約の核となる原則は「*nonrefoulement*」であり，つまりは締約国は，難民が生命や自由に対する重大な脅威に直面している国にその難民を送還することを禁止した[85]。この原則は，国際人権法，難民法，人道法および慣習法の下で不可欠な保護基準を形成し，現在，国際慣習法の規則とみなされている。難民条約は，締約国に対し合法的に入国を認められた難民に対しては広範な法的保護を与える義務を課しているが，各提携国に難民の入国を義務付ける条項は無い。しかし，ほとんどの先進国は国内法を通じてこの義務を自らに課している。

---

(81)　OHCHR and migration, *International Standards Governing Migration Policy*, UN Office of High Commissioner for Human Rights. 〈https://www.ohchr.org/en/migration/international standards governing migration policy〉(last accessed Oct. 15, 2023)

(82)　*Id.*

(83)　*Id.*

(84)　Convention relating to the Status of Refugees, United Nations（Geneva, 28 July 1951）("Refugee Convention")(last accessed Oct. 15, 2023). 〈https://treaties.un.org/pages/ViewDetailsII.aspx?src=TREATY&mtdsg_no=V-2&chapter=5&Temp=mtdsg2&clang=_en〉

(85)　Refugee Convention, Art. 33（1）("いかなる締約国も，人種，宗教，国籍，特定の社会集団の一員であること，または政治的意見を理由に，難民の生命または自由が脅かされる領域の辺境に，いかなる方法によっても難民を追放し，または送還してはならない。")

5 「自国第一主義」の広がり，自由主義の動揺〔楠田弘子〕

　米国は 1951 年の難民条約を批准しなかったが，難民条約の時間的および地理的制限を取り除き，難民保護を普遍的に義務づけた「1967 年の難民の地位に関する議定書」を批准した[86]。その 10 数年後の 1980 年，カーター政権の主導により米国連邦議会はベトナム戦争後にベトナムとカンボジアから難民の流入が続く中，難民法を可決した[87]。連邦議会は，同法を可決することにより米国の長年にわたる人権保護への取組みを確認し，難民の窮状に対する伝統的な人道的配慮に新たな法的権限を与えた。また同法により，難民の定義に関する地理的およびイデオロギー的制限が撤廃され，国連難民条約の定義が正式に採用された[88]。また，庇護認定の法的根拠が初めて定められ，年間の難民の受け入れ数が増加し，かつ第三国定住プログラムを監督する難民再定住局が創設された[89]。また同法に基づき，大統領は議会と協議の上，年間の難民受け入れ数と世界各地から受け入れる難民の国別割り当てを設定した[90]。すなわち，同法の可決を持って初めて，米国は難民の受け入れに積極的に取り組むための統一的かつ包括的な政策を立ち上げたと言える。ちなみに 1980 年に難民法が可決されて以来 2023 年まで，米国は 310 万人以上の難民を受け入れてきた[91]。

　難民法は，難民に再定住プロセスを支援するため，あらゆる種類の連邦プログラムを提供し，各難民再定住プログラムの監視，調整，実施する責務を負う，米国難民調整局（The Office of the United States Coordinator for Refugee Affairs），および難民第三国定住事務所（The Office of Refugee Resettlement）を設立した。そして同法は，米国史上初めて国内で難民認定を受けるための「庇護認定」制度を設立し，その難民法 208 条は，難民の定義を満たしている米国内の庇護申請者，つまり，人種，宗教，国籍，政治的意見，および特定の社会集団への所属の 5 項目のいずれかの理由で，母国で迫害を受けるという十分な根拠のある恐怖を抱いている申請者は，司法長官の裁量により「庇護認定」

---

(86)　Refugee Act of 1980, P. L. 96-212 (Mar. 17, 1980).

(87)　The Refugee Act of 1980, Public Law 96-212, approved March 17, 1980.

(88)　*Id.*

(89)　*Id.*

(90)　*Id.*

(91)　U.S. Department of State, U. S. Refugee Admissions Program (last accessed Oct. 15, 2023). 〈https://www.state.gov/refugee-admissions/#:~:text=President%20 Biden%20affirmed%20the%20United,highest%20target%20in%20several%20decades〉

◆ 第 6 巻 ◆ 国際人権法の動態 —— 支える力，顕現する脅威　Ⅱ 脅威との対峙

("asylee status") が与えられることを認めた[92]。

　しかし，1980 年 4 月 1 日の法発効からわずか数週間後にキューバ難民の米国への大量流入が起こり，カーター政権は初めての試練を迎える[93]。このいわゆる「キューバ危機」の際，政権は緊急時に難民入国を許可する緊急事態条項 207 条 (b) を発動した[94]。しかし，さらにキューバ人の流入が急増し，11万 4,000 人以上のキューバ人が無制限にフロリダに到着する事態に直面し，政権は政策を突如転換し，短期解決策，いわゆる「仮釈放権限」を一時的に行使する決断を下した[95]。その結果，仮釈放という，いわばその場限り的な方法でキューバ難民の入国を許したことで，彼らの永住資格取得に関する問題の永続的な解決が遅れたと言える。また，難民法が制定されて最初の 1 年間，ベトナム脱出の最盛期にあった米国の難民受け入れ数は 20 万人を超えた[96]。その後，2001 年 9 月 11 日の同時テロ多発事件後の 2 年間を除いた 35 年間の間，米国が受け入れた難民の数は 4 万人から 13 万人の間で変動した[97]。

　オバマ大統領は，2016 年の大統領選挙の直前，当時の記録的なレベルの世

---

(92)　難民法 208 条。

(93)　Lynn Nashorn, *Castro, Cuba, and a Fleet of Fishing Boats: The Causes and Effects of the Mariel Boatlift,* National Archives (Aug. 3, 2021) (last accessed Oct. 15, 2023).〈https://text-message.blogs.archives.gov/2021/08/03/the-causes-and-effects-of-the-mariel-boatlift/〉

(94)　難民法 207 条 (b)（"難民の年間受け入れおよび緊急事態難民の受け入れ" —— (b) 大統領は，適切な協議の後，(1) 予期せぬ緊急難民状況が存在する，(2) 緊急難民状況に対応して特定の難民の受け入れが重大な人道的懸念によって正当化される，またはその他の国家的問題があると判断した場合，(3) これらの難民の米国への入国が第 (a) 項に基づいて達成できない場合，その後の期間（12 カ月を超えない）に米国に入国を許可する難民の数を決定することができる。緊急難民の状況に応じて，そのような受け入れは，本項に基づいて提供される適切な協議を経た大統領の決定に従って，米国に対する人道上特別な懸念がある難民に割り当てられるものとする）。

(95)　「仮釈放権限」は，1952 年の移民および国籍法の 212 条 (d) (5) 修正版に含まれている。1980 年の難民法が制定される前は，これは以前の第 7 希望で受け入れ可能な 1 万 7,400 人を超える大規模な難民グループを受け入れるために利用されていた権限であった。

(96)　David A. Martin, *The Refugee Act of 1980: A Forlorn Anniversary,* Lawfare (Mar. 19, 2020) (citing historic refugee admission data from the U.S. State Department) (last accessed Oct. 15, 2023).〈https://www.lawfaremedia.org/article/refugee-act-1980-forlorn-anniversary〉

(97)　*Id.*

界的避難民危機に対応し，難民法の権限を利用して 2017 年度の受け入れの上限を 1995 年以来の高水準である 11 万人に設定した[98]。しかしオバマ政権退陣後，難民に対する人道的対応は続かなかった。就任から 1 週間後，トランプ大統領は緊急権限を発動して難民の受け入れを 5 万人に削減するとともに，すべてのシリア難民の入国禁止を布告した[99]。この縮小政策はその後 2 年間続き，トランプ政権は 2020 年会計年度の難民受け入れの上限を 1 万 8,000 人に設定した[100]。この数は 1980 年に連邦議会が廃止した法定上限の 1 万 7,400 人に近く，かつ国連難民機関が世界難民人口が記録史上最高レベルの 7,080 万人に達したことを発表した同時期に行われた[101]。さらに米国が 2021 年度に受け入れた難民はわずか 1 万 1,411 人で，1980 年に難民法が可決されて以来最低の数となった[102]。

　バイデン大統領が 2021 年 1 月に就任して以来，政権はトランプ政権時代の政策撤回とダメージの修復に追われている。米国が 2022 会計年度に入国を認めた難民の数は 2 万 6,000 人に至らず，バイデン政権が同年度に割り当てた 12 万 5,000 人の難民受け入れ枠のたった 20％を占める数だった[103]。その主な原因として，バイデン政権がトランプ政権時代の方策によって根本的に破壊された難民再定住制度の再構築に苦戦したことと，新型コロナウイルス感染症のパンデミックによる難民プログラムの一時停止の影響が挙げられる[104]。さらにバイデン氏は，2022 年 10 月 1 日を始めとする 2023 年会計年度の難民の上限を 12 万 5,000 人に設定した[105]。そして 2024 会計年度も同じ数の難民の受け

---

(98)　*Id.*

(99)　*Id.*

(100)　*Id.*

(101)　*Id.*

(102)　*Id.*

(103)　Camilo Montoya-Galvez, *Biden Administration Falls 80% Short Of 2022 Refugee Admissions Target*, CBS（Oct. 3, 2022）（last accessed Oct. 15, 2023）.〈https://www.cbsnews.com/news/refugee-admissions-target-2022-biden-administration/〉

(104)　*Id.*

(105)　The White House, *Memorandum on Presidential Determination on Refugee Admissions for Fiscal Year 2023*（Sept. 27, 2022）（last accessed Oct. 15, 2023）.〈https://www.whitehouse.gov/briefing-room/presidential-actions/2022/09/27/memorandum-on-presidential-determination-on-refugee-admissions-for-fiscal-

入れを宣言し，特に中南米・カリブ海地域からの受け入れ難民の数を前年度の
受け入れ数の上限1万5,000人から，3万5,000人から5万人の範囲に増やす
ことを宣言した[106]。中南米・カリブ海地域からの受け入れ増加の背景には，
記録的な数の人々が自国内で苦境に面し，庇護を求めて米国南西国境へ危険を
冒しながら到達している現状を認め，合法的かつ安全な手段で米国へ難民とし
て入国できる方法を提供したいというバイデン氏の人道的意図がある[107]。

V バイデン政権が直面する難民・移民問題とその対応

近年米国の南西国境は，世界中から救済を求めた移民が到来し，圧迫され緊
張にさらされている。2020年の3月新型コロナウイルスが米国で猛威を振る
い，学校は閉鎖され，病院は満員となる中，米国疾病予防管理センターは，ウ
イルスの蔓延を抑える必要があるとして，南部と北部の国境を越える人の移動
を制限する「タイトル42」令を発令した[108]。バイデン大統領は就任後直後，
トランプ大統領の移民政策の多くを撤回すると約束したが，タイトル42令に
関しては維持する判断を下し，下級国境警備隊員が，庇護を求める移民を，申
請の機会を与えず一方的にメキシコ側に追放できるように命令した。さらにバ
イデン政権はタイトル42令が2023年年5月11日に期限切れになると，新た
な入国制限規則を立ち上げ，すべての移民に米国国境に到着する前に，政府運
営のスマートフォンのアプリで予約をすることを義務付けたことにより，庇護

---

year-2023/〉

(106) The White House, Memorandum on Presidential Determination on Refugee
 Admissions for Fiscal Year 2024 (Sep. 29, 2023) (last accessed Oct. 15, 2023).
 〈https://www.whitehouse.gov/briefing-room/presidential-actions/2023/09/29/
 memorandum-on-presidential-determination-on-refugee-admissions-for-fiscal-
 year-2024/〉

(107) Priscilla Alvarez, *Biden Administration Plans To Keep Refugee Cap At 125,000*,
 CNN (Sep. 26, 2023) (last accessed Oct. 15, 2023). 〈https://www.cnn.com/2023/09/
 26/politics/refugee-cap/index.html〉

(108) Robert R. Redfield, *Order Under Sections 362 & 365 Of The Public Health
 Service Act* (*42 U.S.C.* §§ *265, 268*): *Order Suspending Introduction Of Certain
 Persons From Countries Where A Communicable Disease Exists*, U.S. Department Of
 Health And Human Services, Centers For Disease Control And Prevention (CDC),
 (Mar. 20, 2020) (last accessed Oct. 15, 2023). 〈https://www.cdc.gov/quarantine/pdf/
 CDC-Order-Prohibiting-Introduction-of-Persons_Final_3-20-20_3-p.pdf〉

申請へのハードルがさらに高まった[109]。その後しばらくの間米国－メキシコ間の国境沿いで国境警備官が遭遇した不法入国者は，史上最多記録を更新する247万人以上を超えたと発表した[110]。その内訳は，56万646世帯，個人が166万3,278人，保護者を同伴しない児童が15万2,057人である[111]。また不法入国者の国籍を見ると，約4分の1がエルサルバドル，グアテマラ，ホンジュラスのいわゆる「北方三角諸国」出身である[112]。さらに2023年8月の統計によると，米国南西国境沿いで国境警備隊が遭遇した不法入国者の総数は23万2,972人[113]，その翌月その数は26万9,735人に達した[114]。

（1）　難民受け入れ拡大政策

バイデン大統領は，世界難民の日を記念する声明で，「難民を歓迎することは私たちアメリカ人にとって重要だ。なぜならこの国は宗教的迫害から逃れてきた人々によって建国されたからだ。」と述べ，難民受け入れプログラムの再構築に向けた政権の取り組みを強調した[115]。そして米国は2024会計年度は12万5,000人の難民を受け入れる計画だと宣言した[116]。米国は過去何十年にもわたって難民受け入れの数では他国を上回り，1980年の難民法制定以来数百万人の難民を受け入れてきた。しかしトランプ前政権によって難民再定住プログラムは壊滅的な打撃を受け，さらに新型コロナウイルスのパンデミックの最中に再定住計画が一時的に停止されたことなどの影響で，2023年8月31日の時点で5万1,231人の難民を受け入れるに終わった[117]。

---

(109)　CBP One™ Mobile Application (last accessed Oct. 15, 2023). 〈https://www.cbp.gov/about/mobile-apps-directory/cbpone〉

(110)　U.S. Customs and Border Protection, *Southwest Land Border Encounters*, DHS (Aug. 2023) (last accessed Oct. 15, 2023). 〈https://www.cbp.gov/newsroom/stats/southwest-land-border-encounters〉

(111)　*Id.*

(112)　*Id.*

(113)　*Id.*

(114)　U.S. Customs and Border Protection, *CBP Releases September 2023 Monthly Update*, (Oct. 21, 2023) (last accessed Oct. 15, 2023). 〈https://www.cbp.gov/newsroom/national-media-release/cbp-releases-september-2023-monthly-update〉

(115)　Priscilla Alvarez, *Biden Administration Plans To Keep Refugee Cap at 125,000*, CNN (Sep. 6, 2023) (last accessed Oct. 15, 2023). 〈https://www.cnn.com/2023/09/26/politics/refugee-cap/index.html〉

(116)　*Id.*

◆ 第 6 巻 ◆ 国際人権法の動態 —— 支える力，顕現する脅威　Ⅱ 脅威との対峙

　バイデン大統領は，2023 年同様に 2024 年会計年度も迫害から庇護を求めて
逃れてきた難民を最大 12 万 5,000 人受け入れるという決定を下し，今後 12 カ
月間でラテンアメリカとカリブ海地域から最大 5 万人の難民を米国に再定住さ
せる計画であることを明らかにした⁽¹¹⁸⁾。国務省と国土安全保障省の内部文書
によると，政権は，不法入国者が記録的に急増している米国 – メキシコ間の国
境に到着する移民の数を減らす手段として，西半球からの難民の受け入れを大
幅に増加する決断をしたことを表明した⁽¹¹⁹⁾。バイデン政権の新たな取組み
は，国連難民機関（UNHCR）や国際移住機関（IOM）などの国際機関と提携し
庇護を求める移民を米国の難民受け入れプログラムに紹介する役割を果たす
「セーフ・モビリティ・オフィス」と呼ばれる難民プロセスセンターを設立し
た⁽¹²⁰⁾。セーフ・モビリティ・オフィスは，既にコロンビア，コスタリカ，エ
クアドルやグアテマラ国内に設立され，そのオフィスに行く前に人々は登録で
きるように，ウェブポータルがすでに利用可能になっている⁽¹²¹⁾。またメキシ
コでは，メキシコ国内に滞在し，米国務省が個人的状況と再定住の明らかな必
要性を理由に指定した特別懸念集団，いわゆる「Priority 2」指定を受ける資
格があるとみなされたキューバ人，ハイチ人，ニカラグア人，ベネズエラ人を
プロセスするプログラムが開始された⁽¹²²⁾。難民擁護団体らは，ここ数カ月間

---

(117)　*Id.*

(118)　CBS, *U.S. Aims To Resettle Up To 50,000 Refugees From Latin America In
　　2024 Under Biden Plan*（Sept. 27, 2023）（last accessed Oct. 15, 2023）.〈https://www.
　　cbsnews.com/news/us-refugee-cap-2024-biden-latin-america/〉

(119)　*Id.*

(120)　Press Release, *Fact Sheet: U.S. Government Announces Sweeping New Actions to
　　Manage Regional Migration*, Department of Homeland Security（Apr. 27, 2023）（last
　　accessed Oct. 15, 2023）.〈https://www.dhs.gov/news/2023/04/27/fact-sheet-us-
　　government-announces-sweeping-new-actions-manage-regional-migration〉

(121)　Mobilidad Segura, *General Information On The 'safe Mobility' Initiative.*
　　〈https://movilidadsegura.org/en/〉（last accessed Oct. 15, 2023）.

(122)　The White House, *Statement from National Security Advisor Jake Sullivan on
　　Legal Pathways Initiative with Mexico*（Jul. 28, 2023）（last accessed Oct. 15, 2023）.
　　〈https://www.whitehouse.gov/briefing-room/statements-releases/2023/07/28/
　　statement-from-national-security-advisor-jake-sullivan-on-legal-pathways-
　　initiative-with-mexico/〉; Bureau of Population, Refugees, and Migration, *U.S. Refugee
　　Admissions Program Access Categories*, U.S. Department of State（last accessed Oct.
　　15, 2023）.〈https://2017-2021.state.gov/refugee-admissions/u-s-refugee-admissions-

の難民受入数の増加は，既存の制度のボトルネックを解消するバイデン政権の取組みと，民間団体が世界中からやって来る難民のスポンサーになることを認める画期的なプログラムの成果であると評価している。

（2）　国境壁の問題

現在，米国とメキシコ間の約 2,000 マイルの国境沿いには，さまざまな障壁で構成される非連続的な 706 マイルの国境の壁が存在する。国境沿いの地形は大きく異なるため，連続した国境の壁を建設することはこれまで現実的な選択肢ではなかった。国境の壁に関してはトランプ政権が積極的に推進したことが知られるが，実は同政権以前でも，民主党・共和党両党の大統領によって建設された事実がある。不法移民を阻止することを目的とした国境の壁は，1993年にクリントン大統領が，米国のサンディエゴ市とメキシコのティファナ市の間に 14 マイルに上る 3 層のフェンス壁を建設したことに始まる[123]。そして，2006 年には連邦議会がブッシュ政権に少なくとも 700 マイルの国境壁の建設を要求し，同政権は 2008 年末までに約 500 マイルのフェンスが完成したと発表した[124]。さらにバイデン氏が副大統領だったオバマ政権時代には，さらに約 130 マイルの国境壁が追加された[125]。興味深いのは，トランプ政権中，主に前政権時代に設置された国境壁を置き換えるために非連続的な約 458 マイルの壁が建設されたが，政府会計検査局によると，同政権が新たに建設した壁は合計で 137 マイルに過ぎなかった[126]。

program-access-categories/〉 国務省の難民受け入れプログラムにアクセスできる人々のカテゴリーの概要が明記されている。

[123]　CRS Report to Congress, *Border Security: The San Diego Fence*, Congressional Research Service（May 23, 2007）（last accessed Oct. 15. 2023）.〈https://sgp.fas.org/crs/homesec/RS22026.pdf〉

[124]　U. S. Customs and Border Protection, *Border Fence Project Surpasses 500-Mile Mark*（Dec. 19, 2008）（last accessed Oct. 28, 2023）.〈https://law.utexas.edu/humanrights/borderwall/maps/dhs-500-mile-mark.pdf〉

[125]　Congressional Research Service, *DHS Border Barrier Funding*（Aug. 27, 2019）（last accessed Oct. 28, 2023）.〈https://www.everycrsreport.com/files/20190827_R45888_4cf22df8c41ec70f5f3ff9e96a491dc15b800056.html#_Toc17804711〉

[126]　United States Government Accountability Office, Report to the Ranking Member, Committee on Natural Resources, House of Representatives, *SOUTHWEST BORDER Additional Actions Needed to Address Cultural and Natural Resource Impacts from Barrier Construction*（Sept. 2023）（last accessed Oct. 28, 2023）.〈https://

◆ 第6巻 ◆ 国際人権法の動態 ── 支える力，顕現する脅威 　Ⅱ 脅威との対峙

　難民受け入れに関しては前向きなバイデン政権だが，南西国境の不法入国者問題への対応に関して人道的な政策を見い出せないのが現状だ。バイデン大統領は就任当初トランプ大統領が押し進めた米国－メキシコ間の国境の壁建設の中止を宣言した[127]。しかし，国境に到着する移民の大量かつ継続的な流入が米国の国境管理機能を圧迫している現実に直面し，2023 年 10 月 5 日，テキサス州の国境壁建設を許可するために，大気浄化法，安全な飲料水法，絶滅危惧種法などを含む 26 の連邦法を免除すると発表した[128]。皮肉なことにトランプ大統領時代に頻繁に採用された広範な行政権を，同政権も同様に行使することとなった。テキサス州スター郡が国境壁の建設場所として選ばれたのは，同郡に不法入国が多く，国境警備隊の活動が活発な地域の一部だからである。政府のデータによると，同郡に管轄されるリオグランデバレー地区では今年度だけで約 24 万 5,000 件の不法入国者の到来を記録している。

　政権の国境壁建設の決定は，バイデン大統領がこれ以上国境の壁を建設しないと誓った公約に明らかに背いた違反行為であり，国民の困惑を招いたが，同氏が 2024 年の大統領選を見据え，不法移民問題が大きく取り上げられるであろうことを予期した上での政治的決断だったと考えられる。当然ながら大統領は移民擁護派や建設拡大に反対する環境活動家などから厳しい批判にさらされている。

---

www.gao.gov/assets/gao-23-105443.pdf〉
(127)　The White House, *Proclamation on the Termination Of Emergency With Respect To The Southern Border Of The United States And Redirection Of Funds Diverted To Border Wall Construction*（Jan. 20, 2021）（last accessed Oct. 15, 2023）.〈https://www. whitehouse.gov/briefing-room/presidential-actions/2021/01/20/proclamation-termination-of-emergency-with-respect-to-southern-border-of-united-states-and-redirection-of-funds-diverted-to-border-wall-construction/〉
(128)　Valerie Gonzalez, *Biden Administration Waives 26 Federal Laws To Allow Border Wall Construction In South Texas*, Associated Press（Oct. 5 2023）（last accessed Oct. 15, 2023）.
〈https://apnews.com/article/border-wall-biden-immigration-texas-rio-grande-147d7 ab497e6991e9ea929242f21ceb2?user_email=7a3201d3a9b0168c2263f6c b560556402c02080ac9985f6280fae2da4cf28ae2&utm_medium=Morning_Wire&utm_ source=Sailthru&utm_campaign=Morning%20Wire_05%20October_2023&utm_ term=Morning%20Wire%20Subscribers#lndg6jdgpw6vkbyq7y9〉

（3）　激増する移民への緊急処置

大統領就任以来，バイデン政権は「一時保護ステータス」（Temporary Protected Status）の対象となる移民の数を大幅に拡大してきた[129]。一時保護ステータスとは，1990 年に議会が創設したステータスで，武力紛争，環境災害，または異常かつ一時的な状況に直面している，国土保安省長官が特別に指定した国の国民に提供される一時的な滞在資格である[130]。この一時保護ステータスの資格を受けた指定国国民は，米国に合法に居住し，就労許可を受け，退去強制を回避する機会を与えられる[131]。現在アフガニスタン，カメルーン，エルサルバドル，エチオピア，ハイチ，ホンジュラス，ミャンマー，ネパール，ニカラグア，シリア，ソマリア，南スーダン，スーダン，ウクライナ，ベネズエラ，イエメン国籍の，およそ 67 万人がこの資格を与えられている[132]。2023 年 9 月には，米国－メキシコ国境で国境警備局が遭遇したベネズエラ人の数がメキシコを除く他国籍の移民の数を超え，約 5 万人を超えたが，これはかつては考えられなかった記録的な数字である[133]。奇しくもバイデン政権は，国境壁の建設を続けると宣言した同日に，ベネズエラの経済的・政治的混乱から逃れる移民の急増を受け，2023 年 7 月 31 日時点で，合法・違法に限らず米国に到着し，国内に在住する推定 47 万 2,000 人のベネズエラ人に対して一時保護ステータスを与えると発表した[134]。この数は，この発表以前にすでに一時保護ステータスの資格を与えられた約 24 万 2,700 人のベネズエラ人の数に上乗せされることとなる。しかし 2023 年 7 月 31 日以降に米国に到着した

---

(129)　Immigration and Nationality Act（INA）§244.

(130)　Immigration Act of 1990, Pub. L. 101-649, 104 Stat. 4978（1990）.

(131)　INA §244.

(132)　U.S. Citizenship and Immigration Services, *Temporary Protected Status*. 〈https://www.uscis.gov/humanitarian/temporary-protected-status〉（last accessed Oct. 28, 2023）

(133)　Camilo Montoya-Galvez, *Record number of Venezuelan migrants crossed U.S.-Mexico border in September, internal data show*, CBS News（Oct. 4, 2023）（last accessed Oct. 28, 2023）.〈https://www.cbsnews.com/news/venezuelan-migrants-us-mexico-border-september-numbers/〉

(134)　U.S. Citizenship and Immigration Services（USCIS）, Extension and Redesignation of Venezuela for Temporary Protected Status, 88 FR 68130（last accessed Oct. 30, 2023）.
〈https://www.federalregister.gov/documents/2023/10/03/2023-21865/extension-and-redesignation-of-venezuela-for-temporary-protected-status〉

◆ 第6巻 ◆ 国際人権法の動態 —— 支える力，顕現する脅威　Ⅱ 脅威との対峙

ベネズエラ人にはそのような保護を受ける資格がなく，滞在する法的根拠がないと判断された場合には退去強制の処置を受けることとなった。実際に，2023年5月から2023年10月11日までに，国土保安省は30万人以上のベネズエラ人を退去強制送還している[135]。同省長官は，この大規模な退去強制方針に関して，米国に留まる法的根拠のないベネズエラ人を安全に本国へ帰国させられると判断した上での決断と説明した[136]。

（4）　家族再会プログラム

大統領就任後の2年間，バイデン氏はコロンビア，キューバ，エルサルバドル，グアテマラ，ハイチ，ホンジュラスなどからの移民に対し，「家族再会プログラム」を展開している[137]。さらに2023年10月18日に同政権は，エクアドルからの特定の移民を対象に新たな移民経路を設ける計画を発表した[138]。国土安全保障省によると，エクアドル人対象の家族再会プログラムは，米国に拠点を置く親族がスポンサーになり，米国移住資格があると判断された人々が米国に渡航し一時就労許可を申請できるというものであり，このプログラムは，米国移住志願者に対して合法的かつ迅速な米国入国の経路を提供することで，今年9月に激増した不法越境者の数の減少を狙ったバイデン政権の最新の試みである[139]。

---

(135)　Press Release, *DHS Resumes Direct Repatriations of Venezuelan Nationals*, DHS (Oct. 18, 2023) (last accessed Oct. 28, 2023). 〈https://www.dhs.gov/news/2023/10/18/dhs-resumes-direct-repatriations-venezuelan-nationals〉

(136)　M. Stevenson, M. Balsamo and C. Long, *Biden Administration Is Resuming Deportation Flights For Venezuelan Migrants As Arrivals Grow*, Associated Press (Oct. 5, 2023) (last accessed Oct. 28, 2023). 〈https://apnews.com/article/mexico-united-states-fentanyl-migration-3ea8f589019506d271906d83be432pdf〉

(137)　Press Release, *DHS Announces Family Reunification Parole Processes for Colombia, El Salvador, Guatemala, and Honduras*, Department of Homeland Security (Jul. 7, 2023) (last accessed Oct. 28, 2023). 〈https://www.dhs.gov/news/2023/07/07/dhs-announces-family-reunification-parole-processes-colombia-el-salvador-guatemala〉

(138)　Press Release, *DHS Announces Family Reunification Parole Process for Ecuador*, Department of Homeland Security (Oct. 18, 2023) (last accessed Oct. 28, 2023). 〈https://www.dhs.gov/news/2023/10/18/dhs-announces-family-reunification-parole-process-ecuador〉

(139)　*Id.* 家族再会の仮釈放手続きでは，緊急の人道的理由または重大な公益の証明，お

Ⅵ　お わ り に

　米国の移民法は，20世紀にメキシコからの臨時労働者の流入を調整するために設計された政策を骨組みに，2001年の同時多発テロの余波を受けて設置された連邦政府内最大規模の国土保安省が，統一性に欠けた省内様々な官僚機構により執行されてきたという歴史的背景があり，当然ながら今日の地域的および世界的な人の流れに対応できていない。しかしながら，二極化した議会はいまだ包括的な移民法改革に手をつけられていない。移民法執行を担当する行政機関が機能不全に陥っている現状は，政権ごとに急変する移民方策に迅速に対応することを強いられ，ある種の「むち打ち症」にかかった状態だと言える。国境へ庇護を求めてやってくる人々の数が急増している現状からすれば，絶望的な状況から命からがら逃げてくる人々に対して，厳しい排他的国境管理政策に抑止力はほとんど無いことを政治家は自覚しなければならない。

　国連難民高等弁務官事務所によれば，2022年末の時点で，迫害，紛争，暴力，人権侵害などを理由として世界中で1億840万人が故郷を追われ難民と化している[140]。さらに2023年5月時点では，その数は1億1,000万人以上に増加している[141]。平和に対する脅威は，国家単位の軍拡競争や政治的・軍事的対立だけに起因するものではなく，国を失った大量な難民の数やその流れが，重大な外交政策問題を引き起こしている。米国難民法が真の力を発揮するのは，米国が56年前に国際社会と難民保護を約束した時代の原点に戻り，「*non-refoulement*」の義務に忠実に法を執行した時である。難民法が採択された年，45億人だった世界人口は現在80億人に達した[142]。米国に庇護を求める人の数は急増し，既存の庇護認定制度は圧迫され，二極化した米国政治を悪化させ

　　　よび受益者が有利な裁量権の行使を正当化する証明に基づいて，ケースバイケースかつ
　　　一時的にのみ仮釈放が許可される。この手続きに基づいて米国に仮釈放された個人は，
　　　通常最長3年間の仮釈放の対象とみなされ，移民ビザが発給されるまでの間，雇用許可
　　　を申請する資格が与えられる。

(140)　UNHCR, *Figures at a Glance*（June 14, 2023）.〈https://www.unhcr.org/us/
　　　about-unhcr/who-we-are/figures-glance〉（last accessed Oct. 20, 2023）

(141)　UNHCR, *Global Trends At-a-Glance*.〈https://www.unrefugees.org/refugee-
　　　facts/statistics/〉（last accessed Oct. 20, 2023）

(142)　Press Release, *World Population Day: July 11, 2023*, U.S. Census Bureau（Jul.
　　　11, 2023）.〈https://www.census.gov/newsroom/stories/world-population-day.html〉
　　　（last accessed Oct. 20, 2023）

◆ 第 6 巻 ◆ 国際人権法の動態 —— 支える力, 顕現する脅威　Ⅱ 脅威との対峙

る原因となっている。しかし, 米国の政治家は難民をスケープゴートにしては
ならない。難民法第 208 条は, 米国国内に滞在している外国人, または米国国
内に滞在している, もしくは同国境に到着した外国人は, 入国資格の有無の関
係なく無条件に庇護申請ができると取り決めている[143]。バイデン政権が現在
推進している移民政策が難民条約に準拠しているかに関して大きな疑問が残
る。

　来年に大統領選を控えた米国は, 共和党からはトランプ氏を含め, ポピュリ
スト,「アメリカ・ファースト」主義者, またデマゴーグ的な候補者が名前を
連ねる。アメリカが国内政治に注意を取られている間に, 世界の独裁権力は強
さを増し, 近隣諸国に対してますます挑発的な態度をとり始めている。ヨー
ロッパは分裂と自信喪失に陥いり, ロシアによるウクライナ侵攻に見られるよ
うに, 民主主義は包囲され, 外国の操作に対して脆弱な状況に陥っているよう
に見える。さらに, パレスチナ−イスラエル間の戦争は, 国際情勢を大きく揺
るがし, 米国の人道主義への忠誠心を試している。ナショナリズム, 一国主
義, 外国人排斥などが入り混じった「アメリカ・ファースト」を推進すれば,
民主主義の後退は確実に進む。しかしながら, 米国議会は下院の議長の選択
も, トランプ前大統領を支持するたった数人の過激派共和党議員の反乱により
紛糾している状況である。米国は移民国家として, 世界における人権保護の
リーダーとしての自身と誇りを取り戻し, 自国経済と国家安全保障のニーズを
満たすバランスのとれた移民制度を確立しなければならない。

　ニューヨーク港にそびえ立つ自由の女神は, 米国難民保護の普遍的な象徴
だ。「疲れ果てた人々, 貧しい人々, 自由な呼吸を切望している群衆を私に与
えてください」という言葉が刻まれた, その美しい女神は, 米国に国内のポ
ピュリズムの波を打ち返し, 世界一の「難民の擁護者」としての顔を取り戻す
べきであると警鐘をならしている。

---

(143)　INA § 208 ("Any alien who is physically present in the United States or *who
　　 arrives in the United States* .... Irrespective of such alien's status, may apply for
　　 asylum").

6 国際的保護を必要とする人の大規模な移動に対する国際社会とEUの対応

中坂恵美子

Ⅰ はじめに
Ⅱ 「一時的庇護」の概念
Ⅲ 「一時的保護」の議論
Ⅳ グローバル・コンサルテーション／難民保護への課題／コンベ
ンション・プラス
Ⅴ 2015年以降のEUと国際社会の動向
Ⅵ おわりに

Ⅰ はじめに

難民保護の中核的な役割を担ってきた難民条約が採択されてから70年が経つ。しかし，同条約のもつ個別認定の傾向は，短期間に非常に多くの人が流入する場合には必ずしも機能的であるとは考えられず，国際社会ではこれまで異なる認定方法も思案されてきた。「一応の」（prima facie）難民の条件を満たしているとの判断によって，あるグループの人々全員に原則，難民の地位を与えるという集団認定もその1つであり，ハンガリー動乱時や一時期のベトナム難民の受入れ，アフリカ諸国などで実際に行われてきた[1]が，普遍的に実行されているものではない。

本章では，国際的な保護を必要とする人の大規模な移動に関して，集団認定以外の方法として，国際社会とEU（European Union, 欧州連合）でどのような議論と実行がされてきたのかを時系列的に振り返り，現在の方向性を考えたいと思う。第Ⅱ節では，1970年代から80年代にかけて，インドシナ難民の大規模流出で議論となった「一時的庇護」について，第Ⅲ節では，1990年代の旧ユーゴスラビア内戦で実施され，その後，規範形成の動きもあった「一時的保護」について取り上げる。第Ⅳ節では，2000年代に入りUNHCR（United Na-

---

(1) Bonaventure Rutinwa, "Prima facie status and refugee protection", New Issues in Refugee Research, Working Paper No. 69, 2002, pp. 1-3.

『新国際人権法講座』第6巻（信山社，2024年）

tions High Commissioner of Refugees, 国連難民高等弁務官）が行った「グローバル・コンサルテーション」とその成果文書である「難民保護への課題」等の中で大規模移動がどのように扱われたのかを確認し，第Ⅴ節では 2015 年の欧州難民危機以降の EU における法制度改革の模索と国連の 2016 年のサミット以降の国際社会の取組みについて，現在のところまでの動向を検討する。

　なお，ここで「大規模」という言葉について説明しておきたい。大規模な状況（large-scale situations）とは，短期間で非常に多数の人が流入する場合も長い時間をかけて多数の人々が到来する場合もあり[2]，本章でも両方の状況を扱う。前者については，英語では主に "mass influx" が用いられ「大量流入」と訳されることも多いが，"large-scale influx" という言い方がされることもある。本章では，英語の mass, large-scale, in a large scale にいずれも「大規模」の言葉をあてることとする。これらの用語に関する法的拘束力のある普遍的文書はないが，伝統的には，並外れた予期せぬ出来事により大混乱と無秩序が生み出されている状態として考えられていた[3]。ソフトローとしては，2004年の UNHCR 執行委員会の「大規模流入の状況における国際協力ならびに負担および責任の分担に関する結論[4]」で，"mass influx situation" の特徴として，（ⅰ）相当数の人の国境を超えた到着，（ⅱ）急速度の到着，（ⅲ）特に緊急時における，受入れ国での引受け能力または対応能力の不十分さ，（ⅳ）個別の庇護手続きがある場合は，そのような多数の評価を行うことができない，という点が示されている。また，2018 年の「移民と難民のためのニューヨーク宣言」（後述Ⅴ参照）では，移民と難民のどちらにも関係する "large movements" について，「多くの考慮すべき事由を反映するものとして理解されうる」もので，それらの中には，「到着する人の数，経済的，社会的および地理的な文脈，受入れ国の対応力ならびに突発的または長期的な移動の影響」が含まれること，「ある国から別の国への通常の移民の流れは含まない」もので，「難民で

---

(2)　UNHCR, Expert Meeting on International Cooperation to Share Burdens and Responsibilities, Amman, Jordan, 27 and 28 June 2011, Summary Conclusions, ANNEX I Summary of Working Group Discussions, p. 7.

(3)　Ann Vibeke Eggli, *Mass Refugee Influx and the Limits of Public International Law*, Martinus Nijhoff Publishers, 2002, p. 25.

(4)　Executive Committee of the High Commissioner's Programme, Conclusion on International Cooperation and Burden and Responsibility Sharing in Mass Influx Situations No. 100 (LV), 2004.

あれ移民であれ，異なる理由のために移動するが同様の経路を使用する可能性
のある人々の混合した流れを含みうる」という説明がされている（第6段落）。
また，条約ではないが，地域的な法文書として2000年にEU指令の中で"mass
influx"の定義が設けられている（後述第Ⅲ節(2)参照）。

Ⅱ　「一時的庇護」の概念

（1）　インドシナ難民と「一時的庇護」

ベトナム，ラオス，カンボジアが社会主義体制へと移行した1975年から，
新体制と対立する人々はそれらの国からボートや陸路で近隣諸国に避難した。
1979年7月に，「東南アジアにおける難民および避難民に関する会合」がジュ
ネーヴで開催されたが，その時までに100万人超が3国を離れていた。55万
人超が近隣諸国で庇護を求め，その中の約20万人が第三国定住により他の地
域に向かい，35万人超がアセアン諸国と香港にとどまっていた。同会合では，
一次庇護国への流入を管理可能な規模にするため，ベトナムからの「秩序ある
出国計画手続き」および第三国定住をさらに進めることなどが話し合われ
た[5]。

　この時に用いられたのが，「一時的庇護」（temporal refuge）の概念である。
UNHCRの執行委員会は，1977年の会期で，「庇護希望者が，彼らに一時的庇
護を与える意欲をもつ国を見つけるのにさえ非常に困難」をきたしていること
を懸念し，諸政府に，「自国領域に直接来た難民に対して恒久的なまたは最低
限一時的な庇護を与える」ことを訴えた[6]。また，「ノン・ルフールマン原則
は実際に広く遵守されているが，無視されている事例もある」[7]ことへの懸念
もあらわされた。翌年の文書でも，ノン・ルフールマン原則や国際的連帯の原
則の重要性が確認された[8]。

---

(5)　UN General Assembly, Meeting on Refugees and Displaced Persons in South-East
　　Asia, convened by the Secretary-General of the United Nations at Geneva, on 20 and
　　21 July 1979, and subsequent developments: Report of the Secretary-General, 7
　　November 1979, A/34/627.

(6)　UNHCR Executive Committee, "Asylum", No. 5 (XXVII), (b) and (d), 1977.

(7)　UNHCR Executive Committee, "Non-Refoulement", No. 6 (XXVII), (b), 1977.

(8)　UNHCR Executive Committee, "General Conclusion on International Protection",
　　No. 11 (XXIX), (c), (d) and (e), 1978.

◆第6巻 ◆ 国際人権法の動態 —— 支える力，顕現する脅威 Ⅱ 脅威との対峙

　さらに，執行委員会は1979年の文書の中で，「庇護希望者の大規模流入を含
む状況」という小見出しの下，大規模流入の場合，庇護希望者は常に少なくと
も一時的庇護を得るべきであり，地理的または他の状況によって大規模流入に
直面する国は，必要に応じてかつ要求に基づき，衡平な負担分担の原則に従っ
て他国から即時の援助を受けるべきであること，他国は一次庇護国の負担が衡
平に分担されることを確保するために，個別に，共同で，またはUNHCR事
務所もしくは他の国際機関を通じて，適切な措置をとるべきであることを述べ
た[9]。また，1980年の文書「一時的庇護」は，「大規模流入のあらゆる状況に
おいて，ノン・ルフールマンの人道的な法原則が誠実に遵守されることの本質
的な必要性を確認」し，一時的庇護の付与や負担の分担の問題に加え，一時的
庇護を与えられる人が基本的な人道水準の待遇を受けるべきことや一時的庇護
に関する調査の必要性などを指摘し，専門家グループによる会合の開催を要求
するものであった[10]。

　翌年に開催された専門家グループの会合のためにオーストラリアのG. J. L.
Coleから出された「一時的庇護と難民の大規模流入」という文書は，過去の
事例を考察して，「一時的庇護」を「恒久的解決の獲得を一時的に保留して人
に与えられるノン・ルフールマン原則によって特徴づけられた保護」と定義し
た[11]。会合で採択された結論[12]に沿う形で，1981年の執行委員会は次のよう
な内容で結論22[13]を表した。すなわち，「大規模流入の状況において，庇護
希望者ははじめに庇護を求めた国に入国を認められるべきであり，もしも当該
国が彼らを恒久的に受入れられない場合は，少なくとも一時的に庇護を与えな
くてはならない」こと，「いかなる場合でも，国境での入国拒否も含めて基本
的なノン・ルフールマン原則は誠実に遵守されなければならない」こと，一時
的に入国を認められた庇護申請者の待遇として最低限の人権基準が必要である

---

(9)　UNHCR Executive Committee, "Refugees Without an Asylum Country". No. 15
　　(XXX), (f) and (g), 1979.

(10)　UNHCR Executive Committee, "Temporary Refuge". No. 19 (XXXI), 1980.

(11)　UNHCR, Report of the Meeting of the Expert Group on Temporary Refuge in
　　Situations of Large-Scale Influx (Geneva 21-24 April 1981), EC/SCP/Add.1, 1981.

(12)　UNHCR, Report of the Meeting of the Expert Group on Temporary Refuge in
　　Situations of Large-Scale Influx, Geneva, 21-24 April 1981, EC/SCP/16, 1981.

(13)　UNHCR Executive Committee, "Protection of Asylum-Seekers in Situations of
　　Large-Scale Influx". No. 22 (XXXII), 1981.

こと，そして，国際的な連帯および負担の分担のための諸国家の義務に関する問題などが内容として含まれている。このうち最低限の人権基準には，許可なく滞在していても処罰されないこと，国際的に認められた基本的な市民的権利の保障，あらゆる必要な支援および基本的な生活必需品の提供，家族の統合，自発的帰還を容易にすることなど15項目が列挙されているが，教育や労働に関する言及はない。

　以上のことからわかるように，一時的庇護という考え方は，恒久的な居住は前提とされない一次庇護国による受入れとその後の国際社会の行動がセットとなった概念である。その背景には，インドシナ難民が避難した近隣諸国は難民条約の当事国ではなく，それらの国に同条約上の義務としてノン・ルフールマン原則の遵守を求めることはできないという事情もあった。

（2）「一時的庇護」とノン・ルフールマン原則

　ところで，一時的庇護とノン・ルフールマン原則の関係については，現在まで一貫した理解がされてきたとは言い難いように思われる。この点を少し確認しておきたい。

　上述したUNHCRの諸文書は，庇護希望者への一時的庇護の付与を，ノン・ルフールマン原則を根拠として受入れ国に求めている。これは，難民（あるいはその可能性のある人）へのノン・ルフールマン原則の適用と言えるだろうが，その法的根拠については述べられておらず，難民条約の非締約国に対してもなぜそれを求めることができるのかは明確でない。それに対して，1986年にGoodwin-Gillが示した見解は，難民に対するノン・ルフールマン原則の適用という意味で上述のUNHCR諸文書の考え方に近いものであるが，法的根拠については慣習法を用いて説明がされている。すなわち，彼は，慣習法によって，ノン・ルフールマン原則は難民条約の定義する難民を越えて出身国の政府の保護を受けていない難民にまで拡大しているといい[14]，暴力，武力紛争または人権侵害から逃れる人は，難民の認定を受ける前であっても，また，特定のグループや個人が危険に直面している状況でなくても，UNHCRおよび国際共同体が関心をよせる難民でありルフールマンから保護されるべきである[15]

---

(14)　Guy S. Goodwin-Gill, "Commentary: Non-Refoulement and the New Asylum Seekers", *Virginia Journal of International Law*, Vol. 26. Issue 4, 1986, p. 902.

(15)　*Ibid.*, p. 907.

という考えを示した。

しかしながら，Perluss と Hartman は，同年の論文[16]で，1936 年以降の広い諸国家の実行と法的信念，国際機関や地域的機関の活動等を検討し，「一時的庇護」が国際慣習法と考えられると述べ，「一時的庇護」と難民法（難民条約および慣習法）におけるノン・ルフールマン原則は，共通の性質をもつが大きく異なると指摘した。それは，後者は難民条約が規定する一定の理由による迫害が条件となるが，前者にはそのようなつながりが不要なためである[17]。すなわち，Perluss と Hartman は，難民条約の定義する難民とそれ以外の国際的保護を必要とする人を区別して，ノン・ルフールマン原則は難民条約を根拠に前者に適用するものととらえた上で，後者もカバーする規範として慣習法としての「一時的庇護」の概念を用いたのに対して，Goodwin-Gill は，難民条約の定義よりも広い意味での難民にも慣習法としてのノン・ルフールマン原則が適用されるべきと考えていた。

しかしながら，Goodwin-Gill と McAdam の共著として出された 2021 年のThe Refugee in International Law の第 4 版では，「一時的庇護」の中核的な義務は国際慣習法にしっかりと根付いている[18]とした上で，「一時的庇護」は国際難民レジームに密接に統合されているが，ノン・ルフールマンよりも広い範囲で効果をもつものであり，庇護とノン・ルフールマンの両概念を切り離すこと，そして，庇護それ自体を，個人またはグループが一定の危害の危険にさらされないように国家が義務を負うすべての事例に対して適用させるのに十分で可能な保護の中心的な原則として発展させるべきと述べており[19]，Perluss と Hartman の考え方に近いものとなっているように思われる。

その理由として，現在，次節で見る「一時的保護」(temporary protection)が普遍的な法的枠組みとはなり得ていないことから，「一時的庇護」の概念に一定の役割が期待されていることが考えられる。別の論者として，Durieux は2021 年の著作で，「一時的庇護」の概念の新しさは，即時で基本的な保護と長

---

(16)　Deborah Perluss and Joan F Hartman, Temporary refuge: emergence of a customary norm, *Virginia journal of international law*, Vol. 26, Issue 3, 1986, pp. 551-626.

(17)　*Ibid.*, p. 599.

(18)　Guy S. Goodwin-Gill and Jane McAdam with Emma Dunlop, *The Refugee in International Law*, Fourth Edition, Oxford University Press, 2021, pp. 297.

(19)　*Ibid.*, p. 298.

期的な解決の結合であり，満足できる恒久的解決の責任を避難国とその地域の他の諸国との間に配分するものであると捉え，「一時的庇護」は，ノン・ルフールマン原則と国際連帯の原則の間の必要不可欠なつながりでもあると述べている[20]。また，上述の Goodwin-Gill と McAdam は，「一時的保護」と比べた場合の「一時的庇護」の特徴として，受入れた後に第三国定住の道が約束され，避難民のその後の居住の負担やコストを一次庇護国が負わないことが前提となっているという点をあげている[21]。「一時的庇護」の概念は，難民とは必ずしもいえない人も含めて自国に保護を求めてきた人の一時的な受入れとその後の国際社会の連帯を促進させる役割を期待されていると言えよう。では，次に，「一時的庇護」の比較の対象ともなる「一時的保護」とは何か，詳しくみていこう。

III 「一時的保護」の議論

（1） 旧ユーゴスラビア内戦と「一時的保護」

　1989 年からの東欧諸国の民主化は，ユーゴスラビア社会主義連邦共和国の分裂の契機となった。1991 年 6 月にスロベニアとクロアチアが，9 月にマケドニア（現在の北マケドニア），翌 92 年 3 月にボスニア・ヘルツェゴヴィナが独立を宣言したが，クロアチアとボスニア・ヘルツェゴヴィナでは 1995 年まで，それまでは共存していた民族が対立する内戦が続いた。1997 年末の時点で，セルビアとモンテネグロからなる当時のユーゴスラビア連邦には 55 万人の人々がやってきたが，そのうちの 29 万 3 千人がクロアチアから，24 万 1 千人がボスニアから来た難民で，ほとんどがセルビア人であった[22]。以下，クロアチア，ボスニア・ヘルツェゴヴィナ，コソボについて内戦時の避難民に関する国際機関を中心とした動きをみていく。

---

(20)　Jean-François Durieux, "Chapter 37: Temporary Protection and temporary refugee", edited by Cathryn Costello, Michelle Foster, Jane McAdam, *The Oxford Handbook of International Refugee Law*, 2021, pp. 682-685. なお，Durieux は一時的庇護が慣習法と考えられるか否かに関しては，アメリカの司法および立法が明示的に否定していることを根拠に懐疑的である（pp. 684-685）。

(21)　Guy S. Goodwin-Gill and Jane McAdam, *supra* note 18, pp. 293-294.

(22)　United States Committee for Refugees and Immigrants, U. S. Committee for Refugees World Refugee Survey 1998-Yugoslavia, 1 January 1998.

クロアチアでは，1991 年 11 月の停戦合意[23]を受け，1992 年 2 月の安保理
決議 743 により，国連がクロアチア内に指定した保護地域の非武装化のために
国連保護軍が設置された。国連保護軍の任務には，保護地域への避難民の安全
な帰還も含まれており[24]，事務総長はその任務を UNHCR に依頼した[25]。
UNHCR は，非公式会議において包括的対応を提唱し，その中で，旧ユーゴス
ラビアから逃れて国際的保護を必要とする人について，難民条約の下で有効な
請求をもつ人は難民申請から排除されるべきではないが，避難者数の多さから
個別に庇護手続きを行うのは現実的ではなく，一時的保護を受けられるべきで
あるという考えを示した。また，一時的保護の概念は国内の法および手続きに
照らして詳細が考えられなければならないが，最低限，保護が求められた国へ
の入国許可，ノン・ルフールマン原則および基本的人権の尊重（前述の「UN-
HCR 執行委員会結論 22」により示された要素）ならびに出身国での状況が許す場
合の帰還を含むべきであること，保護の期間については，信頼できる最新の情
報に基づいた出身国の状況の評価が必要であることが述べられた[26]。

　ボスニア・ヘルツェゴヴィナに関しては，1995 年 11 月に，「ボスニア・ヘ
ルツェゴヴィナ和平のための一般的枠組協定」（デイトン合意）が締結された。
同協定に附属された「難民および避難民に関する協定」では，すべての難民お
よび避難民は自由に自分の家に戻る権利をもつこと，当事国（ボスニア・ヘル
ツェゴヴィナ共和国，ボスニア・ヘルツェゴヴィナ連邦およびスルプスカ共和国）
は，難民および避難民の安全な，かつ，ハラスメント，脅迫，迫害または差別
を受ける危険性のない帰還を保障することや帰還民の支援を行うことなどが定
められた[27]。

---

(23)　U.N. Doc. S/23239, 24 November 1991, "Letter dated 24 November 1991 from the
　　　Security-General addressed to the President of the Security Council, Annex".

(24)　U. N. Doc. S/23280, 11 December 1991, Report of the Security-General pursuant
　　　to Security Council Resolution 721 (1991), Annex III Concept for a United Nations
　　　peace-keeping operation in Yugoslavia, as discussed with Yugoslav leaders by the
　　　Honourable Cyrus R. Vance, Personal Envoy of the Security-General and Marrack
　　　Goulding, Under-Secretary-General for Special Political Affairs, para. 20.

(25)　U. N. Doc. S/23592, 15 February 1992, Further Report of the Security-General
　　　pursuant to Security Council Resolution 721 (1991), para. 19.

(26)　UNHCR, A Comprehensive Response to the Humanitarian Crisis in the former
　　　Yugoslavia, 24 July 1992, HCR/IMFY/1992/2, paras. 12-13.

(27)　U. N. Doc. A/50/79C, S/1995/999, 30 November 1995, Attachment, The General

6 国際的保護を必要とする人の大規模な移動に対する国際社会と EU の対応〔中坂恵美子〕

また，セルビアのコソボ自治州については，1999 年 3 月の NATO 軍のセルビアに対する空爆後，85 万人以上のアルバニア人がコソボから逃れ，そのほとんどがアルバニア，マケドニアおよびモンテネグロに避難した。アルバニアとマケドニアの国内には，NATO 軍の支援によりキャンプが設けられたが，自国内にマイノリティとしてのアルバニア人をかかえるマケドニアは，大規模なアルバニア人の流入が自国の安全保障へ与える影響を懸念して，自国内の難民数を減らすために国際的な負担の分担を訴えた[28]。同国は，NATO の空爆前は，ホストを見つけることができた避難民に「人道的に支援された地位」を与えていたが，空爆後は，国境の閉鎖やアルバニアやトルコへの強制的な移送を行うようなった[29]。UNHCR と国際移住機関は，1999 年 4 月に「人道避難プログラム」（Humanitarian Evacuation Programme）を立ち上げ，それにより，9 万 6 千人が一時的に欧州と北米の 28 カ国に避難し，1400 人が「人道移送プログラム」（Humanitarian Transfer Programme）の一部として，アルバニアに移動した[30]。6 月にユーゴスラビア連邦がコソボからの軍事的撤退に合意[31]すると，安保理決議 1244 により国連の支援の下での民生部門および安全保障に関する国際的な駐留軍の配備が決定され[32]，民生部門の行う活動に，「すべての難民および避難民の安全で妨げられないコソボ内の自宅への帰還の確保」[33]が含まれた。マケドニアには，6 月の半ばには 25 万 5 千人が避難していたが，停戦実施により多くの難民が即時に自発的な帰還をはじめ，ほとんどすべての難民がその年のうちに同国を去り，1999 年の終わりの時点では 1 万 7千人が残るのみであった[34]。

以上見てきたように，旧ユーゴスラビア内戦における大規模な人の移動は，

Framework Agreement for Peace in Bosnia and Herzegovina, Initialled in Dayton on 21 November 1995 and signed in Paris on 14 December 1995, Annex 7: The Agreement on Refugees and Displaced Persons.

(28)　UNHCR, "Kosovo Emergency", *UNHCR Global Report 1999*, p. 345.

(29)　United States Committee for Refugees and Immigrants, U.S. Committee for Refugees World Refugee Survey 2000 – Macedonia, 1 June 2000.

(30)　UNHCR, "Kosovo Emergency", *UNHCR Global Report 1999*, pp. 345-346.

(31)　U.N. Doc. S/RES/1244 (1999) 10 June 1999, preamble and Annex II.

(32)　*Ibid.*, para. 5. 民生部門は国連コソボ暫定行政ミッション（UNMIK），安全保障はコソボ治安維持部隊（KFOR）が担当した。

(33)　*Ibid.*, para. 11(k).

(34)　United States Committee for Refugees and Immigrants, *supra* note 29.

UNHCR が一時的保護を諸国に呼び掛ける機会となった。その理由は，難民条約が想定している個別の審査が，大規模な人の流入には必ずしも最適ではなかったからである。また，民族対立によって生み出された避難民を他の国で恒久的に保護することは，民族浄化に加担することにもなると考えられたため，紛争が政治的に解決されて人々が安全に自宅に戻れるまでの，あくまでも一時的な保護が望ましいという考え方は正当性を有していた[35]。ただし，一時的であっても近隣諸国のみですべての人を引き受けることは過大な負担であったことから，バルカン半島という地域を超えた国際的な分担が必要となった[36]。

また，「庇護」ではなく「保護」という用語が用いられたのは，単に入国を認めるだけではなく，滞在中の最低限の待遇の保障も含めた包括的な枠組みという意味が含まれていたからである[37]。その背景として，旧ユーゴスラビア内戦時に避難民が「一時的保護」のために向かった欧米諸国は難民条約や難民議定書の当事国であったので，東南アジア諸国によるインドシナ難民の一時的な受入れの場合とは異なり，避難民たちは難民認定がされれば条約が保障する諸権利が与えられるはずであったことが指摘できるだろう。

（2） 一時的保護に関する法およびガイドラインの形成

旧ユーゴスラビア内戦の経験を経て，「一時的保護」に関する議論が活発化し，一般的な規範作成の動きがいくつか生じた。まず，UNHCR は，旧ユーゴスラビア内戦以外でも，武力紛争および／または大規模な人権侵害の結果として生じる同程度に大規模な避難の状況において一時的保護が有効であるかという問題を提起した[38]。執行委員会は 1994 年の「国際的保護に関する一般的結論」で，一時的保護は，大規模な人の流出を含む紛争または迫害の状況において一時的な性格の国際的保護を与える実用的で柔軟性のある方法として価値が

---

(35) Durieux, *supra* note 20, pp. 687-688.

(36) See, Joanne Thorburn, "Transcending Boundaries: Temporary Protection and Burden-sharing in Europe Get Access Arrow", *International Journal of Refugee Law*, Volume 7, Issue 3, 1995, pp. 470-471.

(37) Meltem Ineli-Ciger, *Temporary Protection in Law and Practice*, Brill | Nijhoff, 2017, p. 3.

(38) UN High Commissioner for Refugees (UNHCR), Note on Temporary Protection in a Broader Context, 1 January 1994, available at: https://www.refworld.org/docid/3ae6b32514.html [accessed 13 February 2022]

あるという考えを示した[39]。そして，同年，UNHCR は「国際的な保護に関する覚書」で「一時的保護」の具体的な内容等について考察し，文書の形式に関しては，諸国家が拘束力のある条約に対しては後ろ向きであることを考えると指導原則の宣言の作成が現実的な選択肢であろうことを示唆した[40]。ただし，UNHCR や難民を擁護する弁護士たちにとっても，「一時的保護」の定式化については，既存の難民法の下での保護義務の回避という国家の隠された動機を懸念してためらいがあったと言われている[41]。

　ここでは，「一時的保護」に関して 2000 年代初頭に作成された EU 法および国際法協会のガイドラインならびに 2010 年代前半の UNHCR のガイドラインについて，概要を見ていきたい。

(a) EU の「一時的保護指令」(2001 年)

旧ユーゴスラビア内戦時，EU 構成国はそれぞれに一時的保護に関する国内制度を制定していたが，保護の内容は異なっていた。上述の「人道避難プログラム」で受入れを実施した際にも，受入れ条件について構成国の間で調整を合意することはできなかった[42]。

　1997 年に作成され 1999 年 5 月 1 日に発効したアムステルダム条約で，EU 条約に共通庇護政策に関する条項が設けられた。その中の第 63 条 2 項で，(a) 一時的保護のための最低基準，(b) 難民および避難民の受入れならびにその結果の負担における構成国間の努力の均衡促進のための措置，に関する立法手続きが定められ，2001 年に「避難民の大規模流入の際の一時的保護付与のための最低基準ならびにそのような人の受入れおよびその結果の負担における構成国間の努力の均衡促進のための措置に関する理事会指令」[43]，いわゆる「一時

---

(39)　UNHCR Executive Committee, "General Conclusion on International Protection" No. 74 (XLV)-1994, (r).

(40)　General Assembly, A/AC.96/830, 7 September 1994, UNHCR Executive Committee of the High Commissioner's Programme, "Note on International Protection (submitted by the High Commissioner) Summary, paras. 39-57.

(41)　Joan Fitzpatrick, "Temporary Protection of Refugees: Elements of a Formalized Regime", *American Journal of International Law*, Vol. 94 Issue 2, 2000, pp. 287, 291-292.

(42)　European Commission, COM (2000) 0303 final, pp. 251-258.

(43)　Council Directive 2001/55/EC, *OJEC* L 212, pp. 12-19.

◆ 第 6 巻 ◆ 国際人権法の動態 —— 支える力，顕現する脅威　Ⅲ 脅威との対峙

的保護指令」が採択された。同指令の目的はその正式タイトルが示すとおり
で，一時的保護の最低基準の制定と構成国間の負担の均衡促進の2つである。

「一時的保護」は，「出身国に帰国できない第三国からの避難民の大規模流入
または大規模流入が差し迫っている場合，特に，この流入への対処が庇護シス
テムの効率的な機能に悪影響を及ぼす危険がある場合に，関係者および保護を
要請する他の者のために，そのような人々に即時かつ一時的な保護を提供する
例外的な性格の手続き」と定義された（第2条(a)）。そして，「大規模流入」
とは，「大人数の避難民のコミュニティへの到来」で，その人々は「特定の国
または地理的地域から来て」おり，「自発的であるかまたは例えば避難プログ
ラムなどを通じて援助されているものなのかは問わない」ものである。また，
「避難民」については，「とりわけ国際組織からの呼びかけに反応して，自国ま
たは出身地域を去らねばならなかった，または，避難を余儀なくされた人で
あって，その国で蔓延している状況のために安全かつ恒久的に帰還することが
できず，ジュネーヴ条約第1条Aまたは他の国際的保護を与える国際的もし
くは国内的な文書の範囲に入る人」で，特に「武力紛争または特定の民族に向
けられた暴力が存在する地域から逃げてきた人」および「組織的または一般的
な人権侵害の重大な危険にさらされているまたは犠牲となった人」を含むと規
定された（第2条(c)）。

期間については，原則として1年，その後さらに1年までの延長が可能（第
4条）とされ，構成国は，居住許可の発行，査証取得のための便宜供与の義務
の他，労働，職業訓練または実習等，住居，社会福祉，医療援助，教育，家族
の統合，保護者に同伴されていない子どもの保護，などに関する一定の義務を
負うこととなる（第8条ないし第16条）。一時的保護が終了した場合，自発的
な帰還（第21条）または強制的な帰還（第22条）が行われる。

「構成国間の努力の均衡」，つまり負担の分担については，具体的には，欧州
難民基金の活用を通じた財政的な連帯（第24条）と，物理的な人の受入れに
おける連帯があり，後者については，構成国以外から受け入れる場合（第25
条）と，他の構成国からの移送（以下，リロケーション）の場合（第26条）があ
る。どちらの場合も，受入れ国の同意と避難民の同意という二重の意味での自
発性が条件となっており，強制的な仕組みではない。さらに，この措置の発動
のためには理事会による特定多数決での決定が必要とされている（第5条）。

この指令制定後，2011年の「アラブの春」や2015年の「欧州難民危機」の

時を含めて，実際にこの指令を根拠に一時的保護が行われたことは20年間なかった。前者の時は，地中海を渡って多数の人々が非正規に到来したイタリアやマルタが，欧州共通庇護制度の1つとしてのダブリン・システム[44]によって受入れ責任と負担を負う立場にあり，司法・内務理事会会合でイタリアは一時的保護指令の発動を訴えたが，流入した人々に帰せられるべき地位や現実の緊急事態の存在に関して，指令が規定する条件を満たしているとの合意はできず，発動手続きは開始されなかった[45]。また，流入圧力を受けていない国々は手続き開始に消極的なことや，この措置の発動が欧州へ人を呼び込んでしまうのではないかという懸念があったことも指摘されている[46]。さらに，理事会での特定多数決のための政治的な合意に達する過程自体が，難民危機という事態においては時間の浪費であることや，大規模流入という概念のあいまいさが構成国に異なる解釈の余地を与えていたという分析もある[47]。

---

(44)　現在，EU27カ国中の22カ国とEFTA（欧州自由貿易連合）に加盟する4カ国が入っている国際的保護の申請に責任を負う国を決定するための仕組み。根拠法は1990年に条約として出発して（1997年発効），2003年から規則としてEU法化され，2013年に改正されたものが現行のものである（Regulation (EU) No 604/2013 of the European Parliament and of the Council of 26 June 2013 establishing the criteria and mechanisms for determining the Member State responsible for examining an application for international protection lodged in one of the Member States by a third-country national or a stateless person, OJ L 180, 29.6.2013, pp. 31-59）。審査責任を負う国が優先順位をともなう基準で定められ，申請者が責任国以外の構成国にいる場合は責任国に移送されてそこで審査を受け，認定されればその国で難民の地位をえる。審査は他の国では受けることができない。責任国となる要素の中に，非正規の入国／滞在をさせている国という基準があるため，EUの南側の周囲に位置する国々に過剰な負担を負わせるものであるという批判が，条約作成当時からされていた。

(45)　See Bruno Nascimbene and Alessia Di Pascale, "The 'Arab Spring' and the Extraordinary Influx of People who Arrived in Italy from North Africa", *European Journal of Migration and Law*, Vol. 13 ,2011, pp. 346-347.

(46)　Meltem Ineli-Ciger, "Has the Temporary Protection Directive Become Obsolete? An Examination of the Directive and Its Lack of Implementation in View of the Recent Asylum Crisis in the Mediterranean", Céline Bauloz, Meltem Ineli-Ciger, Sarah Singer, and Vladislava Stoyanova (eds.), *Seeking Asylum in the European Union: Selected Protection Issues Raised by the Second Phase of the Common European Asylum System* (Martinus Nijhoff, 2015), p. 233.

(47)　H. Deniz Genç and Nedime Aslı Şirin, "Why not Activated? The Temporary Protection Directive and the Mystery of Temporary Protection in the European Union", *International Journal of Political Science & Urban Studies*, 2019, p. 15.

◈ 第 6 巻 ◈ 国際人権法の動態 ── 支える力，顕現する脅威　Ⅱ 脅威との対峙

　しかしながら，Durieux は，同司令は 1990 年代に「一時的保護」の教義と実行があいまいだった部分を明確にした点があると評価し，具体的に次の 5 つを挙げている。1 つめは，一時的保護は，「大規模な人の流入または大規模な人の流入が差し迫っている場合」に適用されるべき「例外的な性格の手続き」であること，2 つめは，難民条約の実施を一時停止することはできないこと，3 つめは，同指令は，「一時的保護」の受益者に対してかなり広範な権利を保障しており，難民申請者の地位と難民に付与される権利の間の中間の地位を与えていること，4 つめは，帰国指向な面，5 つ目は，期間の短さ，である[48]。

　本章Ⅴでみるように，2020 年に委員会は共通庇護制度全般の改革を打ち出し，その中で，同指令は廃止して別の規則で「一時的保護」を「即時保護」として再設計する提案を行った。未活用のまま終わると思われていた同指令であるが，2022 年 2 月 24 日に始まったロシアのウクライナへの軍事侵攻により状況が一変した。ポーランドをはじめとした EU 諸国へのウクライナからの避難民が 65 万人以上となった 3 月 2 日，EU 委員会は実施決定のための提案を提出し[49]，27 日の緊急特別会合ですでにその措置への支持を表明していた司法・内務理事会は，3 月 3 日の会合で全会一致で委員会の提案を採択した[50]。また，3 月 21 日には，委員会が実施決定の運用ガイドライン[51]を発表した。

　この急展開の理由を，Meltem Ineli Ciǧer は 5 つの理由をあげて分析している。それらは，①対象が欧州人であるウクライナ人であったこと，②避難の原因がロシアの正当化されない侵略の結果であり EU と親和性の高い NATO が

---

(48)　Jean-Francois Durieux, supra note 20, pp. 690-691.

(49)　European Commission, Proposal for a Council Implementing Decision establishing the existence of a mass influx of displaces persons from Ukraine within the meaning of Article 5 of Council Directive 2001/55/EC of 20 July 2001, and having the effect of introducing temporary protection, COM (2022) 91 final.

(50)　Council of European Union, Council implementing decision (EU) 2022/382 of 4 March 2022 establishing the existence of a mass influx of deisplaces persons from Ukraine within the meaning of Article 5 of Directive 2001/55/EC. And having the effect of introducing temporary protection. *OJEU* L71/1-6. "Justice and Home Affairs Council, 3-4 March 2022", at https://www.consilium.europa.eu/en/meetings/jha/2022/03/03-04/ (accessed on 4 March 2022).

(51)　European Commission, Communivation from the Commission on Operational guidelines for the implementation of displaces persons from Ukraine within the meaning of Article 5 of Directive 2001/55/EC, and having the effect of introducing temporary protection, *OJEU* C 126 I/1-16.

無関係ではなかったこと，③避難民発生のスピードと規模が今までにないものであったこと，④ウクライナと EU は査証の相互免除を約束しておりウクライナ人は EU 領域への入域が可能であること，⑤ EU 領域に到着する前に避難民を止める経由国としての第三国が存在しないこと，である[52]。いずれも非常に的を射た指摘である。多少の補足をくわえると，①と②に関連しては，ウクライナ住民を国外に追いやってのロシアによるウクライナの占領の恒常化はEU にとっては安全保障上きわめて深刻な事態であり，一時的な保護と帰還という解決策以外を考えることはできず，また，避難民たちも EU 諸国への移住ではなく帰国を強く望んでいること[53]は，今回の措置発動の重要な要素と言えよう。④については，「一時的保護指令」の目的の 1 つである負担の分担という点で重要である。すなわち，今回，EU27 か国でどのように避難民を配分するのかは，特別の仕組みを設けずに，避難民たち自身の選択に任された。というのは，生体認証パスポートを持つウクライナ人は，査証がなくとも EU 構成国へ入国することができ，それから 180 日の間で 90 日間の EU 内の自由移動が可能であるため，その間に自らが好む国へ行き「一時的保護」のための申請を行うという手順が考えられたのである。また，⑤に関連しては，むしろ，これまで EU はウクライナ自体に，東方から欧州へ向かう難民の経由地として，難民保護の役割を担うことを期待してきたことも想起される[54]。また，2015 年以降「連帯」に関する議論で反対の声をあげていた東欧諸国が今回は大規模流入の玄関口となっていることも，迅速な決定につながったであろう。

---

(52) "5 Reasons Why: Understanding the reasons behind the activation of the Temporary Protection Directive in 2022", *EU Immigration and Asylum Law and Policy*, 29 June 2022.

(53) 少なくともウクライナからの避難民がポーランドに到着したはじめの数日間は，ウクライナ市民は，帰国が不可能となることも恐れて，ポーランドで難民の地位を受けることに関心はなかったとことが報告されている。Marta Jaroszewicz, Mateusz Krępa, Michał Nowosielski, Marta Pachocka, Dominik Wach, "Russian aggression on Ukraine and forced migrations: the role of Poland in the first days of the crisis". Center of Migration Research, Newsletter, Spotlight, No. 3（37），March 2022, Special Issue, p. 4.

(54) 欧州共通庇護政策の対外的側面としての EU のウクライナでの地域保護プログラムについて，中坂恵美子『難民問題と『連帯』── EU のダブリン・システムと地域保護プログラム』（東信堂，2010 年）135-167 頁参照。

(b) 国際法協会の「一時的保護に関するガイドライン」（2002 年）

国際法協会は，1993 年の難民手続きに関する委員会の第 1 回目の会合で一時的保護の問題を活動の焦点の 1 つとし，2002 年にガイドラインを採択した[55]。委員の間で合意が得られた部分は，一時的保護は大規模な避難民の流入の状況においてのみ与えられること，一時的保護によりしばらくの間は庇護手続きの停止が認められること，どこかの時点で真の条約難民申請への審査や認定が必要となること，一時的保護は帰国指向の概念であることである。他方で，合意が得られなかったのは，一時的保護の間に与えられる権利，保護の期間，負担の分担の問題であった。また，条約草案を作成すべきか否かについても意見が分かれていたが，ガイドラインとすることに帰結した[56]。

争点となっていた点については，次のようにまとめられた。まず，与えられる待遇については，人権の諸基準，適用可能な場合は難民条約の保証に従うこと，諸国は UNHCR 執行委員会の結論 22 に規定された最小限の保証に十分に配慮をし，滞在が長期化したときには権利は徐々に改善されていくべきであることが述べられたうえで，差別からの保護，適切な水準の衣食住，適切なヘルスケア，適切な教育，移動の自由，家族の統合，長期化した場合の雇用へのアクセス，という 7 項目が特に尊重されるべきものとして列挙された（第 10 段落）。また，期間については特に上限には言及せず，国家は，出身国の状況が根本的に変化して安全かつ尊厳をもって恒久的な帰国が可能となった場合には一時的保護を取り消す（第 11 段落）こと，また，滞在が数年におよぶ場合は，3 年を超えない時点で，恒久的解決を視野に入れて一時的に保護されている人の状況を再考する（第 15 段落）こととされた。最後に，国際的連帯および負担の分担の枠組みの中で，諸国は，一時的保護として避難民を受入れた国を，その国からの要求があれば，財政面でまたは人の受入れによって支援するためにあらゆる必要な措置をとるように努める（第 3 段落）ことが規定されたが，そのための特定のメカニズムの提唱はしていない。EU 指令が本ガイドラインに影響を与えた部分もある。すなわち，委員会では，一時的保護の受益者とし

---

(55) International Law Association, International Law Association, Resolution 5/2002 on Refugee Procedures (Guidelines on Temporary Protection), 6 April 2002.

(56) International Law Association, Report of the Committee on Refugee Procedures of the International Law Association (Delhi Conference, 2002), Final Report and Draft Guidelines on Temporary Protection, 2002, pp. 1–4.

て，当初は条約難民ではない人を想定していた[57]が，EU 指令は条約難民も含めて考えられていたため，その考え方が採用された（第 4 段落）。

(c) UNHCR「一時的保護または滞在の手配に関するガイドライン」(2014 年)
　2012 年とその翌年に UNHCR が開催した一時的保護に関する円卓会議では，人の大規模流入以外の状況への一時的保護の適用についても議論が行われ，2014 年に「一時的保護または滞在の手配に関するガイドライン」[58]が作成された。同ガイドラインでは，そのような対応が適合する状況として，（ i ）庇護希望者の大規模な流入または他の類似の人道的危機，（ ii ）船舶の到着および海難救助のシナリオを含んだ，複雑なまたは混合した人々の越境の動き，（ iii ）流動的または過渡的な文脈（例えば，危機の開始時で移動の正確な原因および性格が不明確な場合や，危機の終盤で避難民たちの出発の意欲にはさらなる評価が必要であろう場合），（ iv ）出身国の他の例外的かつ一時的な状況が国際的保護を必要とし，安全かつ尊厳のある帰還を妨げている場合，をあげた（第 9 段落）。
　そして，与えられるべき待遇の最低基準としては，UNHCR 執行委員会の結論 22 およびそれを国際人権法の発展に一致させたものに依拠すると述べ，具体的にいくつかの事項を列挙した。それらの概要は，指定された期間の正規滞在，恣意的または長期化した収容からの保護，非差別的，人道的および尊厳のある待遇，移動の自由，登録，身体の安全，孤児に対する特別のケア，家族の統合，特別な必要を有する人への特別の配慮および手配，経済的自立または就労機会，UNHCR 等へのアクセス，である（第 16 段落）。滞在期間が長期化する場合は，待遇の水準は徐々に改善される必要があり（第 17 段落），保護を受ける人は受入れ国で法令遵守義務を有する（第 18 段落）。期間に関する定めはないが，終了の事由として，自発的帰還以外にも，受入れ国での統合と第三国での受入れに関する言及がある（第 21 段落）。
　また，国際協力と負担および責任の分担が不可欠であるとして，基金や資源の共同出資の事前設立，いざという時のための技術支援計画の設立，避難民および受入れコミュニティへの財政支援，第三国定住または人道的な入国許可，国内外での労働移動の仕組みへのアクセスがその要素として示され（第 23 段

---

(57)　*Ibid.*, pp. 3.
(58)　UNHCR, Guidelines on Temporary Protection or Stay Arrangements, 2014.

落），また，地域的な取決めにおける諮問メカニズムの重要性も述べられている（第24段落ないし26段落）。

　以上，一時的保護に関する EU 法および２つのガイドラインの概要をみた。EU という共通庇護政策をもつ地域的機構での体制と，広く国際社会を想定したガイドラインでは異なる部分が大きいのは当然と思われるが，与えられるべき最低限の待遇については，労働や移動の自由，教育も含まれるなど類似点が多い。これらの待遇を多数の人々に提供することは，特に途上国にとっては大きな負担であろう。期間に関しては，EU 指令は法として上限を定めているのに対して，２つのガイドラインには定めがなく，長期化した場合の待遇の改善が言及されている。滞在が３年から５年にもなれば，言葉や職業，子どものことなどが問題となる可能性は高いであろう[59]。

　EU 法とガイドラインが大きく異なっているのは，負担および責任の分担に関する部分である。EU 指令では人の受入れ負担の分担に関する手続きを定めているのに対して，国際法協会のガイドラインは，国際連帯や国際協力の重要性を述べるが，特定のメカニズムには言及していない。UNHCR のガイドラインは，いくつかの制度的な枠組みの提案まで踏み込んでおり，また帰還以外の恒久的解決にも言及しているが，これは，同ガイドラインが次（Ⅳ）でみるグローバル・コンサルテーションの後に作成されたものであり，負担の分担や帰還の見込みがなく長期化した難民状況が重視されていることがうかがえる。同ガイドラインに対しては，守られるべき原則や最低限度の待遇を示していることについては一定の意義を認められているが，他方で，大規模な流入以外の事例も含めて同列に扱っていることに関する後ろ向きな評価もある[60]。

Ⅳ　グローバル・コンサルテーション／難民保護への課題／コンベンション・プラス

　難民条約の作成から約半世紀の間に国際的保護をめぐる状況は変化してきた。そこで，UNHCR は，「新しい問題に対処するための柔軟性を保つと同時

---

(59)　芹田健太郎「難民の一時的保護」国際人権９号（1998年）13頁参照。

(60)　Guy S. Goodwin-Gill and Jane McAdam, *supra* note 18, pp. 295-296 and Ineli-Ciger, *supra* note 37, p. 202.

6 国際的保護を必要とする人の大規模な移動に対する国際社会とEUの対応〔中坂恵美子〕

に，国際社会における既存の難民保護レジームをいかにして活性化させるか，その最善策を探ろうと」(61)，2001年の終わりに，「国際的保護に関するグローバル・コンサルテーション」を開催した。同会合の中で，UNHCRの執行委員会では，難民条約で十分にカバーされていない事項も含めて保護政策に関する多くの問題が議論され，それらの問題の1つとして「大規模流入の状況における難民の保護」が取り上げられた(62)。

グローバル・コンサルテーションの最終的な成果は，2002年に執行委員会から発表された『難民保護への課題』（Agenda for Protection）(63)であり，締約国宣言と行動計画から構成されている。行動計画は6つのゴールを定めているが，その1つめの「難民条約と議定書の実施強化」では，12の目的の1つとして，「難民の大規模流入に対するさらに効果的かつ予測可能な対応」をあげ，4つの具体的な活動を示した(64)。また責任および負担の分担の問題は，「より公平な負担・責任分担と難民受け入れ・保護対応力の強化」としてゴールの1つとなり，大規模流入の場合と長期化した状況の両方の問題が考察対象となった。なお，負担の分担の問題について，過度な負担を負っていると考えられていたのは，「特に開発途上国および経済的移行期にある諸国(65)」である。

その後，UNHCRは2003年に「コンベンション・プラス」と呼ばれるイニシャチブを立ち上げ，既存の難民レジームで不十分であった3つの分野，すなわち，第三国定住，開発援助，非正規な2次的移動に関する問題についての取組みを発展させることを試みた(66)。2005年まで続いたこの試みについて，こ

---

(61) UNHCR, *Agenda for Protection, third edition*, October 2003, p. 5. UNHCR『難民保護への課題』（日本語版）3頁。

(62) 具体的には，(1)保護の全体的枠組み，(2)庇護の文民的な性格：武力集団の難民からの分離，(3)登録に関する身体的および法的保護の実務的な側面，(4)大規模流入の状況における責任および負担の分担のための国際協力のメカニズム，の4つの話題が話し合われた。UNHCR, Global Consultations on International Protection/Third Track: "Protection of Refugees in Situations of Mass Influx", Chairman's Summary (8-9 March 2001), 9 March 2001.

(63) UNHCR, *supra* note 61.

(64) それらは，包括的研究の実施と有権的文書の作成の必要性の検討，集団認定を受けた難民の中に適用除外の可能性をもつ個人がいた場合の手続き的ガイドラインの作成，難民のコミュニティに基盤を置く活動の実施や弱い立場にあるもの特有のニーズへの対応，事態の兆候の早めの察知と事前の対応策の検討，である。

(65) UNHCR・上掲注(61)25頁（締約国宣言第5段落）。

(66) UNHCR, Progress Report: Convention Plus, FORUM/2004/2, 20 February 2004.

◆ 第 6 巻 ◆ 国際人権法の動態 —— 支える力，顕現する脅威　Ⅱ　脅威との対峙

れにかかわっていた Alexander Betts と Jean-Francois Durieux は，負担の分担に関する国家からの新たな約束という意味での成果は極めて限定的であったが，責任の分担のための規範的基礎の創造という点では一定の功績があったと述べている[67]。成果の1つは 2004 年の執行委員会による「大規模流入の状況における国際協力ならびに負担および責任の分担に関する結論[68]」であろう。同結論は，本章冒頭で述べたように「大規模流入の状況」の特徴を示したほか，効果的な国際的諮問メカニズムの設立や受入れ国への支援など負担および責任の分担の取決めに関する具体的な行動や，恒久的解決のための行動を諸国に勧告した。しかしながら，第三国定住に関しては規範的なものも含めて何も生み出せなかったという評価もされている[69]。

V　2015 年以降の EU と国際社会の動向

　難民受入れの負担および責任の分担の問題は，前述のように途上国に過度に重くなっている現状がある一方で，先進諸国である EU 構成国の間でも枢要な課題であった。共通庇護制度を構築している EU では，その中核であるダブリン・システムにより，EU の域外国境を構成する国が大きな受入れ負担を負う立場となっていたが，後述するように，2000 年代の終わりころから，ギリシャにおける人権保障の不十分さにより，同システムは想定通りには機能しなくなってきており，2011 年のアラブの春を経て 2015 年の欧州難民危機を迎えたときには，根本的な見直しが迫られる事態にまで至った[70]。

---

(67)　Alexander Betts & Jean-Francois Durieux, "Convention Plus as a Norm-Setting Exercise", *Journal of Refugee Studies*, Vol. 20, No. 3, 2007, p. 531.

(68)　UNHCR Executive Committee, Conclusion on International Cooperation and Burden and Responsibility Sharing in Mass Influx Situations No. 100 (LV), 2004.

(69)　Shauna Labman, "Looking Back, Moving Forward: The History and Future of Refugee Protection", *Chicago-Kent Journal of International and Comparative Law*, 2010, p. 9.

(70)　ギリシャの庇護審査手続きや庇護申請者の待遇は人権保障の点から不十分であるとして，2008 年ごろからダブリン・システムによる他の EU 構成国からギリシャへの庇護申請者への移送の停止は始まっていたが，2011 年のアラブの春は，中東や北アフリカから EU の地中海に面した国々に大規模な人の流入をもたらした。その中で，トルコを経由して EU の入り口となるギリシャの問題がさらに大きくなり，2012 年ころからは欧州人権裁判所および EU 司法裁判所の判決も出され，他の構成国から同国へダブリン・

6 国際的保護を必要とする人の大規模な移動に対する国際社会と EU の対応〔中坂恵美子〕

しかし，また，欧州難民危機は，中東諸国だけではもはやシリア難民を吸収できなくなったことの現れでもあったため，難民等の受入れに関して国際社会全体での負担および責任の衡平な分担の必要性を人々に再認識させることにもなった。本章では，2015 年以降，EU と国際社会が，大規模な人の移動についてどのような体制を模索しているのか，それぞれについてみておきたい。

（1） 混迷する EU の共通庇護政策

2015 年には 100 万人以上のシリア難民が欧州に到来し，ダブリン・システムを想定どおりに機能させることはもはや困難となった。EU は，同年 9 月のギリシャおよびイタリアから他の構成国への難民申請者の緊急リロケーションの決定や，翌年 3 月のトルコとの声明によるギリシャからトルコへの非正規入国者の送還などを行いながら[71]，共通庇護制度の改正を進めることとなった。そして，2020 年 9 月に委員会は，「移民および庇護に関する新協定に関する通知」[72]という政策文書で，移民と難民に関する包括的アプローチを示し，同時に，複数の EU 法の提案および改正提案を行った。この改革全体が大規模な人の流入に関係するものではあるが，ここでは，「庇護および移民の管理規則」（以下，「庇護・移民管理規則」）提案[73]および「移民および庇護の分野における危機および不可抗力の状況への対処規則」（以下，「危機・不可抗力規則」）提案[74]の一部をごく簡単に見ておきたい。

「庇護・移民管理規則」提案はそれまでのダブリン規則[75]を置き換えるもの

システムによる移送が完全にできない状況になってしまっていた（拙稿「EU における難民等受入れの責任と負担の分担 ── ダブリン規則の改正とリロケーション」『広島平和科学』38 巻（2016 年）8-10 頁参照）。

(71)　拙稿「問われる欧州共通庇護政策における『連帯』── 2016 年 9 月のリロケーション決定をめぐって」『包摂・共生の政治か，排除の政治か：移民・難民と向き合うヨーロッパ』（明石書店，2019 年）285-313 頁参照。

(72)　European Commission, COM（2020）609 final.

(73)　European Commission, COM（2020）610 final.

(74)　European Commission, COM（2020）613 final.

(75)　委員会は，2015 年と 2016 年にもダブリン規則の改正提案を出したが，この 2020 年の新規則の提案により，それらは取り下げられた。2015 年のものは部分的改正案で「クライシス・リロケーション・プログラム」を追加するもの（European Commission, COM（2015）450 final），2016 年は「矯正的割り当てメカニズム」を含んだ全面的改正案（European Commission, COM（2016）270 final）であった。どちらも，前述した 2015 年 9 月の緊急リロケーションを恒常的な仕組みとして用意しておくものであるが，

153

◆ 第 6 巻 ◆ 国際人権法の動態 —— 支える力，顕現する脅威　Ⅱ　脅威との対峙

であるが，ダブリン・システムを廃止したわけではない。ダブリン・システム
を軸としながら，より包括的な枠組みを構想するものであり，「連帯[76]メカニ
ズムの確立」もその中に組み込まれている。その部分の規定をみてみよう。

　まず，第 5 条で，構成国に「連帯および責任の公平な分担の原則」の遵守が
求められており，第Ⅳ部が「連帯」を，その第 1 章の第 45 条ないし第 56 条が
「連帯メカニズム」を定めている。第 45 条 1 項は「移民の圧力の下にある，ま
たは，捜索・救助活動後の下船地となる構成国との連帯のための貢献」とし
て，(a)「庇護手続き規則」[77]が規定する「国境手続き」[78]が適用されない庇護

　　後者では，特定の構成国に一定以上の人の流入があった場合にリロケーションの適用が
　　自動的に行われる仕組みが考えられた。

(76)　負担の分担や連帯に関しては，EU 運営条約（2007 年署名，2009 年発効）の第 3 部
　　第 5 編第 2 章（国境検問，庇護および移民に関する政策）に 2 つの条項がある。すなわ
　　ち，第 78 条 3 項は「一・またはそれ以上の構成国が第三国国民の突然の流入に特徴づけ
　　られるような緊急事態に直面した場合には，理事会は，委員会の提案に基づき，当該構
　　成国の利益のために暫定措置を採択することができる」と定め，第 80 条は，「この章に
　　定める連合の政策およびその実施は，構成国間の連帯および責任の公平な分担の原則
　　（財政的な意味も含む）によって規律される。……」と規定している。

(77)　　現行の庇護手続き指令（2013/32/EU, *OJ EU* L180/60-95）に対する改正提案が
　　2016 年に出され（European Commission, COM（2016）467 final），されにそれを修正
　　する提案が 2020 年 9 月の改革で出されている（European Commission, COM（2020）
　　611 final）。「庇護・移民管理規則」提案で言及されているのは，この最後のものを指し
　　ている。

(78)　　前掲注(77)の修正提案で，第 41 条に国境手続きに関する規定が，第 41a 条に帰還
　　のための国境手続きに関する規定が設けられている。第 41 条 1 項は「スクリーニング
　　規則で定めるスクリーニング手続きを行った後，申請者が構成国への入国が認められな
　　い場合，構成国は，その申請が，EU 規則 2016/399 に定める構成国の領域に入国する条
　　件を満たさない第三国国民または無国籍者からなされたものであれば，構成国は申請を
　　国境手続きにおいて審査することができる」と定める（EU 規則 2016/399 とは，域外お
　　よび域内境での人の出入国管理を定める，いわゆる「シェンゲン・ボーダー・コード」
　　のことである）。国境手続きは，(a)域外国境越境地点またはトランジット・ゾーンでの
　　申請，(b)域外国境の許可されない越境に関連した逮捕，(c)捜索・救助活動後構成国の
　　領域での下船，(d)旧ダブリン規則の関連条項に従ったリロケーション，に引き続いて
　　行われる。国境手続きでは，(a)申請の受理可能性，(b)第 41 条 1 項が規定する迅速な
　　審査手続きが適用する場合における申請に関する本案の決定をすることができ（第 41
　　条 2 項），その間，原則として申請者は構成国の領域に入国できない（第 41 条 6 項）。
　　　なお，「スクリーニング規則」も 2020 年 9 月に提案されたもので，「構成国の域外国
　　境で，域外国境を許可なく越境したすべての第三国国民，入国の条件を満たさずに国境
　　検問の間に国際的保護の申請をした人，さらに，捜索・救助活動後に下船した人を，適

154

6 国際的保護を必要とする人の大規模な移動に対する国際社会とEUの対応〔中坂恵美子〕

申請者のリロケーション，(b)帰還スポンサーシップ，(c)例外的に一部の国際的保護の受益者のリロケーション，(d)庇護，受入れおよび帰還等の分野での能力形成措置や実務的支援など，をあげている。帰還スポンサーシップとは，不法に滞在する第三国国民の帰還の実施における貢献で，帰還や再統合に関するカウンセリングの提供から送還の執行のための実務的な調整まで5種類の活動がある（第55条4項）。各構成国の貢献のうち第45条1項の(a)，(b)および(c)についての割り当て分は，人口規模とGDPを各50％とする配分キーによって決定される（第54条）。

　連帯のための貢献の対象となる国として，「移民の圧力のもとにある構成国」がある。「移民の圧力」とは，「第三国国民もしくは無国籍者の大規模な数の到着または到着の恐れがある状況で，捜索・救助活動後の到着から生じる場合も含む」ものである（第2条(w)）。委員会が，一定の指標に基づいてある国が移民の圧力下にあると判断（第50条）した場合は，報告書を欧州議会および理事会に提出し（第51条），他の構成国は連帯対応計画を提出して連帯のための貢献を行うが，貢献が委員会の報告書のニーズに満たない時は，委員会は連帯フォーラムを開催し，構成国に調整を求める（第52条）。委員会が実施法を採択[79]し，その際に，委員会は，リロケーションおよび帰還スポンサーシップが十分ではない場合はいくつかの方法で調整を行うことができる（第53条）。委員会の説明では，この仕組みは強制的な連帯である[80]。

　次に，「危機・不可抗力規則」提案に目を移そう。上述のような「庇護・移民管理規則」提案が設けた連帯メカニズムに加えて，「危機対処規則」提案では，危機および不可抗力[81]の状況に対処するための特別なルールが提供される。「危機」とは，(a)「構成国に非正規に到着したまたは捜索・救助活動後そ

切な手続きを始める前に，スクリーニングする」（「スクリーニング規則」提案，第1条） もので，審査内容には，身元確認，国内の安全保障への脅威とならないことの確認，健康診断が含まれうる（European Commission, COM（2020）612 final）。

(79)　委員会の実施法令の作成の権限についてはEU運営条約第291条が，手続きについてはRegulation（EU）182/2011が定めている。

(80)　European Commission, COM（2020）610 final, p. 20.

(81)　「不可抗力」については，「庇護手続き規則に規定された時間的制限に従うことを不可能とする不可抗力」（第7条1項）という説明があるだけで，定義は置かれていない。ただし，委員会の説明には，例としてCOVID-19の経験が言及されている（COM（2020）613 final, p. 4）。

の領域で下船した第三国国民もしくは無国籍者の大規模流入の例外的な状況で，当該構成国の人口およびGDP比で考えた場合の規模や性質が，その構成国の庇護，受入れもしくは帰還システムの機能を不可能とするまたは欧州共通庇護政策もしくは［庇護・移民管理］規則で定められた共通の枠組みの機能に対して重大な結果をもたらしうるもの」または，(b)そのような状況の差し迫った危険，である。このような状況においては，「庇護・移民管理規則」の連帯メカニズムは修正された形で提供され（第2条），「庇護危機管理手続き」（第4条）や「帰還危機管理手続き」（第5条）として「庇護手続き規則」からの逸脱が認められる。例えば，EU全体で75%以下の認定率の国の国籍をもつ人からの庇護申請の本案審査を「国境手続き」で行うことなどが可能となったり（第4条），不法滞在者の帰還のための収容期間の上限が延長されたり（第5条(a)）する。危機の状況に直面していると考える構成国が委員会にこれらのルールの適用を要請した場合，委員会は検討を行い（第3条8項），要求が正当であると考えた場合は，実施の決定をする（第3条2項）。

　また，同規則提案は，「一時的保護」を受け継ぐものとして，第Ⅴ章に「即時保護の付与」についての規定を設けている。第10条では，危機の状況において「構成国は，武力紛争の例外的な状況において，無差別な暴力を受ける高度な危険に直面し出身国への帰還が不可能な第三国から来た避難民に関して，国際的保護の申請の審査を停止することができる」こと，そして，そのような場合に，構成国は，「その者が国の安全または公共の秩序に対する危険とならない限り即時保護の地位を与える」ことが規定されている。そのような保護は進行中の国際的な保護への申請に予断を与えるものではなく，最長で1年，その間，補完的保護の受益者に与えられるすべての権利への効果的なアクセスが保障される。危機の状況の存在，申請の審査の停止の必要性，特定の出身国またはその一部の決定，開始日や期間などは，委員会の実施決定により定められる。

　以上のように，現在の改革では，大規模な人の流入への対応は，2つの面から行うことが考えられている。1つは強制的な仕組みとしての連帯のための貢献である。2015年および2016年のダブリン規則の改正提案とは異なり，帰還スポンサーシップや能力形成といった人の受入れではない貢献の形が取り入れられたのは，2015年以来ヴィシェグラード・グループ（チェコ，ハンガリー，ポーランド，スロヴァキア）から強制的なリロケーションに対する強い反対が示

6 国際的保護を必要とする人の大規模な移動に対する国際社会と EU の対応〔中坂恵美子〕

されてきたためである。新たに加わった選択肢は，それらの国を「連帯」の枠組みにとどめるための役割と EU の共通移民政策の１つである非正規滞在者の迅速な帰還[82] という目的に奉仕するだろう。しかしながら，Philippe De Bruycker は，「構成国に，リロケーションと帰還スポンサーシップという矛盾する２つの要素から連帯の実現手段を選択させるという恐ろしいやり方は，EU の庇護政策に新たなコンセンサスを打ち立てるのに貢献しないであろう」と述べており[83]，また，市民社会からも，帰還の問題を庇護に関する連帯に含めることには強い異論がある[84]。

そして，もう１つの面は，「危機」レベルの場合に認められる通常のルールからの逸脱である。そして，そのようなものの１つとしての「即時保護」の付与に関しては，委員会に決定権限が与えられたことが注目されるが，その効果をどこまで期待できるのか疑問視する声もある[85][86]。

---

(82)　EU 運営条約第 79 条が共通移民政策に関する規定であり，立法の分野を列挙する同条 2 項に(c)として，「不法移民および許可なき居住（許可なく居住する人の退去および送還を含む）」が規定されている。

(83)　Philippe De Bruycker, "The New Pact on Migration and Asylum: What it is not and what it could have been", EU Immigration and Asylum Law and Policy.

(84)　ECRE Comments on the Commission Proposal for a Regulation on Asylum and Migration Management COM (2020) 610 2020/0279 (COD), 2nd March 2021, pp. 70-72.

(85)　Ineli-Ciger は，委員会は「一時的保護指令」について 20 年間発動の提案さえしなかったことを考えると，即時保護の活性化の実現にも疑問があるという。Meltem Ineli-Ciger, "What a difference two decades make? The shift from temporary to immediate protection in the new European Pact on Asylum and Migration", EU Immigration and Asylum Law and Policy, 11 November 2020. これはロシアのウクライナ侵略以前の見解であるが，本章第 3 章 2 節で触れたウクライナの事例の特色を考えると，今後も同じように活用されるとは考えにくいだろう。

(86)　本章の校正作業を行っている 2024 年 1 月に「庇護・移民管理規則」提案，「危機・不可抗力規則」提案ともに採択されてはいないが，本章の脱稿後に次のような動きがあった。すなわち，2023 年 6 月の 8 日〜9 日の司法・内務閣僚理事会で，委員会の「庇護・移民管理規則」提案への修正提案が合意された（https://data.consilium.europa.eu/doc/document/ST-10443-2023-INIT/en/pdf）。また，「危機・不可抗力規則」については，同年 10 月 4 日に，閣僚理事会の下部組織である常設代表委員会により修正案が提出された（https://eur-lex.europa.eu/legal-content/EN/TXT/PDF/?uri=CONSIL:ST_13800_2023_INIT）。そして，同年の 12 月 20 日に欧州委員会，欧州議会および EU 構成国の間で，「庇護・移民管理規則」提案と「危機・不可抗力規則」提案について，他の 3 つの規則案（「手続き指令」から「手続き規則」への改正提案，「スクリーニング規

157

則」提案，「EURODAC 規則」の改正案）とともに，政治的な合意が得られるに至り，法制定または法改正が現実的となった。

2023 年 6 月の「庇護・移民管理規則」提案への理事会の司法・内務委員会による修正提案は，委員会提案から非常に多くの修正を行うものであるため，ここで内容を紹介することはできない。しかし，いくつかの特徴的な点についてごく簡単に述べておく。修正提案は，移民の圧力の下にある国を支援するための手段として，EU レベルでの措置である「常設 EU 移民支援ツールボックス」（Permanent EU Migration Support Toolbox）と構成国の貢献からなる「連帯プール」（solidarity pool）を明示している。前者は，EU の関係機関による機能的および技術的支援，EU の基金により提供される支援など 9 種類のものが列挙されている。後者は，各構成国による支援で，①国際的保護の申請者や国際的保護の受益者の一部のリロケーション，②移民，国境管理および庇護の分野に関するプロジェクト，または対外国境での人の流れに直接影響をもつ可能性があるもしくは第三国の庇護，受入れおよび移民システム（援助された自発的帰還および再統合プログラムならびに反人身売買又は反密入国プログラムを含む）を改善する可能性のある第三国におけるプロジェクトを主として目的とする財政的貢献，③能力形成，役務，スタッフ支援，施設および技術的機器に焦点をあてた他の連帯措置の 3 種類が定められており，構成国は，どのタイプの措置を選ぶのか完全な裁量を有する。各国が提供すべき貢献の割当て分は，人口規模と GDP を各 50％とする配分キーで決定される。委員会は毎年，「欧州移民管理報告書」を採択して翌年に特定の国が移民圧力の下にあるか否かについての決定をしたり，「連帯プール」に関する勧告をしたりするなど，常設的な仕組みの中での予測に基づいた対応が構想されている。「連帯プール」に関する委員会の勧告は，連合レベルでの年間のリロケーション数および財政的な貢献を確定するもので，最低限，前者は 3 万件，後者は 6 億ユーロである。

他方で，「危機・不可抗力規則」についての常設代表委員会の修正案にも委員会提案からの多くの変更がある。まず「危機の状況」を，委員会提案にあった「第三国国民または無国籍者の大規模流入の例外的な状況」に加えて，移民の「道具化」の状況（「第三国または非国家主体が，連合または加盟国を不安定化させる目的で，第三国国民および無国籍者の国境または加盟国への移動を奨励または促進し，そのような行動が加盟国の法と秩序の維持または国家安全保障の保護を含む本質的な機能を危険にさらすおそれがある道具化の状況」（同（b）））が規定された。その背景は，2021 年の夏ごろから中東やアフガニスタン出身の数千人の人々がベラルーシ国境から EU 域内へと入国しようとした動きである。委員会は，同年の 12 月に「移民および庇護の分野における道具化の状況への対処のための規則」提案（COM（2021）890 final）を提出し，シェンゲン・ボーダー・コードの改正案（COM（2021）891 final）にもその点を盛り込んだ。

また，「危機の状況における連帯」で規定されていた連帯に関する措置は，司法・内務委員会の「庇護・移民管理規則」修正案に沿ったものとして詳細な規定がおかれることとなった。委員会提案にあった即時保護の規定は削除された。

さらにその後の 2024 年 5 月 14 日に，「庇護・移民管理規則」（Regulation（EU）2024/1351）および「危機・不可抗力規則」（Regulation（EU）2024/1359）が，EU の移民および庇護に関する新協定に関連する他の 8 つの法とともに採択されたが，本章ではもはやその最終的な内容に言及することはできないことをご容赦いただきたい。

6 国際的保護を必要とする人の大規模な移動に対する国際社会とEUの対応〔中坂恵美子〕

（2）国連サミットとグローバル・コンパクト

欧州に100万人以上がやってきた「欧州難民危機」の2015年に，世界中の
シリア難民は500万人を数え，トルコでは新規の94万人も含めて254万人を
受入れていた[87]。難民等受入れにおける途上国の負担の大きさが再びクロー
ズアップされる中，2016年に国連総会で「難民と移民の大規模な移動に取り
組むためのハイレベル会合」（「難民と移民に関する国連サミット」）が開催され，
同会議の成果文書として「難民と移民のためのニューヨーク宣言[88]」および
2つの付属文書が採択された。宣言の第6段落では，本稿冒頭に触れた「大規
模な移動」の定義がされている。第68段落では，難民の大規模な動きが特に
発展途上国で国内資源に与える負担を認識し，すでに行われた貢献ならびに国
家間の能力および資源の違いを考慮しながら，世界の難民の受入れおよび支援
のためのより衡平な負担および責任の分担を約束すること，第69段落は，難
民の大規模な移動を含んだ各状況のために，UNHCR事務所によって包括的難
民対応が創設され開始されるべきであることが表明された。付属文書の1つが
「包括的難民対応枠組み」である。今日の大規模な難民の移動には包括的かつ
予測可能なやり方での行動が求められ，国際協力ならびに負担および責任の分
担の原則にもとづいた包括的対応を通じて，よりよく，難民の保護や支援，受
入れ国や関係コミュニティーの支援を行うことができる（第1段落）。対象と
なる大規模な難民の移動の状況は，長期化したものも含まれ（第4段落），具
体的な対応として，受入れおよび入国許可，緊急および進行中の必要性への支
援，受入れ国および共同体への支援，恒久的解決などに関する事項が列挙され
ている（第5段落ないし第16段落）。

その後2年間の政府間の議論の末に，2018年に2つのグローバル・コンパ
クトが採択されたが，そのうちの1つが「難民に関するグローバル・コンパク
ト」[89]である。

---

(87)　UNHCR, *Global Trends: Forced Displacement in 2015*, p. 7.

(88)　U.N. Doc. A/RES/71/1, 3 October 2016.

(89)　United Nations, *Global Compact on Refugees on refugees*, 2018.「コンパクト」とい
　　う言葉の使用について，Gammeltoft-Hasen は，その用語は法的なコミットメントより
　　も政治的および実務的な協力を強調するときに用いられる傾向にあるが，今回の場合は
　　さらに，既存の拘束力ある国際法の約束に関連しながらもそれらを補完するより技術的
　　および機能的な原則とパラメーターを明記することができると説明している（Thomas
　　Gammeltoft-Hansen, The Normative Impact of the Global Compact on Refugees,

159

◆第6巻◆国際人権法の動態 —— 支える力，顕現する脅威　Ⅲ 脅威との対峙

同文書は，拘束力はなく（第4段落），その目的は，（ⅰ）難民受入れ国の負担を軽減すること，（ⅱ）難民の自立を促進すること，（ⅲ）第三国における解決策へのアクセスを拡大すること，（ⅳ）難民の安全かつ尊厳ある帰還に向けて出身国の状況整備を支援すること，の4つであり（第7段落），そのために，第Ⅱ部には上述した「包括的難民支援枠組み」が組み入れられ，第Ⅲ部には，行動計画として，「A. 負担と責任の分担に関する取決め」と「B. 支援が必要な分野」について，それぞれ詳細な規定が置かれている。

同文書では，負担の分担のための仕組みとして，支援の提供にかかわる「グローバル難民フォーラム」と支援を受けるときの「支援プラットフォーム」が構想されている。「グローバル難民フォーラム」は，4年ごとに開催されるものであり，すべての国連加盟国とステークホルダーが参加して，グローバル・コンパクトの目的達成に向けた具体的な誓約と貢献を自発的に表明し，進捗状況の評価を行う（第17段落ないし第19段落）。

そして，難民受入れ国は，状況に応じた支援を可能とする「支援プラットフォーム」の発動を要請できるが，その時に「グローバル難民フォーラム」で表明された誓約を利用することも想定されている（第22段落，第23段落）。また，「大規模および／または複雑な難民状況のために難民問題に対応する受入れ国政府の受入れ能力が限界に達しているか，限界に達することが予測される場合」や「難民問題の長期化により受入れ国が極めて大規模な追加支援を必要としている，および／または出身国への大規模な自主帰還など解決に向けた重要な機会が訪れた場合」を含めて，関係受入れ国または出身国の要請に応じて，UNHCR の支援の下，貢献を約束した関係国と密接に協議をした上で，「支援プラットフォーム」の発動および停止が行われる（第24段落）。大規模な難民の到着の際は，UNHCR，諸国家，関係ステークホルダーは，受入れセンターおよびトランジット・エリアの創設や受入れ地域での基本的な人道支援および必要不可欠なサービスの提供などを含めて，受入れ国の能力強化のための資源および専門知識の提供を行う（第54段落）。以上が，負担の分担のための仕組みのあらましである。

大規模難民の受入れ国に対する国際的な連帯や責任および負担の分担の必要性に関しては，これまでも繰り返し述べられてきたところであり，そのメカニ

International Journal of Refugee Law, 2018, Vol. 30, No. 4, p. 606）。

6 国際的保護を必要とする人の大規模な移動に対する国際社会とEUの対応〔中坂恵美子〕

ズムについても議論されてきた[90]。前節でみたように、現在、EU は強制的な仕組みを作りだそうとしているのに対して、グローバル・コンパクトは、国家に法的義務を課すことなく、自発的な方法で国際社会の連帯を模索するものである。Hathaway は、途上国にいる大多数の難民の状況の深刻さにもかかわらず拘束力のある議定書の提案などが行われなかったことを否定的にとらえ、このコンパクトの仕組みは、それぞれの状況が生じるたびに非常にあいまいな原則にもとづいて新たな合意が必要となるもので、コンパクトはプロセスについて述べているだけであり難民レジームの機能的な欠陥に対処するために頼りになるものではないと批判的な評価をしている[91]。

第1回のグローバル難民フォーラムは 2019 年 12 月に開催され、すでに開始されているものも含めて合計 1400 の誓約が出された[92]。中間年に開催される政府高官会議の第1回は 2021 年 12 月に行われ、UNHCR からは指標報告書[93]が出されているが、それによると、同時点でさらに 200 近くの新しい誓約が加わった[94]。恒久的解決につながった難民数は 2016 年以降継続的に減少している[95]など、必ずしも結果につながっていないが、これにはパンデミックの影響もあり、例えば、第三国定住は「第三国定住および補足的な経路に関する 3 年戦略[96]」を開始した 2019 年には前年度の 5 万 5,680 人から 6 万 3,726 に増加したが、2020 年は 2 万 2,800 人、2021 年は 7 月末までで 1 万 5,774 人であった[97]。他方で、政府高官会議では、従来の恒久的解決ではなく、労働プログラムや教育、家族統合などによる補足的な受入れ、そして、受入れ国への開発支援に議論が集中したといわれている[98][99]。

---

(90) 拙稿「難民等の受入れにおける負担および責任の分担 ── 諸理論と EU の試み」国際法外交雑誌 117 巻 2 号（2018 年）105-163 頁参照。

(91) James C Hathaway, "The Global Cop-Out on Refugees.", *International Journal of Refugee Law*, 2018, Vol. 30, No. 4, pp. 592-594.

(92) UNHCR, Outcome of the Global Refugee Forum 2019, p. 7.

(93) UNHCR, *2021 Global Compact on Refugees Indicator Report*.

(94) *Ibid.*, p. 34.

(95) *Ibid.*, p.7.

(96) UNHCR, *The Three-Year Strategy（2019-2021）on Resettlement and Complementary Pathways*, 2019.

(97) UNHCR, *2021 Global Compact on Refugees Indicator Report*, p. 53.

(98) Stephanie Acker, "Is the Global Compact on Refugees having an impact? Leaders from around the globe gather to take stock at the High-Level Officials Meeting",

Ⅵ　おわりに

　本章では，国際的保護を必要とする人の大規模な移動への国際社会のこれまでの対応と議論を振り返り考察した。

　「一時的保護」は，普遍的に適用できる概念としては，国家にとっても研究者にとっても魅力が失われてしまったと言われている[100]。実際には出身国への帰還も第三国定住の道も見込めない多くの難民に対して，「一時的」ではない保護を提供している途上国にとっては，国際法協会や UNHCR のガイドラインが示すような待遇の提供は難題である。ただし，「一時的保護」を，自国の使い勝手の良い保護ツールとして活用したい国はあるだろう[101]。国レベルでは今後も活用されていくであろうし，また，EU の共通庇護政策の中でも非常に選択的に用いられていくのかもしれない。

　それに対して，「一時的庇護」は，入国許可と最低限の待遇の保証のための概念として，さらに，難民条約の定める難民にとらわれないより広い範囲の人々に対する庇護の提供を諸国に求める道具として，今後も国際社会で必要とされる可能性がある[102]。

　　MCP Blog, January 19th, 2022.
(99)　本章校正中の 2023 年 12 月に第 2 回グローバル難民フォーラムが開催された。
(100)　Durieux, *supra* note 20, p. 692.
(101)　欧州の国以外でも「一時的保護」の制度は普及しているが，その内容はそれぞれに異なる。たとえば，アメリカでは，1990 年の移民法の下で，進行中の武力紛争，環境災害もしくは感染症または他の異常かつ一時的な状況により自国に帰国できない人に，合衆国国土安全保障長官が国家を指定して一定の期間一時的保護の地位を与えることができる。その地位では労働は可能となる。2022 年 3 月現在 12 カ国が指定されている（合衆国市民権および移民サービスのサイト https://www.uscis.gov/humanitarian/temporary-protected-status 参照）。2021 年 6 月 7 日に，最高裁判所はこの地位から合法的な永住の地位への切り替えはできないという判断を示した（Sanchez v. Mayorkas）。トルコは，難民条約の締約国ではあるが欧州の難民に限定する地理的な制限をつけており，シリア難民には 2014 年に制定した一時的保護規則を適用している。一時的保護の地位を得ると，公立学校や公的なヘルスケア施設などの基本的なサービスへのアクセス，社会扶助プログラム，労働許可申請の権利などが認められるが，トルコ国外への自由な移動やトルコの市民権への申請などはできない（Alanur Çavlin, "Introduction", *Syrian Refugees in Turkey: A Demographic Profile and Linked Social Challenges*, Routledge, 2021, pp. 2-3.）。
(102)　「一時的保護」で求められる人権保障レベルの高さも，「一時的庇護」の対象者の広さも，阿部浩己教授の言う難民法への人権法の湿潤と捉えられるのではないだろう

6 国際的保護を必要とする人の大規模な移動に対する国際社会と EU の対応〔中坂恵美子〕

しかしながら，「一時的庇護」の後，どのように国際社会の連帯を進めるのか。強制的に人を配分するメカニズムをグローバルなレベルで構想することは困難であり，私たちは，グローバル・コンパクトの仕組みを最大限に活性化させていくしかないであろう。今後も，避難民の出身国の近隣諸国が「一時的庇護」を与えて一次庇護国となることが避けられないのであれば，その庇護を「一時的保護」のレベルにするための費用をすべて国際社会が負担するべきである。そして，「一時的保護」の内容として，十分な教育や職業訓練を提供して難民自身の能力向上につなげれば，恒久的解決を考えるときに難民の立場はより優位なものとなるであろう。ただし，トラウマを抱えている人や弱者には適切な特別な待遇が必要であるし，受入れコミュニティに対する配慮も必要である。これらのことは，グローバル・コンパクトによって促進が期待されるが，問題は，非常に多くの資金が必要となることだ。そのために，GDP などから考えて人の受入れ負担が過少である国に，現状の何倍もの財政的貢献を求めることが不可欠である。Reynolds と Vacatello は，法的拘束力のないコンパクトが求める衡平かつ予測可能な責任の分担の実現は，各国の能力に基づいた具体的なモデルの採択を通じてのみ実現できると考え，試算を示している[103]。負担の分担に関する実質的な成果を生み出せずに終わったコンベンション・プラスとは異なる道を歩むためには，そのような道標も必要であろう。

か。阿部浩己「人権法としての難民法 ── 膚接と断層」浅田正彦・桐山孝信・徳川信治・西村智朗・樋口一彦編集『現代国際法の潮流 II』（東信堂，2020 年）18-35 頁参照。

〔103〕 Sarnata Reynolds and Juan Pablo Vacatello, Building a Lifeline: A Proposed Global Platform and responsibility Sharing Model for the Global Compact on Refugees, 21 SCHOLAR, Vol. 21, No. 3, pp. 325-402.

7 災害と国際人権法

徳永恵美香

Ⅰ　はじめに　　　　　　　　　　Ⅳ　災害時における被災者の生命の
Ⅱ　災害の定義と国際人権法　　　　　　保護
Ⅲ　被災者の保護と国際人権法　　　Ⅴ　おわりに

Ⅰ　は　じ　め　に

　災害の影響によって引き起こされる継続的な脅威は，被災者に対する不十分かつ不適切な保護という状況を発生させ[1]，同時に被災者が有する多様な権利が侵害される危険性を有している[2]。これらの中には，人道支援物資の提供を受ける際の不平等や差別の発生，ジェンダーに基づく暴力や子どもに対する虐待，避難時の家族の分離，災害によって強制移動させられた被災者に対する安全でないもしくは非自主的な帰還，再定住，または移住の強制，および被災した財産に対する補償の拒否などが含まれる[3]。また，災害発生後は，災害発生前から存在していた子どもや女性，障害のある人などの社会的に弱い立場に置かれた人々に対する差別や人権侵害をさらに悪化させる[4]。このような人権侵害は，被災者の権利を保障する義務のある国家によって意図的に引き起こされるというよりは，「災害管理（disaster management）」[5]に関する不適

---

(1)　Human Rights Council（HRC），Report of the Representative of the Secretary-General on the Human Rights of Internally Displaced Persons, Addendum, Protection of Internally Displaced Persons in Situations of Natural Disasters, Walter Kälin, A/HRC/10/13/Add.1, 5 March 2009, para. 4.

(2)　Gabriella Venturini, "23 Conclusions", in Flavia Zorzi Giustiniani et al.（eds.），*Routledge Handbook of Human Rights and Disasters*（Abingdon, Oxon; New York, NY: Routledge, 2018），p. 364.

(3)　Inter-Agency Standing Committee（IASC）*IASC Operational Guidelines on the Protection of Persons in Situations of Natural Disasters*（The Brookings-Bern Project on Internal Displacement, 2011），p. 1.

(4)　A/HRC/10/13/Add.1, *supra* note 1, para. 3.

(5)　災害対策に関する主な用語については，「災害リスク削減の指標と専門用語に関する

『新国際人権法講座』第 6 巻（信山社，2024 年）

切な政策，「災害対応（disaster response）」[6]に関する能力の欠如，人権侵害の放置や見落としなどが原因の場合も多い[7]。

　本章では，被災者の保護と国際人権法規範および制度の関わりを取り上げる。最初に災害の定義をめぐる現状を示し，次に被災者の権利と被災国の義務をめぐる議論の概要を示す。最後に，国連人権保障制度や地域人権裁判所の中でも特に活発な議論が積み重ねられてきた被災者の生命の保護を取り上げ，人権条約上の国家の積極的義務の検討を行う。

II　災害の定義と国際人権法

（1）　災害の定義をめぐる状況

　国際法学上，災害に関する共通の定義は現在に至るまで確立していない[8]。災害はその発生原因や持続性によって分類される場合があり，前者の観点からは自然災害と人為的災害に分けられ[9]，後者の観点からは地震や津波など突

　　無期限政府間専門家作業部会報告書」（以下「専門用語報告書」という）（United Nation General Assembly（UNGA），Report of the open-ended intergovernmental expert working group on indicators and terminology relating to disaster risk reduction, Note by the Secretary-General, A/71/644, 1 December 2016）が詳しい。同報告書は，「災害リスク削減のための仙台行動枠組 2015-2030」（以下「仙台行動枠組」という）（UN, Sendai Framework for Disaster Risk Reduction 2015-2030, A/CONF.224 /CRP.1, 18 March 2015）の実施評価のために作成された文書である。同報告書では，「災害管理」を「災害に対する準備，災害に対する対応及び災害からの復旧のための措置を整理し，準備し及び適用すること」と定義している（A/71/644, *supra*, p. 14.）。

(6)　専門用語報告書では，「対応（response）」を，「生命を救い，健康に対する影響を減らし，公共の安全を確保し，かつ被災者の基礎的な必要最低限の生活に必要なものを満たすために，災害発生前，災害時及び災害発生直後に直接的に取られる措置」であると定義している。また，「災害対応」は，災害発生を起点として比較的短期的に必要な支援に主に焦点が当てられており，「災害救援（disaster relief）」と同義的に用いられる場合があると指摘している（A/71/644, *supra* note 5, p. 22）。

(7)　A/HRC/10/13/Add.1, *supra* note 1, para. 5.

(8)　International Law Commission（ILC），Preliminary report on the protection of persons in the event of disasters by Mr. Eduardo Valencia-Ospina, Special Rapporteur, A/CN.4/598, 5 May 2008, para. 46. 徳永恵美香「公衆衛生上の緊急事態における被害者の保護 —— 災害法の視点から」国際人権 33 号（2022 年）54 頁。

(9)　Giulio Bartolini, "2 A Taxonomy of Disasters in International Law", in Flavia Zorzi Giustiniani et al.（eds.），*Routledge Handbook of Human Rights and Disasters*

166

発的に発生する災害と砂漠化などの徐々に進行する災害に分けられる[10]。また，災害の定義の中に，災害発生の結果またはその影響によって大多数の死傷者の発生や大規模な損害が引き起こされる点や，災害の影響が人や財産，環境などに影響を与える点などを明示する場合もある[11]。しかし，条約や国際文書で採用された災害の定義に関しては，その多くの場合で，災害の定義を置く場合と災害の定義をあえて行わない場合に分けられている[12]。

人権条約においても，災害の定義を有する条約は存在しない。しかし，「人権と基本的自由の保護のための欧州条約」（以下「欧州人権条約」という）の実施機関である欧州人権裁判所では，その判例の中で，災害を自然災害と人為的災害に分類する。特に人為的災害に関しては，その原因となるものを非常に広範な産業活動等を含む概念として捉える「危険な活動（dangerous activities）」に分類する判例法理を確立させており，「危険な活動」の中には核実験の実施[13]や廃棄物集積所の管理運営[14]などが含まれるとの法理を示している[15]。

また，「女性に対するあらゆる形態の差別の撤廃に関する条約」（以下「女性差別撤廃条約」という）の条約機関である女性差別撤廃委員会は，2018年3月に，気候変動の関連での災害リスク削減のジェンダーに関する側面を示す「一般的勧告37」[16]を発表した。災害に関係する問題を主たるテーマにした一般的意見又は一般的勧告を発表したのは，国連の主要な人権条約実施機関の中で女性差別撤廃委員会が初めてである。「一般的勧告37」[17]では，災害を次のよ

（Abingdon, Oxon; New York, NY: Routledge, 2018), pp. 14-15. 徳永・前掲注(8)54頁。

(10) A/CN.4/598, *supra* note 8, para. 48.

(11) Andrea de Guttry, "1 Surveying the Law", in Andrea de Guttry et al. (eds.), *International Disaster Response Law* (The Hague: T.M.C. Asser Press, Springer-Verlag Berlin Heidelberg, 2012), p. 7; Giulio Bartolini, *supra* note 9, pp. 16-17.

(12) A/CN.4/598, *supra* note 8, para. 46; Giulio Bartolini, *supra* note 9, p. 10; Andrea de Guttry, *supra* note 11, p 6. 徳永・前掲注(8)54頁。

(13) European Court of Human Rights (ECtHR), L.C.B. v. The United Kingdom, Application 23413/949, Judgment of 9 June 1998.

(14) ECtHR, Öneryildiz v. Turkey, Application no. 48939/99, The Grand Chamber, Judgment of 30 November 2004.

(15) Council of Europe (CoE), *Manual on Human Rights and the Environment, second edition* (Council of Europe Publishing, 2012), p. 133.

(16) Committee on the Elimination of Discrimination Against Women (CEDAW), General recommendation No. 37 (2018) on the gender-related dimensions of disaster risk reduction in the context of climate change, CEDAW/C/GC/37, 13 March 2018.

うに定義する。すなわち，災害を，2015年3月に宮城県仙台市で開催された第3回国連災害リスク削減会議で採択された仙台行動枠組[18]によって言及された「自然由来の又は人為的な危険要素，関連の環境的，科学技術的及び生物学的危険要素とリスク」と，「他のいかなる化学的，原子力由来の及び生物学的危険要素とリスク」によって引き起こされる「小規模，大規模，頻発，散発，突発及び遅発」のすべての出来事を含むものと定義している[19]。さらに，同一般的勧告は，この定義の中にある危険要素とリスクには「国家及び非国家主体によるあらゆる種類の武器の実験及び使用」を含むとしている[20]。この点，「一般的勧告37」[21]は，仙台行動枠組が対象とする災害を基盤としつつ，その対象の中に，「国家及び非国家主体によるあらゆる種類の武器の実験及び使用」を含む「他のいかなる化学的，原子力由来の及び生物学的危険要素とリスク」を含めることで，災害の定義の範囲を仙台行動枠組よりも拡大していると言える。

（2）　ILC条文草案における災害の定義

　大規模災害をめぐる災害の定義に関しては，国連総会の補助機関である「国連国際法委員会」（以下「ILC」という）で2016年に採択された「『災害時における人の保護』に関するILC条文草案」[22]（以下「ILC条文草案」という）が示唆を与える。同条文草案は特に災害時の国際的な人道支援を対象とし，起草過程においては国際人権法と国際協力の義務という2つの視点を中心に検討が行われた。ILC条文草案の主な目的は，被災者の人権を尊重するとともに，被災者の不可欠のニーズの充足し，十分かつ効果的な災害対応と災害リスク削減を促進することである（2条）[23]。同条文草案を作成するに際して，ILCと「災害時における人の保護」に関してILCが任命した特別報告者であるEduardo

---

(17)　*Ibid*.

(18)　A/CONF.224/CRP.1, *supra* note 5.

(19)　CEDAW/C/GC/37, *supra* note 16, para. 13.

(20)　*Ibid*.

(21)　*Ibid*.

(22)　UN, Report of the International Law Commission Sixty-eighth session（2 May-10 June and 4 July-12 August 2016）, General Assembly Official Records Seventy-first session, Supplement No. 10, A/71/10, pp. 13-17（hereinafter, "ILC Draft Articles"）.

(23)　*Ibid*., Art. 2. 徳永・前掲注(8)55頁。

Valencia-Ospina 氏は，国際人権法が中心的な法源の１つであるとの認識を起草過程当初から共有してしており，この認識は最終的な条文草案にも影響を与えている[24]。ILC は，2014 年に同条文草案の第一読，2016 年に前文と 18 条からなる第二読を終え，第二読を最終的な条文草案として採択した[25]。

ILC 条文草案では，災害を，「広範囲に及ぶ生命の損失，多大な人の苦痛と苦難，大量の強制移動，又は大規模な物質的若しくは環境損害という結果となる悲惨な１つの出来事又は連続する出来事であり，それによって社会の機能を深刻に混乱させる出来事を意味する」と規定している（第３条(a)項）[26]。同条文草案では，災害の定義に関する条文を作成するに当たって，2005 年１月に兵庫県神戸市で開催された第２回国連災害削減世界会議で採択された「兵庫行動枠組 2005-2015：災害に対する国家と地域社会の回復力の構築」[27]（以下「兵庫行動枠組」という）で示された災害の捉え方の他，「災害削減と救援活動のための電気通信技術資源の提供に関するタンペレ条約」[28]，「災害救援における国際赤十字運動と非政府組織（以下「NGO」という）のための行動規範」[29]，「国際赤十字・赤新月社連盟」（以下「IFRC」という）の「国際的な災害救援及び初期復旧支援に関する国内における準備及び規則のための IFRC ガイドライン」[30] および万国国際法学会の「人道支援に関する決議」[31] が主に参照されている[32]。兵庫行動枠組で示された災害に関する捉え方とは，災害の要因とな

---

(24)　Eduardo Valencia-Ospina, "The Work of the International Law Commission on the 'Protection of Persons in the Event of Disasters", *Yearbook of International Disaster Law*, Vol. 1 (2019), pp. 18-19. 徳永・前掲注(8)55 頁。

(25)　A/71/10, *supra* note 22, paras. 38-44.

(26)　ILC Draft Articles, *supra* note 22, Art. 3(a).

(27)　UN, chapter I, resolution 2, in Report of the World Conference on Disaster Reduction, Kobe, Hyogo, Japan, 18-22 January 2005, A/CONF. 206/6, 16 March 2005, pp. 6-27.

(28)　Tampere Convention on the Provision of Telecommunication Resources for Disaster Mitigation and Relief Operations, 18 June 1998, in force 8 January 2005, 2296 UNTS 5.

(29)　Code of Conduct for the International Red Cross and Red Crescent Movement and Non-Governmental Organizations (NGOs) in Disaster Relief, 1994.

(30)　IFRC, Guidelines for the Domestic Facilitation and Regulation of International Disaster Relief and Initial Recovery Assistance, 30IC/07/R4 annex, 30 November 2007.

(31)　Institute of International Law, Sixteenth Commission, Humanitarian Assistance, Resolution, Bruges Session, 9 February 2003.

る「危険要素（hazard）」[33]が物理的，社会的，経済的及び環境的な「脆弱性（vulnerability）」[34]と相互作用することによって「災害リスク（disaster risk）」[35]が発生するという考え方[36]である。これは，災害リスクが自然由来または人為的な危険要素に起因すると捉えることで[37]，危険要素に社会経済的要因が加わることによって災害の発生とその影響による被害がさらに深刻になるということを示している[38]。この捉え方は，兵庫行動枠組で初めて採用され[39]，同文書の後継である仙台行動枠組[40]においても引き継がれた[41]。

しかし，ILC条文草案[42]の災害の定義では，同条文草案の範囲に沿ってその対象を限定するために，災害を，災害を引き起こす出来事の結果として捉えるのではなく，当該出来事の存在に重きを置いている点[43]に注意が必要であ

---

(32) UN, Report of the International Law Commission Sixty-eighth session (2 May-10 June and 4 July-12 August 2016), General Assembly Official Records Seventy-first session, Supplement No. 10, A/71/10, pp. 17-73 (hereinafter, "Commentary on ILC Draft Article"), Art. 3, Subparagraph (a), (1)-(12).

(33) 専門用語報告書では，「危険要素」を，「生命の損失，傷害若しくは他の健康への影響，所有権への損害，社会的及び経済的混乱，又は環境の悪化を引き起こす可能性のある過程，現象若しくは人間の活動」であると定義している（A/71/644, *supra* note 5, p. 18）。また，危険要素は，その起源によって，自然由来，人為的及び自然と人為的要因の混在に分類できるとし，これらの起源と影響は1つ又はそれ以上が連続又は組み合わさった状態で存在又は発生するとする。一方，危険要素の特徴の観点から，生物学的，環境的，地質学的，地球物理学的，水文気象学，及び科学技術的な危険要素などに分類できると指摘している（A/71/644, *supra* note 5, pp. 18-19）。

(34) 専門用語報告書では，「脆弱性」を，「個人，地域社会，資産又は制度の危険要素に対する影響の受けやすさを増大させる，物理的，社会的，経済的及び環境的要因又は過程によって決定される状況」と定義している（A/71/644, *supra* note 5, p. 24.）。

(35) A/CONF.206/6, *supra* note 27, para. 3.

(36) 専門用語報告書では，「災害リスク（disaster risk）」を，「特定の期間に制度，社会，又は地域社会に起こりうる生命の潜在的な損失，傷害又は破壊若しくは損害を受けた資産」であり，「危険要素，さらされること，脆弱性及び能力の機能として確率的に決定されるもの」と定義している（A/71/644, *supra* note 5, p. 14）。

(37) Arnold Pronto, "Consideration of the protection of persons in the event of disasters by the International Law Commission", *ILSA Journal of International and Comparative Law*, vol. 15 (2), 2008-2009, p. 453.

(38) 徳永・前掲注(8)54頁。

(39) Arnold Pronto, *supra* note 37, p. 453.

(40) A/CONF.224/CRP.1, *supra* note 5.

(41) *Ibid.*, paras. 4-7.

(42) ILC Draft Articles, *supra* note 22.

る。すなわち，災害を，災害を引き起こす出来事の結果である「社会の機能の深刻な混乱」ではなく，その原因となる特定の出来事自体を指すと捉えているということである[44]。さらに，同条文草案は，この出来事が，(1)広範囲に及ぶ生命の損失，(2)多大な人の苦痛と苦難，(3)大量の強制移動，(4)大規模な物質的若しくは環境損害という4つの要件の中のいずれかを満たす悲惨な1つの出来事又は連続する出来事であり，かつそのことによって社会の機能の深刻な混乱という状況を引き起こすという条件を満たすことを求めている[45]。すなわち，同条での災害の定義を満たすためには，(1)から(4)の要件の1つ又はそれ以上を満たした「悲惨な」出来事であり，このような出来事との因果関係の結果，社会の機能の深刻な混乱という結果が発生することが求められているということである[46]。

　また，ILC条文草案[47]は，災害の発生原因や持続性の異なるすべての種類の災害を対象としている[48]。この点に関して，同条文草案の注釈は，災害という結果が発生するためには異なる原因が複雑な相互関係を有しているとの観点から，自然災害と人為的災害を区別することは不自然であるとし，これらを区別するという見解を維持するのは実際には難しいことを，すべての種類の災害を対象とすることの理由の1つとして挙げている[49]。

III　被災者の保護と国際人権法

　被災者は，災害の発生とその影響という明確な事実に基づいた状況に直面する存在であり，この事実に基づいた対応が要請される特別な必要性を有する存在である[50]。被災者の権利には，生命に対する権利や健康に対する権利，住

---

(43)　Commentary on ILC Draft Article, *supra* note 32, Art. 3, Subparagraph (a), (2)-(3).

(44)　*Ibid.*

(45)　*Ibid.*, Art. 3, Subparagraph (a), (4)-(5).

(46)　*Ibid.* 植木俊哉「『災害』に関する国際法と感染症をめぐる事態」国際法外交雑誌120巻1・2号合併号（2021年）133-134頁。

(47)　ILC Draft Articles, *supra* note 22.

(48)　Commentary on ILC Draft Article, *supra* note 32, Art. 1, (2) and Art. 3 (4).

(49)　*Ibid.*, Art. 1, (2).

(50)　A/CN.4/598, *supra* note 8, para. 50. 徳永・前掲注(8)55頁。徳永恵美香「第6章　原子力災害と被災者の人権 ── 国際人権法の観点から」日本平和学会編『3.11からの平

◆第 6 巻◆国際人権法の動態 —— 支える力，顕現する脅威　Ⅲ　脅威との対峙

居に対する権利など，災害時において被災者を保護するために考慮されるすべての権利が含まれる[51]。被災者の権利保障に関わる人権条約には，「市民的及び政治的権利に関する国際規約」（以下「自由権規約」という），「経済的，社会的及び文化的権利に関する国際規約」（以下「社会権規約」という）をはじめとする主要な人権条約とともに，欧州人権条約などの地域的人権条約が関連する。

しかし，被災者の権利保障に関しては，新たに条約を策定することが求められているわけではない[52]。人権条約上の被災者の権利と被災国の義務の内容を明らかにするとともに，被災国が当該義務に基づいて自国の管轄下において立法，行政及び司法的措置などを実施することがきわめて重要となる[53]。また，これらの措置を実施するためには，時間的適用範囲[54]の観点から，災害発生前後などでの「災害リスク削減（disaster risk reduction）」[55]や「防災（disaster prevention 又は prevention）」[56]，災害発生直後や災害時の災害対応，及び災害後の「復旧（recovery）」[57]や「初期復興（rehabilitation）」[58]，「復興（re-

---

　　和学 ——「脱原子力型社会」へ向けて』（明石書店，2023 年）104 頁。
(51)　*Ibid.*, para. 26. 同上。同上 108 頁。
(52)　Walter Kälin, "The Human Rights Dimension of Natural or Human-Made Disasters", *German Yearbook of International Law*, Vol. 55（2012），p. 147. 徳永・前掲注(8)55 頁。
(53)　*Ibid.* 徳永・前掲注(8)55 頁。
(54)　Hans Kelsen, *Principles of international law*（New York: Rinehart, 1952）pp. 93-96. 植木俊哉「自然災害と国際法の理論」世界法年報 32 号（2013 年）11 頁。
(55)　専門用語報告書は，この点を踏まえて，「災害リスク削減」を，「新しい災害リスクを防ぎ，既存の災害リスクを減らし及び残余のリスクを管理することを目的」とし，災害からの「回復力（resilience）を強化と持続可能な開発の達成に寄与する」ものであると定義している（A/71/644, *supra* note 5, p. 16）。
(56)　専門用語報告書は，「防災」を，「危険を及ぼす出来事による潜在的に有害な影響を完全に避ける」ことを目的として，「既存の災害のリスクと新しい災害のリスクを避けるための活動及び措置」であると定義している（A/71/644, *supra* note 5, p. 21）
(57)　専門用語報告書は，「復旧」を，「将来の災害のリスクを回避し又は減らすために，持続可能な開発に関する原則や『よりよい復興（Build Back Better）』の考え方と合致させながら，被災した地域社会や社会が有する経済的，物理的，社会的，文化的及び環境的資産，制度及び活動だけでなく，生活手段や健康を回復又は改善させること」であると定義している（A/71/644, *supra* note 5, p. 21）。なお，専門用語報告書は，「よりよい復興」を，国家や地域社会の災害からの回復力の増大という目的のために，「災害リスク削減に関する措置を，物理的社会基盤施設や社会制度の回復と，生活手段，経済及

construction)」[59]という各段階において適用可能な保護の確保が重要となる[60]。すなわち，災害発生前から災害時及び災害後のすべての段階で，災害の発生とその影響による被害を防止しかつ対応するなどして，切れ目なく，被災者の権利を保障するための措置が実質的に確保されなければならない[61]。

一方，人権が災害管理全体と災害の各段階において果たす重要な役割が明らかであるにもかかわらず，これらの相互関係の実際的な意味の検討は，災害管理や人道支援の現場においても，国際法的研究においてもあまり行われてこなかった[62]。国際人権法と災害との間の関係を対象とする国際法的研究は非常に少なく[63]，国際人権法の中の確固とした分野として成熟したとは言えず，萌芽的な状況であると言わざるを得ない[64]。被災者の権利保障がこれまでほとんど注目されてこなかった背景として，自然災害が伝統的に主に人道的性格を有する課題を作り出す状況であると認識されていたこと[65]と，このような認識に基づいて，被災者の保護や人道支援の提供が人権問題ではなく，人道問

び環境の活性化に統合するによって，災害の発生後の復旧，初期復興，復興の段階を利用すること」であると定義している（A/71/644, *supra* note 5, p. 11）。

(58)　専門用語報告書は，「初期復興」を「被災した地域社会や社会の機能のために，基礎的な公益事業や施設を回復させること」であると定義している（A/71/644, *supra* note 5, p. 22）。

(59)　専門用語報告書は，「復興」を，「将来の災害のリスクを回避し又は減らすために，持続可能な開発に関する原則や『よりよい復興』の考え方と合致させながら，被災した地域社会又は社会の完全な機能のために必要とされる回復力のある重大な社会基盤施設，公益事業，住居，施設及び生活手段の中長期的な再建と持続可能な回復」であると定義している（A/71/644, *supra* note 5, p. 21）。

(60)　A/HRC/10/13/Add.1, *supra* note 1, para. 21. 徳永・前掲注(8)55頁。

(61)　*Ibid.* 同上。

(62)　Kristian Cedervall Lauta, "5 Human rights and natural disasters", in Susan C. Breau and Katja L.H. Samuel (eds.), *Research Handbook on Disasters and International Law* (Cheltenham, UK and Northampton, MA, USA: Edward Elgar Publishing, 2016), pp. 96 and 106.

(63)　Flavia Zorzi Giustiniani et al., "1 Introduction and Acknowledgments", in Flavia Zorzi Giustiniani et al. (eds.), *Routledge Handbook of Human Rights and Disaster*s (Abingdon, Oxon; New York, NY: Routledge, 2018), p. 4.

(64)　Walter Kälin, *supra* note 52, p. 147.

(65)　IASC, *Human Rights and Natural Disasters: Operational Guidelines and Field Manual on Human Rights Protection in Situations of Natural Disasters* (Brookings-Bern Project on Internal Displacement, 2008), p. 1.

◆第6巻◆国際人権法の動態 —— 支える力，顕現する脅威　Ⅲ　脅威との対峙

題の1つと捉えられてきたことが要因の1つになっている可能性がある[66]。

　しかし，国連の人権保障システムを構成する人権理事会と人権条約機関や，欧州人権裁判所などの地域的人権条約機関を中心に，人権条約の解釈と適用を通して，被災者の権利と被災国の義務の内容やその適用範囲を明らかにしようとする大きな動きが近年見られる[67]。災害後と武力紛争後の人権の保護と促進をテーマとした人権理事会諮問委員会による報告書の公表[68]や，国内避難民の人権などに関する複数の人権理事会特別報告者による災害と各テーマとの関連を検討する報告書の発表[69]，政府報告書審査[70]や一般的意見[71]および

---

(66)　IASC, *supra* note 3, p. 1.

(67)　Flavia Zorzi Giustiniani et al., *supra* note 63, p. 4. 徳永・前掲注(8)55頁。

(68)　HRC, Final research-based report of the Human Rights Council Advisory Committee on best practices and main challenges in the promotion and protection of human rights in post-disaster and post-conflict situations, A/HRC/28/76, 10 February 2015.

(69)　See, e.g., A/HRC/10/13/Add.1, *supra* note 1; UNGA, Protection of and assistance to internally displaced persons, Note by Secretary-General, A/65/282, 11 August 2010; HRC, Report of the Special Rapporteur on adequate housing as a component of the right to an adequate standard of living, and on the right to non-discrimination in this context, Raquel Rolnik, A/HRC/16/42, 20 December 2010; UNGA, Right to adequate housing, Note by the Secretary-General, A/66/270, 5 August 2011; HRC, Report of the Special Rapporteur on the right of everyone to the enjoyment of the highest attainable standard of physical and mental health, Anand Grover, Addendum, Mission to Japan (15-26 November 2012), A/HRC/23/41/Add.3, 31 July 2013; HRC, Report of the Special Rapporteur on the right to food, Note by the Secretariat, A/HRC/37/61, 25 January 2018; HRC, Report of the Special Rapporteur on the human rights of internally displaced persons, Cecilia Jimenez-Damary, on her visit to Japan, Comments by the State, A/HRC/53/35/Add.3, 23 May 2023.

(70)　See, e.g., Human Rights Committee (CCPR), Concluding observations of the Human Rights Committee: United States of America, CCPR/C/USA/CO/3/Rev.1, 18 December 2006, para. 26; Committee on the Elimination of Racial Discrimination, Concluding observations of the Committee on the Elimination of Racial Discrimination: United States of America, CERD/C/USA/CO/6, 8 May 2008, para. 31; Committee on Economic, Social and Cultural Rights, Concluding observations on the third periodic report of Japan, E/C.12/JPN/CO/3, 10 June 2013, paras. 24-25; CCPR, Concluding observations on the sixth periodic report of Japan, CCPR/C/JPN/CO/6, 20 August 2014, para. 24; CEDAW, Concluding observations on the combined seventh and eighth periodic reports of Japan, CEDAW/C/JPN/CO/7-8, 10 March 2016, paras. 36-37, 40-41, and 44-45; Committee on the Rights of the Child, Concluding observations on the

一般的勧告[72]において被災者の権利保障に関する解釈を示す人権条約機関の増加，および被災者の生命の保護に関する義務を被災国の積極的義務として認める欧州人権裁判所における判例の形成[73]などはその一例である。

他方，2000年代に入って以降，災害時や災害発生直後の災害対応や緊急支援における人道支援の現場においても，国際人権規範を導入する動きが見られるようになった。たとえば，人道支援分野の国際的な機関間調整枠組としての機能を担う「機関間常設委員会」（以下「IASC」という）[74]は，「自然災害発生時における人の保護に関する機関間常設委員会運用指針」[75]（以下「IASC自然災害運用指針」という）を2006年に発表し，2011年に「災害準備（disaster preparedness 又は preparedness）」[76]の視点を加味した改訂版を発表した[77]。

---

combined fourth and fifth periodic reports of Japan, CRC/C/JPN/CO/4-5, 5 March 2019, paras. 36-37; CCPR, Concluding observations on the seventh periodic report of Japan, CCPR/C/JPN/CO/7, 30 November 2022, paras. 22-23. See, Marlies Hesselman, "Establishing a Full 'Cycle of Protection' for Disaster Victims: Preparedness, Response and Recovery according to Regional and International Human Rights Supervisory Bodies", *Tilburg Law Review* Vol. 18, No. 2 (2013), pp. 106-132.

(71) CCPR, General comment No. 36, Article 6: right to life, CCPR/C/GC/36, 3 September 2019.

(72) CEDAW/C/GC/37, *supra* note 16.

(73) See, e.g., ECtHR, Öneryildiz v. Turkey, *supra* note 14; ECtHR, Budayeva and others v. Russia, Applications. Nos. 15339/02, 21166/02, 20058/02, 11673/02 and 15343/02, Judgment of 20 March 2008.

(74) 国連内の組織改正の一環で，1991年の「国連総会決議46/182」(UNGA, Strengthening of the coordination of humanitarian emergency assistance of the United Nations, A/RES/46/182, 19 December 1991.) に基づいて設置された。人道支援に関わる国連内の機関と，NGOなどの国連以外の団体・組織によって構成される。また，この決議に基づいて，1998年に国連人道問題調整事務所に再編成されることになる「人道問題局」も設置された。

(75) IASC, Protecting Persons Affected by Natural Disasters: IASC Operational Guidelines on Human Rights and Natural Disasters (Brookings-Bern Project on Internal Displacement, 2006); IASC, *supra* note 3.

(76) 専門用語報告書は，「災害準備」を，「発生の可能性のある災害，差し迫って発生が予測される災害，又は現在発生中の災害の影響に対して効果的に備え，対応し及びそれらの災害から復旧するために，政府，対応や復旧に関わる組織，地域社会や個人が発展させてきた知識や能力」であると定義している。また，同報告書では，これらには，災害対応計画の整備，人道支援に関する物資や設備の備蓄，災害時の調整や避難に関する事前準備および災害時を想定した訓練の実施などが含まれると指摘している (A/71/644, *supra* note 5, p. 21)。

IASC 自然災害運用指針には法的拘束力はなく，自然災害に限定しているものの，主要な人権条約や地域的人権条約を含む国際人権法の観点から，災害対応と初期復旧において被災者の人権を保障するために必要となる措置を具体的に示している[78]。

災害対応に関しては，市民的・政治的権利の観点から被災者の生命の保護や安全の確保，避難時の家族の分離の防止などのために必要な措置[79]を示すとともに，経済的，社会的および文化的権利の観点から食料や健康，避難先，教育などの人道支援の提供に関する措置[80]を示している。IASC 自然災害運用指針の主な対象は，被災者の救援，復旧および人道支援活動に従事する国際機関や NGO および IASC の構成メンバーであるが[81]，災害管理に関する国内の担当機関や政府関係者が立法・行政等の措置や政策立案を行う際にも有益な示唆を与えることを目指した内容となっている[82]。

Ⅳ　災害時における被災者の生命の保護

（1）　自由権規約

自由権規約の条約機関である自由権規約委員会は，生命に対する権利に関する「一般的意見 36」[83]を 2018 年 10 月に採択した。同一般的意見は，生命に対する権利に関する従来の一般的意見[84]と代わる文書であり[85]，災害との関連で新たな解釈を示している[86]。同一般的意見は，自由権規約委員会が政府報告書審査や個人通報制度などで示してきた見解とともに，国連の主要な人権

---

(77)　IASC, *supra* note 3, p. V.

(78)　*Ibid.*, pp. 8-9.

(79)　*Ibid.*, pp. 15-27.

(80)　*Ibid.*, pp. 29-38.

(81)　*Ibid.*, p. 7.

(82)　*Ibid.*, p. 8.

(83)　CCPR/C/GC/36, *supra* note 71.

(84)　CCPR, Sixteenth session (1982), General comment No. 6: Article 6 (Right to life), HRI/GEN/1/Rev.9 (Vol. I), 27 May 2008, pp. 176-178; CCPR, Twenty-third session (1984), General comment No. 14: Article 6 (Right to life), HRI/GEN/1/Rev.9 (Vol. I), 27 May 2008, p. 188.

(85)　CCPR/C/GC/36, *supra* note 71, para. 1.

(86)　*Ibid.*, paras. 26 and 62.

条約機関や地域的人権条約機関の文書や解釈を多数参照した上で見解を示している[87]。このことによって，同一般的意見は，生命の保護に関する義務に関して，人権条約機関や地域的人権条約機関でまとまりつつある解釈を強固にし，確認するという自由権規約委員会の立場を示したとも言える[88]。この点は，被災者の生命の保護に関する義務においても当てはまる。同一般的意見の中で災害と特に関連するのは，第26項と第62項である。第26項においては，「生命に対する権利の享有に悪影響を及ぼす可能性のある自然災害及び人為的災害に取り組む」ために緊急時対応計画や災害管理計画の整備などを締約国に求め[89]，第62項では国際環境法に基づく義務の観点を生命に対する権利の解釈の際に適用することの重要性を示している[90]。

たとえば，第26項では，第1文目において，「生命を保護する義務は，生命に対する直接の脅威を生じさせ，又は個人が尊厳のある生命に対する彼ら／彼女らの権利を享有することを妨げる可能性のある社会の一般的な状況（general conditions in society）に取り組むための適切な措置を締約国がとるべきであるということも意味する」と指摘する[91]。この点に関して，自由権規約委員会は，生命の保護に関する国家の義務には，生命に対する直接の脅威を生じさせ，または個人の尊厳のある生命に対する権利の享有を妨げる可能性がある「社会の一般的な状況」に取り組むための適切な措置をとる義務が含まれるとの見解を示していると言える[92]。そして，同項2文目で「社会の一般的な状況」の具体例を列挙し，その中に「産業事故」，「エイズ，結核及びマラリアのような生命に関わる病気の流行」を挙げる[93]。また，同項最終文では，「自然災害及び人為的災害」に「ハリケーン，津波，地震，放射線事故」と「必要不可欠なサービスの混乱を生じさせる過度なサイバー攻撃」が含まれるとしてい

---

(87) Marlies Hesselman, "Human Rights Law (2018)", *Yearbook of International Disaster Law* Vol. 1 (2019), p. 402. 徳永・前掲注(8)55 頁。

(88) *Ibid.* 同上。

(89) CCPR/C/GC/36, *supra* note 71, para. 26.

(90) *Ibid.*, para. 62.

(91) *Ibid.*, para. 26.

(92) Ginevra Le Moli, "The Human Rights Committee, Environmental Protection and the Right to Life", *International and Comparative Law Quarterly*, Vol. 69, No. 3 (2020), p. 747. 徳永・前掲注(8)55 頁。

(93) CCPR/C/GC/36, *supra* note 71, para. 26.

◆ 第 6 巻 ◆ 国際人権法の動態 ── 支える力，顕現する脅威　Ⅱ 脅威との対峙

る[94]。すなわち，「社会の一般的な状況」の中に災害が含まれるとの解釈を示
した上で，災害の文脈においても生命に対する権利に関する適切な措置をとる
義務が締約国にあるとの見解を示しているということである[95]。

　ただし，今回の「一般的意見36」[96]では，災害の定義は行っていない。し
かし，第26項で列挙された災害に関する表現から[97]，自由権規約委員会が災
害を発生原因から捉え，かつ自然災害と人為的災害に分類した上で，生命に対
する権利に関する義務を検討しようとしていることは明らかである。この点，
「産業事故」の部分では，災害に関する欧州人権裁判所の判例の中で中心的な
判決である Öneryildiz v. Turkey 事件大法廷判決（2004年11月30日）[98]を脚
注で参照例と示している点に注意が必要である。自由権規約委員会が被災者の
生命の保護に関する義務の解釈の中で，どの程度この判決の内容を参照として
いるかは「一般的意見36」[99]の本文からは明確ではないが，解釈の際に欧州
人権裁判所のこの判例に一定程度の考慮を払う必要があるとの立場を示してい
ると言える。

　また，第26項[100]では，「社会の一般的な状況」が如何なる内容を指すのか
に関する要件は示されていない点にも注意が必要である[101]。この点，同項で
は，「社会の一般的な状況」を，(1)生命への直接の脅威を生じさせる状況，(2)
個人の尊厳のある生命に対する権利の享有を妨げる可能性のある状況および
(3)生命に対する権利の享有に悪影響を及ぼす可能性のある状況に分類してい
ると考えられる[102]。(1)と(2)に関しては，「一般的意見36」の第3項で示さ
れた「生命に対する権利は，狭く解釈されるべきではない権利である。この権
利は，不自然な又は早すぎる死を引き起こすことが意図され，又は予期される
可能性がある行為又は不作為からの自由に対する個人の権利だけでなく，尊厳
のある生命を享受する個人の権利と関係する。」[103]という見解に基づいて示さ

---

(94)　*Ibid.*

(95)　徳永・前掲注(8)55頁。

(96)　CCPR/C/GC/36, *supra* note 71.

(97)　*Ibid.*, para. 26.

(98)　Öneryildiz v. Turkey, *supra* note 14. 同判決の内容については次項参照。

(99)　CCPR/C/GC/36, *supra* note 71.

(100)　*Ibid.*, para. 26.

(101)　徳永・前掲注(8)55-56頁。

(102)　同上 56 頁。

178

れたものである[104]。すなわち，生命に対する権利は，個人の生存を脅かす行為と不作為から自由である生来の権利とともに，尊厳のある生命を享受する権利という側面を有しているということである[105]。他方，(3)生命に対する権利の享有に悪影響を及ぼす可能性のある状況では，自然災害及び人為的災害を明示的に示し，その中に「必要不可欠なサービスの混乱を生じさせる過度なサイバー攻撃」と「ハリケーン，津波，地震，放射線事故」を挙げている。ただし，「生命に対する権利の享有に悪影響を及ぼす可能性のある」とは，どの程度でどの範囲の被害や損失を含む影響を被災者に与えることを想定しているのかは明確ではない。

（2） 欧州人権条約

欧州人権裁判所は，被災者の生命の保護のために，欧州人権条約（以下，本項においては原則として条約名を省略し，条文のみを記載する）2条に関する締約国の積極的義務を，人為的災害の原因となる「危険な活動」と自然災害の双方において認める一定の法理を形成してきた[106]。2条1項は，「すべての者の生命に対する権利は，法律によって保護される。何人も，故意にその生命を奪われない。」と規定する。同条は，生命に対する権利を法によって保護する一般的義務と，2条1項3文目および2項で列挙された例外規定以外の生命の意図的な剥奪の禁止という2つの実体的義務を有する[107]。この点，欧州人権裁判所は，これまでの判例法理において，意図的かつ不法な生命の剥奪を慎むことと，管轄内の人々の生命を保護するために適切な措置をとることに関して締約国の積極的義務を認めてきた[108]。また，これらの積極的義務には，大きく分けて，規制枠組を提供する義務と実質的な防止措置をとる義務の2つの側面があるとの法理を示してきた[109]。上記の積極的義務の中で，特に管轄内の人々

---

(103)　CCPR/C/GC/36, *supra* note 71, para. 3.

(104)　徳永・前掲注(8)56頁。

(105)　Mona Rishmawi, "Protecting the right to life in protracted conflicts: The existence and dignity dimensions of General Comment 36", *International Review of the Red Cross*, Vol. 101, No. 912 (2019), p. 1156. 徳永・前掲注(8)56頁。

(106)　CoE, *supra* note 15, pp. 35-41.

(107)　ECtHR, *Guide on Article 2, of the European Convention on Human Rights*, firstly published on 31 December 2017, last updated on 30 April 2019, para. 3.

(108)　*Ibid.*, para. 8. See, ECtHR, L.C.B. v. The United Kingdom, *supra* note 13, para. 36.

の生命を保護するために適切な措置をとる締約国の積極的義務に関して，欧州人権裁判所はその判例法理においてその対象範囲を拡大し[110]，生命に対する権利が脅かされる可能性のある公的または私的活動を含むいかなる活動も対象となるとの判断を示してきた[111]。すなわち，国家と直接関係しない私人もしくは私的活動によって管轄内にいる個人の生命に対する権利が脅かされる場合には，生命に対する権利を保護するための措置をとる義務を国家当局に課しているということである[112]。

　欧州人権裁判所は，さらに上記の積極的義務が認められる公的または私的活動を含む活動の中には，致死性のある武器を用いた警察あるいは私人によるものだけでなく，産業活動等などの「危険な活動」を原因とする人為的災害と自然災害において国家当局によってとられる措置も含まれるとする複数の判断を示しており[113]，一定の法理を確立させている[114]。その際，被災者の保護に関する事案を検討するにあたって，災害の発生とその影響による環境損害や有害な環境要因が条約上の権利に与える影響を考慮した上で，その判断を示してきた[115]。「危険な活動」に関しては，2条の他，6条（公正な裁判を受ける権利），8条（私的生活および家族生活の尊重についての権利），13条（効果的な救済に関する権利）および第一選択議定書1条（財産権の保護）の視点からも判決が出されている。また，欧州社会権委員会も，環境リスクにさらされることや環境損害による健康に対する権利（改正社会憲章11条）の侵害問題を検討するとともに，この権利には「健全な環境に対する権利（right to healthy environment）」が含まれるとの判断を示している。

　被災者の生命の保護に関して，欧州人権裁判所において2条違反が争われた判決や決定は少ないが，これまで9件の事案がある[116]。9件のうち3件は受

---

(109)　*Ibid.*

(110)　Bernadette Rainey et al., *Jacobs, White, and Ovey: The European Convention on Human Rights, Seventh Edition* (Oxford: Oxford University Press, 2017), p. 161.

(111)　ECtHR, *supra* note 107, paras. 9-10.

(112)　CoE, *supra* note 15, p. 35.

(113)　David Harris et al., *Harris, O'Boyle, and Warbrick: Law of the European Convention on Human Rights, Fourth Edition* (Oxford: Oxford University Press, 2018), p. 206.

(114)　CoE, *supra* note 15, pp. 35-41; ECtHR, *supra* note 107, paras. 10 and 31-38.

(115)　CoE, *supra* note 15, pp. 7-8.

(116)　なお，欧州人権裁判所では，危険な活動に基づく人為的災害の観点から，さらに

理可能性に関して争われた欧州人権裁判所決定（いずれも受理可能性を否定）である。本案審議で2条違反等が争われた6件とは、L.C.B. v UK 事件判決（1998年6月9日）[117]、Öneryildiz v. Turkey 事件大法廷判決（2004年11月30日）[118]、Budayeva and Others v. Russia 事件判決（2008年3月20日）[119]、Kolyadenko and Others v. Russia 判決（2012年2月28日）[120]、M. Özel and Others v. Turkey 事件判決（2015年11月17日）[121]および Delibaş v. Turkey 事件判決（2017年11月14日）[122]である。また、受理可能性が認められなかった3件の事案は、Murillo Saldias and Others v. Spain 事件決定（2006年11月28日）[123]、Bridget McDermott and Others v. Ireland および Christine Keegan v. Ireland 事件決定（2012年9月25日）[124]並びに Rodolfo Viviani and Others v. Italy 事件決定（2015年3月24日）[125]である。これらの中で、被災者の生命の保護に関する欧州人権裁判所の判例の中心をなすのが Öneryildiz v. Turkey 事件大法廷判決[126]と Budayeva and Others v. Russia 事件判決[127]の2つの判決である。

　Öneryildiz v. Turkey 事件大法廷判決[128]は、廃棄物集積所で発生したメタンガス爆発による近隣のスラム地区住民の生命や財産への被害を争った事案で

　1件の危険な廃棄物に関する事案に関する受理可能性の審議が行われているところである（ECtHR, Di Caprio and Others v. Italy, Application no. 39742/14, and three other applications, Application communicated to the Italian Government on 5 February 2019）。

(117)　L.C.B. v. The United Kingdom, *supra* note 13.

(118)　Öneryildiz v. Turkey, *supra* note 14.

(119)　Budayeva and others v. Russia, *supra* note 73.

(120)　ECtHR, Kolyadenko and Others v. Russia, Applications. nos. 17423/05, 20534/05, 20678/05, 23263/05, 24283/05 and 35673/05, Judgement of 28 February 2012.

(121)　ECtHR, M. Özel and Others v. Turkey, Applications nos. 14350/05, 15245/05 and 16051/05, 17 November 2015.

(122)　ECtHR, Delibaş v. Turkey, Application no. 34764/07, 14 November 2017.

(123)　ECtHR, Murillo Saldias and Others v. Spain, Application no. 76973/01, Decision of 28 November 2006.

(124)　CoE, *supra* note 15, p. 37.

(125)　ECtHR, Rodolfo Viviani and Others v. Italy, Application no. 9713/13, Decision of 24 March 2015.

(126)　Öneryildiz v. Turkey, *supra* note 14.

(127)　Budayeva and others v. Russia, *supra* note 73.

(128)　Öneryildiz v. Turkey, *supra* note 14.

181

ある。本件判決では，２条に基づく積極的義務を，「危険な活動」による生命に対する権利の侵害の防止に関する実体的側面[129]と，生命に対する権利の違反が主張された場合に要求される司法対応としての手続き的側面[130]という２つに分類して，それらに関する積極的義務の性質と内容を初めて示した。たとえば，同判決で，大法廷は，1998 年の Osman v. the United Kingdom 事件判決における判断[131]を準用するとともに，欧州評議会で 1998 年 11 月に採択された刑法環境保護条約などの欧州の環境基準[132]を参照した上で，次のような判断を示した[133]。すなわち，問題となっている当局が，起こりうる結果に十分に気づいていたにもかかわらず自分たちに帰属する権限を軽視したことを理由として，「危険な活動」に内在するリスクを防ぐために必要かつ十分な措置を取らなかったという点において，国家公務員または国家機関に帰責しうる過失が判断の過誤あるいは不注意を超える場合[134]，生命を危険にさらした責任のある者たちが刑事事件で起訴されず，または訴追されないという事実は，個人が自らの意思で実行した他のいかなる形態の救済にもかかわらず，２条の違反を構成しうるとの判断を示した[135]。

　ただし，この点に関して，本件で大法廷が準拠した Osman v. the United Kingdom 事件判決[136]では，問題となっている国家当局が２条に基づく積極的義務に違反したとの主張が行われた場合には，次の２点を十分に立証する必要があると述べている点[137]に注意が必要である。すなわち，問題となっている国家当局が第三者の犯罪行為から特定の個人または複数の個人の生命に現実かつ急迫した危険性が存在しているときにこのような危険性を知っていた又は知っていたはずであったという点と，問題となっている国家当局が合理的な判断に基づいて，このような危険性を避けるために期待されていた権限の範囲内

---

(129)　*Ibid.*, paras. 89-90.

(130)　*Ibid.*, paras. 91-96.

(131)　ECtHR, Osman v. the United Kingdom, No. 87/1997/871/1083, Judgment of 28 October 1998, para. 116.

(132)　Öneryildiz v. Turkey, *supra* note 14, para. 61.

(133)　*Ibid.*, para. 93.

(134)　See, Osman v. the United Kingdom, *supra* note 131, para. 116.

(135)　Öneryildiz v. Turkey, *supra* note 14, para. 93.

(136)　Osman v. the United Kingdom, *supra* note 131, para. 116.

(137)　*Ibid.*

でとるべき措置をとらなかった点である[138]。欧州人権裁判所は、これらを申立人が立証する場合には、重大な過失または故意の軽視という厳しい基準ではなく、国家当局が事件発生時に知っていたまたは知っていたはずであった現実かつ急迫した危険性を避けるために、国家当局が合理的に期待できるすべてを行ったわけではなかったことを示せば十分であるとした[139]。この点に関して、Öneryildiz v. Turkey 事件大法廷判決においても、トルコ国家当局が廃棄物集積所のメタンガス爆発事故の発生に関して、事故発生時に、当該事故発生に関して、現実かつ急迫した危険性を知っていたまたは知っていたはずであったかという点と、このような危険性を避けるために期待されていた権限の範囲内でとるべき措置を合理的判断に基づいてとらなかったのかどうかという点が問題となるということを示したということである。

　他方、Budayeva and Others v. Russia 事件判決[140]は、河川の氾濫などによって地滑りが起きやすい地域で発生した被害（死傷者の発生や建物の損壊など）と、その被害に対する賠償を含む司法手続の問題に関して、国家当局の責任を争った事案である。同判決では、「危険な活動」の文脈で上記 Öneryildiz v. Turkey 事件大法廷判決で示された 2 条の解釈と同様の判断が本件においても適用されることを示すとともに[141]、「危険な活動」と自然災害では裁量の余地の範囲が異なることを理由に、積極的義務の内容の違いを示した[142]。この点、欧州人権裁判所は、「危険な活動」などの社会技術的分野においては広範囲の裁量の余地を認めてきていたが、自然災害の場合には、本件で発生した河川氾濫や地滑りなどのような「気象学上の出来事」が「人間の管理を超えるもの」である以上、このような自然災害における緊急救援の分野においては、人為的性質を持つ「危険な活動」分野よりもさらにその重要性が一層考慮されなければならないとの判断を示した[143]。すなわち、欧州人権裁判所は、裁量の

---

(138)　*Ibid.*

(139)　Osman v. the United Kingdom, *supra* note 131, para. 116.

(140)　Budayeva and others v. Russia, *supra* note 73.

(141)　*Ibid.*, paras. 128-137; Bernadette Rainey, Pamela McCormick, and Clare Ovey, *Jacobs, White, and Ovey: The European Convention on Human Rights, Seventh Edition* (Oxford: Oxford University Press, 2017), p. 167; Karen Reid, *A Practitioner's Guide to the European Convention on Human Rights, Sixth Edition* (London: Thomson Reuters, trading as Sweet & Maxwell, 2019), p. 1033.

(142)　*Ibid.*, para. 135; CoE, *supra* note 15, pp. 37-39.

余地の範囲が「危険な活動」と自然災害においてそれぞれ異なり、自然災害の場合には「危険な活動」よりも広範な裁量の余地を締約国に認めることができるとの判断を示したということである。

また、欧州人権裁判所は、人為的災害と気象学的危険要素による自然災害では2条に基づく積極的義務の内容と範囲が異なり、気象学的危険要素による自然災害は「人間の管理を超える」ために人為的災害よりも締約国に求められる保護の基準が低いとの判断を示しているとも言える[144]。しかし、自然由来の危険要素に起因する災害であっても、その被害の発生には何らかの人為的な活動や危険要素が存在することは欧州人権裁判所もこの Budayeva and Others v. Russia 事件判決の中で認めており[145]、「人間の管理を超えるもの」との指摘には矛盾がある。この点は、仙台行動枠組や同枠組の実施評価のために作成された専門用語報告書、女性差別撤廃委員会の「一般的勧告37」[146]、ILC条文草案などでも示されており、本件事案での「気象学上の出来事」が「人間の管理を超えるもの」であるとの欧州人権裁判所の判断は問題があると言わざるを得ない。欧州人権裁判所は、災害が「さらされる状況、脆弱な状況及び能力の状況」との間の相互作用によって発生するという今日の国際的な災害リスク削減管理に関する国際枠組で示された定義を考慮し、災害を災害の発生原因や起源に基づいて区別する現在の立場を再検討するとともに、これまでの判例での判断も含め、災害に関する事案の検討を見直す必要があると言える[147]。

V　お わ り に

本章では、災害と国際人権法規範及び制度の関わりを、災害の定義や被災者

---

(143)　*Ibid.*

(144)　Marlies Hesselman, "9 Regional human rights regimes and humanitarian obligations of states in the event of disaster", in Andrej Zwitter et al. (eds.), *Humanitarian Action: Global, Regional and Domestic Legal Responses* (Cambridge: Cambridge University Press, 2015), p. 223.

(145)　Budayeva and others v. Russia, *supra* note 73, paras. 158-159.

(146)　CEDAW/C/GC/37, *supra* note 16.

(147)　Mirko Sossai, "8 States' Failure to Take Preventive Action and to Reduce Exposure to Disasters as a Human Rights Issue", in Flavia Zorzi Giustiniani et al. (eds.), *Routledge Handbook of Human Rights and Disasters* (Abingdon, Oxon; New York, NY: Routledge, 2018), p. 125.

の生命に保護に関する人権条約上の締約国の積極的義務などの検討を通して明らかにしてきた。災害をめぐっては，台風やハリケーン，集中豪雨をなどによる自然災害や，Covid-19 の世界的な大流行など，国内外で厳しい状況が続いている。日本では，2024 年 3 月 11 日に東日本大震災から 13 年が経過したが，福島第一原子力発電所事故による避難者は依然として厳しい状況を強いられているのが実情である。被災者の保護をめぐっては，上記で検討した被災者の生命の保護に関する人権条約上の締約国の義務に基づいた措置の実施が求められる他，欧州人権裁判所の判例も参考になるものと思われる。今後は，人権条約上の被災者の権利と被災国の義務の内容の検討を一層進めるとともに，これらの権利及び義務の観点から日本国内の災害に関する訴訟の分析も進めていきたいと考えている。

［付記］本章は，JSPS 科研費 JP20K01313 の助成による研究成果と筆者の博士論文「人権条約上の被災国の義務 —— 被災者の生命の保護と人道支援の提供」（令和 4 年度，大阪大学）における研究成果に基づく。また，本章の「Ⅱ　災害の定義と国際人権法」,「Ⅲ　被災者の保護と国際人権法」および「Ⅳ　災害時における被災者の生命の保護 (1)　自由権規約」は，徳永恵美香「公衆衛生上の緊急事態における被害者の保護 —— 災害法の視点から」国際人権 33 号（2022 年）54-58 頁に加筆修正をしたものである。

8 気候変動による人権侵害をめぐる因果関係の問題状況 —— 判断枠組みの複雑性の要因分析

阿部紀恵

Ⅰ　はじめに　　　　　　　　　　Ⅲ　因果関係の立証の実践とその示唆
Ⅱ　因果関係の立証をめぐる諸問題　Ⅳ　おわりに

Ⅰ　はじめに

　近年，気候変動に影響を受けた災害の激甚化に伴い，世界中で提起されるようになった気候変動訴訟の中には，人権条約機関への個人による通報や申立てを通じて，人権条約が加盟国に気候変動への対処をどのように義務づけているのか，を問うものがある[1]。とりわけ，気候変動に関する温室効果ガスの排出量を削減する「緩和（mitigation）」を行う義務を人権条約が課しているのかをめぐっては，将来予測される気候変動の影響による被害を回避・軽減させる「適応（adaptation）」に比して，より議論が集中してなされてきた。この背景には，現状，各国が決定する貢献（NDC）を達成するだけでは，パリ協定2条1項(a)に掲げられた世界全体の目標を達成するのが困難であり，その機能不全が顕在化したために[2]，人権条約による補完的な規律に期待が寄せられていることがある。実際，一部の国連人権条約機関は，一般的意見を通じて，加盟国が気候変動の緩和義務を負うことを示し[3]，総括所見にて，個別の加盟国の緩和策の妥当性を評価し，ときにNDCの引き上げの勧告まで行っている[4]。

---

(1)　UN Environment Programme, Global Climate Litigation Report: 2023 Status Review (2023 July), pp. 27-35.
(2)　Nationally determined contributions under the Paris Agreement Synthesis report by the secretariat, FCCC/PA/CMA/2023/12, paras. 9-15.
(3)　子どもの権利委員会は，2023年8月に，気候変動に関する一般的意見26（CRC/C/GC/26）を公表し，児童の権利を保護するために国家が負う義務について詳細を明らかにした。

『新国際人権法講座』第6巻（信山社，2024年）　　*187*

◆ 第 6 巻 ◆ 国際人権法の動態 ── 支える力，顕現する脅威　Ⅱ 脅威との対峙

　しかし，個人による通報や申立てを通じて，特定の加盟国による人権条約違反が当該国の不十分な緩和策に起因することを申し立てる上では，気候変動による排出行為から特定個人への被害の発生に至るまでの因果関係を立証する必要があり，早くからその困難さが懸念されてきた[5]。この立証を困難にしているのは，排出行為から災害発生までの自然的因果関係の複雑さや科学的不確実性だけではない。詳しくはⅡで整理するように，気候変動訴訟において，どのような因果関係をいかなる基準で立証する必要があるのかは，適用法規や司法的機関の管轄，因果関係を立証する目的の違いによって，また，個別具体的な紛争に固有の事情に応じて変化する[6]。さらに，排出が私人たる事業者により行われるため，立証が求められるのは人権条約が課す積極的義務の違反であり，その判断過程には，排出と損害の間の事実的因果関係の認定にとどまらず，損害発生の原因となった国家の作為あるいは不作為が有責性を伴うか，という規範的評価が必然的に入り込む[7]。

　このように，様々な要因が組み合わさり，気候変動による人権侵害をめぐる因果関係の成立を判断する枠組みは，必然的に高い複雑性を帯びる。これにより，因果関係の立証という問題がどのようなものか，すなわち，「立証において何が問題となるのか」「立証するために何を論じなければならないか」をめぐって混乱が生じており，具体的な紛争解決の場面における争点が曖昧になる，あるいは，問題に対応する答えが不十分な形でしか提示されない，という状況が生じている。そこで，本章は，因果関係の判断枠組みを整理して，この問題状況を読み解き，その解像度を上げることで，人権条約機関における気候変動訴訟を対象とする今後の研究が取り組むべき課題の提示を試みるものである。前半では，因果関係の立証に関する諸問題を整理して，これに対応する因果関係の判断枠組みの構造を，複雑性とそれを生み出す要因を明らかにしなが

---

(4)　E/C.12/FRA/CO/5, paras. 8-9.; E/C.12/CHE/CO/4, paras. 18-19.

(5)　Sumudu Atapattu, *Human Rights Approaches to Climate Change: Challenges and Opportunities* (Routledge, 2016), pp. 274-275.

(6)　Nataša Nedeski and André Nollkaemper, "A guide to tackling the collective causation problem in international climate change litigation". 〈https://www.ejiltalk.org/a-guide-to-tackling-the-collective-causation-problem-in-international-climate-change-litigation/〉（閲覧日：2024 年 3 月 29 日）

(7)　Vladislava Stoyanova, *Positive Obligations under the European Convention on Human Rights: Within and Beyond Boundaries* (OUP, 2023), p. 15.

ら分析する（Ⅱ）。後半では，気候変動の緩和策をめぐり人権条約違反が争われた実行として，子どもの権利委員会による Sacchi 事件の受理可能性決定（2021年）[8]，および，自由権規約委員会による Billy 事件見解[9]，さらに，それぞれの事件における申立人らと被申立国の双方の主張を手がかりに，実際には因果関係の立証において何が問題とされ，いかなる答えが与えられたのか，を明らかにする。また，実行が新たに提起する別の問題を基に，判断枠組みの複雑性の要因に関する考察をさらに深める[10]（Ⅲ）。最後に，気候変動による人権侵害をめぐる因果関係について，今後の研究が取り組むべき課題を提示する（Ⅳ）。

Ⅱ　因果関係の立証をめぐる諸問題

（1）　因果関係それ自体の多様性

　因果関係をめぐって混乱が生じる原因の 1 つは，そもそも「何と何との間の」因果関係なのか，すなわち始点としての原因と終点としての結果をどのように定め，それらをどう組み合わせるのか，というパターンが一様でなく，さらに，いずれの司法的機関が，どのような事実関係を伴う事例に，いかなる法規則を適用するのかに応じて，立証の対象となる因果関係それ自体が変化する，という点にある。とある事業者の排出行為が気候変動を進行させ，災害を引き起こし，特定個人への被害へと帰結するまでには，通常，複数の因果関係の連鎖を経ることになり（図 1），この連鎖の多段階性と連動して，原因と結果の設定とその組み合わせも多様化することになる。

　例えば，オランダの Urgenda Foundation v. State of the Netherlands では，

---

(8)　*Chiara Sacchi et al v. Argentina et al*, CRC/C/88/D/104/2019（Argentina），CRC/C/88/D/105/2019（Brazil），CRC/C/88/D/106/2019（France），CRC/C/88/D/107/2019（Germany），CRC/C/88/D/108/2019（Turkey）。被申立国は 5 カ国であり，それぞれの主張は細部が異なっているが，委員会の決定内容は原則として同一であるため，以下では，委員会の決定内容を引用する際は，対アルゼンチンの決定（の段落番号）を引用することとする。

(9)　*Daniel Billy et al v. Australia*, CCPR/C/135/D/3624/2019.

(10)　これらの事案の概要を詳説し，別の観点から分析する研究として，繁田泰宏「国際法を利用した気候変動訴訟の現状と課題：環境と人権を保護する国家の義務の視点から」大阪公立大学法学雑誌 69 巻 3・4 号（2023 年），および，鳥谷部壌「世代間衡平概念にみる将来世代の権利論：最近の気候変動訴訟からの示唆」産業環境管理協会編『環境管理』59 巻 9 号（2023 年）がある。

◆ 第6巻 ◆ 国際人権法の動態 ── 支える力，顕現する脅威　Ⅱ 脅威との対峙

図1

> 特定の国の特定の事業者による排出（例：X 国に所在する α 社工場から CO2 を排出）
> ↓（A）
> 特定の国の領域における複数の排出源からの排出（例：X 国の領域全体からの排出）
> ↓（B）
> 地球全体での排出量の増加
> ↓（C）
> 地球全体での気候変動による災害リスクの上昇
> ↓（D）
> 特定の国の特定の地域における災害の発生（例：Y 国で線状降水帯・豪雨が発生）
> ↓（E）
> 特定個人が被災（例：Y 国で β が土砂崩れにより落命）

図1にいう B～C の因果関係が事実として認定される必要があったが，この点について紛争当事者間では争いはなかった[11]。このような政府の気候変動政策全体の合法性を争う訴訟は枠組み訴訟（systemic mitigation case）と呼ばれ，石炭火力発電所の新設など，気候変動を悪化させうる特定の計画の合法性を争う訴訟（sector or project-specific mitigation case）とは区別される[12]。後者のみ可能であるような訴訟制度のもとで，さらに原告適格が厳しく制限されている場合，証明の対象となる因果関係は A～E に及ぶ。次の（2）で論じるように，因果関係の連鎖が続いて全体が長くなるほど，その立証は難化し，紛争当事者間で争われることも珍しくない。実際，石炭火力発電所の新設と稼働の合法性が争われた日本の気候変動訴訟では，民事訴訟においては不法行為の因果関係要件が充足されない理由の1つとして[13]，行政訴訟においては原告適格の不存在の理由の1つとして[14]，因果関係の希薄さが挙げられ，一事業者による排出が特定個人の被害を増大させたとまでは言えない，と判断されている。

---

(11)　*Urgenda v Netherlands*, ECLI:NL:HR:2019:2007（Supreme Court, 20 December 2019）, paras. 4.1-4.8.

(12)　Sarah Mead and Lucy Maxwell, 'Climate Change Litigation: National Courts as Agents of International Law Development', in Edgardo Sobenes et al（eds.）, *The Environment Through the Lens of International Courts and Tribunals*（Springer, 2022）, p. 624.

(13)　神戸地判令和5年3月20日 98-99 頁。

(14)　大阪高判令和4年4月26日 29 頁，東京高判令和6年2月22日 17 頁。

190

個人通報制度を通じて特定の加盟国の人権条約違反を申し立てるには，受理可能性の要件として，被害者個人に直接的な損害が発生している，あるいはそのリスクを示す必要があるため[15]，図１にいうB～Eの証明が必要になる。しかし，現在，欧州人権裁判所に係属している事件の中には，加盟国政府による海底の石油採掘許可という具体的行為の条約違反を争うものもあり[16]，こうした事例ではA～Eまでの立証が要求される可能性は否定できない。

（2）立　証　基　準

混乱が生じる別の原因は，「申立人らの被災が実際に気候変動によって引き起こされた」という事実的因果関係の有無がどのように認定されるか，より正確には，それをどれほど確からしく証明する必要があるか，が曖昧であることにある。日本の気候変動訴訟において指摘された「因果関係の希薄さ」とは，原告の提出した証拠が，事実的因果関係が存在した（連鎖が続いた），という心証を裁判官が形成するほどには十分あるいは確実ではなかった，ということを意味する。そこでは，争いのある事実の存在をめぐって，どのような証拠を提出すればその事実があったと認定されるのか，という立証基準（Standard of Proof）[17]が問題となっている。そして，この立証基準も，紛争当事者の間で争われている事実が，多段階で構成される因果関係のうちどの段階に関わるものなのか，によって変化する。

科学技術の発展は，証拠の確実性を増し，事実的因果関係の証明度の向上に貢献している。気候変動に関する政府間パネルの第6次報告書は，温室効果ガスの排出が気候変動を引き起こしてきた事実には疑う余地がないと発表し[18]，化石燃料を用いた発電等の排出行為が人権侵害行為として責任追及の対象になるという人権専門家の見解を支えている[19]。これは，図１にいう因果関係の

---

(15)　Walter Kälin and Jörg Künzli, *The Law of International Human Rights Protection 2nd Edition*（OUP, 2019）, p. 216.

(16)　ECtHR, *Greenpeace Nordic and Others v. Norway*, App no. 34068/21.

(17)　Jasmina Mačkić, *Proving Discriminatory Violence at the European Court of Human Rights*（Brill, 2018）, p. 126.

(18)　IPCC, Sixth Assessment Report, The Working Group I, Summary for Policymakers, p. 4.〈https://www.ipcc.ch/report/ar6/wg1/downloads/report/IPCC_AR6_WG1_SPM.pdf〉（閲覧日：2024 年 3 月 29 日）

(19)　A/78/168, para. 6.

Cの立証度を上げている。他方、Dの立証については、イベントアトリビューションと呼ばれる科学技術の出現が注目されている。この技術を用いると、既に発生した自然災害について、気候変動の影響により、その発生確率がどれほど上昇したのかを特定することができる[20]。ただし、Dの因果関係が証明されたとしても、それはB〜Eの因果関係全体の一部を構成するのみであるから、それだけを以て事実的因果関係の存在を完全に証明したことにはならない[21]。また、より重要なこととして、気候変動の影響により、災害リスクが1.5倍に増大していたというとき、これは1が1.5になったのであり、0が1.5になったわけではない。つまり、気候変動の影響がなかった場合でも災害が発生し、被災していた可能性が残り、その場合には因果関係の連鎖が途切れていたことになる。加えて、Eに関しては、災害が発生しても適切な対策が講じられていれば被災を防ぐことができた場合、国家の気候変動の適応策の不十分性と被災との因果関係を根拠に責任を追及することができる[22]。被害者の救済という観点からはより堅実に思われるこの因果関係の立証は、一方では、その国の不十分な緩和策という原因行為が被災の主因であったかについて、疑いを挟む余地を生じさせることになるのである。このように、DやEといった個別の段階の因果関係の証明に加え、B〜Eまで全体が途切れていないことを証明するハードルは高く、排出行為と損害発生との間の事実的因果関係は「全体としては疑いがないものの、個別具体的にみていくとそうではない」[23]。実際、2009年の国連人権高等弁務官事務所による気候変動と人権に関する報告

(20)　平成29年7月九州北部豪雨及び平成30年7月豪雨の発生確率は、地球温暖化の影響がなかったと仮定した場合と比較して、それぞれ約1.5倍及び約3.3倍になっていたことが環境省により認められている。令和5年版環境・循環型社会・生物多様性白書〈https://www.env.go.jp/policy/hakusyo/r05/pdf/full.pdf〉8頁（閲覧日・2024年3月29日）

(21)　Benoit Mayer, *International Law Obligations on Climate Change Mitigation* (OUP, 2022), p. 145.

(22)　実際、土砂崩れを防ぐよう必要な対策をしなかった国家の不作為と被害者の死亡との間に因果関係が認められ、生命権が侵害されたと判断されたことがある。ECtHR, *Budayeva and Others v. Russia*, App no. 15339/02 (20 March 2008), para. 158.

(23)　Sandrine Maljean-Dubois, "Climate Change Litigation", *Max Planck Encyclopedia of Public International Law* (online edn), para. 24.; Ingrid Gubbay and Claus Wenzlerm, "Intergenerational Climate Change Litigations: The First Climate Communication to the UN Committee on the Rights of the Child", in Ivano Alogna et al (eds.), *Climate Change Litigation: Global Perspectives* (Brill, 2021), pp. 360-361.

書が第70段で整理した，気候変動に起因する環境損害が常に条約違反を構成するとは限らない3つの理由のうち，最初の2つは，立証基準を満たすような事実的因果関係の証明に伴う困難さに言及している[24]。ただし，ここにいう事実的因果関係の立証基準は，あくまで法の定める規範的な基準であり，現在利用可能な科学的証拠でどこまで証明できるのか，という現実に立証可能な基準とは異なる。したがって，法の定める立証基準が，被申立国の領域内で排出があったことを証明するだけで直ちに満たされるような，（もはや因果関係とは形容できないほどに）限りなく低い基準に設定されていれば，その証明は容易である。

多くの先行研究は，温室効果ガスの排出源が多く，被害も地球全体に広がりやすい，そのプロセスが科学的不確実性を伴う，といった自然現象としての気候変動の特徴を挙げ，事実的因果関係の証明度が低くならざるを得ないことを認めている[25]。この弱点の手当てとして，あくまで科学技術の発展に依拠して証明度が向上していることを強調するものもあるが[26]，より一般的に取られているアプローチは，予防原則に従い，科学的不確実性が残る場合でも排出削減のために行動するべきであった，としたり[27]，「リスク基底的因果関係（a risk-based causation）」として，損害の発生の合理的予見可能性や排出削減が不十分である点に非難可能性を見出す[28]，というものである。これは，最終的に因果関係があったかどうかは，事実的因果関係の有無だけでなく，次に見る有責性という別の基準によっても評価され，証拠が限られている場合でも，

---

(24)　A/HRC/10/61, para. 70.
(25)　Alice Venn, "Rendering International Human Rights Law Fit for Purpose on Climate Change", *Human Rights Law Review*, Vol. 23 (2023), pp. 16-17; Orla Kelleher, "Incorporating climate justice into legal reasoning: shifting towards a risk-based approach to causation in climate litigation", *Journal of Human Rights and the Environment*, Vol. 13 No. 1 (2022), p. 292; Lydia Akinyi Omuko, "Applying the Precautionary Principle to Address the "Proof Problem" in Climate Change Litigation", *Tilburg Law Review*, Vol. 21 (2016), pp. 56-59.; Elena Cima, "The right to a health environment: Reconceptualizing human rights in the face of climate change", *Review of European Comparative and International Environmental Law*, Vol. 31 Issue 1 (2022), pp. 40-41.
(26)　Cima, *supra* note 25, pp. 41-42.
(27)　Venn, *supra* note 25, pp. 17-18.
(28)　Kelleher, *supra* note 25, p. 305.

◆ 第6巻 ◆ 国際人権法の動態 ── 支える力，顕現する脅威　Ⅱ　脅威との対峙

被申立国の違反を立証する余地が残されていることを意味する。

（3）有責性

　因果関係の成立の最終的な判断には，事実認定において裁判官の心証に影響を与える要素として，原因行為から損害という結果が発生したかどうか・原因行為の危険性が現実化したのか，という事実的因果関係の評価，すなわち蓋然性判断と，原因行為が何らかの法的義務に違反するものであるか・原因行為には落ち度があるか，という有責性判断の2つの評価軸が存在し，これらが異質な判断過程として区別されることは，国内不法行為法の研究において指摘されてきた[29]。この2つの評価軸を，気候変動の不十分な緩和策による人権侵害の因果関係の成立を判断する枠組みに見出せば，蓋然性判断が，（2）で論じたように，「事実的因果関係の立証基準とはどの程度であれば妥当か」という問いを提起するのに対し，有責性判断は，「国家の不十分な緩和策が何らかの法的義務に違反し，責めに帰すべき理由があるとみなされるのはどのような場合か」という別の問いを提起することがわかる。

　ただし，どのような条件がそろえば，緩和策が不十分であり，そのような不作為は有責であると言えるのか，という有責性の判断基準は曖昧である。確かに，パリ協定が4条2項で定めるように，NDCの作成・通報・維持と，その達成のための緩和措置を誠実に国内で実施しなければ，その行為は協定違反とみなされうる[30]。それだけでなく，こうした義務が行為の義務としての性質を帯びるために[31]，結果としてNDCを達成しているとしても，その方法に問題があれば義務違反が生じうる[32]。また，自由権規約委員会は，一般的意見36において，国際環境法により国家が負う義務は，人権条約上の生命権の内容を具体化する（inform）とし[33]，環境権に関する国連人権理事会決議[34]

---

(29)　潮見佳男『不法行為法Ⅰ〔第2版〕』（信山社，2013年）363-364頁。

(30)　西井正弘・鶴田順編『国際環境法講義〔第2版〕』（有信堂，2022年）98頁〔高村ゆかり執筆部分〕。

(31)　Jutta Brunnée, *Procedure and Substance in International Environmental Law* (Brill, 2020), p. 172.

(32)　Benoit Mayer, "International Law Obligations Arising in relation to Nationally Determined Contributions", *Transnational Environmental Law*, Vol. 7 Issue 2 (2018), p. 261.

(33)　CCPR/C/GC/36, para. 62.

と総会決議[35]も「環境権の保護のためには，国際環境法の諸原則のもとでの多数国間環境条約の完全な実施（full implementation）が必要である」としていることから，パリ協定の違反が人権条約の違反をも構成する，ということは十分に考えられる。しかし，そのようなパリ協定の違反とは実際にはどのような事態なのか，という問いは残る。また，各国がNDCを完全に遵守したとしてもパリ協定が設定する目標に届かないという現状は，既に提出されたNDCを遵守するだけでは損害を防ぐことができないときに，発生した損害について人権条約違反を認定できるのか，というより厄介な問題を生じさせる。さらに，国家が設定するという現在の手続から離れて，「正しい」「あるべき」NDCはどのように決められるか，については議論が進められているものの[36]，パリ協定の義務にはついに反映できなかったそのような理想的なNDCの達成が，はたして人権条約で義務づけられるのかは不透明である。このように，たとえ有責性判断を蓋然性判断に優位させて因果関係の成立を判断することが可能であるとしても，その立証のハードルが下がる保証はない。

　人権条約の積極的義務の違反認定の枠組み一般において，この有責性の判断基準はどのようになっているのか。人権条約の積極的義務は，国家自身ではなく，私人による人権侵害を防ぐために国家が介入する義務であり，どのような条件のもとで国家に義務が発生するのか，という義務が存在・確立している（た）かの評価は，存在する義務が違反されたかの評価に（論理的には）先行し，別々の問題として区別される[37]。被申立国の被害者に対する積極的義務の存在の認定を後押しする要素には，損害の発生の合理的予見可能性や，被申立国が被害者の利益を保護するのに適当な立場にある，と言えるほどに両者の関係が近く特別である，という意味での近接性（proximity）があったか，と

---

(34)　A/HRC/RES/48/13, para. 3.

(35)　A/RES/76/300, para. 3.

(36)　Gerry Liston, "Enhancing the efficacy of climate change litigation: how to resolve the 'fair share question' in the context of international human rights law", *Cambridge International Law Journal*, Vol. 9 No. 2 (2020), pp. 257-258.; Violetta Ritz, "Towards a Methodology for Specifying States' Mitigation Obligations in Line with the Equity Principle and Best Available Science", *Transnational Environmental Law*, Vol. 12 Issue 1 (2023), pp. 117-118.

(37)　Vladislava Stoyanova, "Common law tort of negligence as a tool for deconstructing positive obligations under the European convention on human rights", *The International Journal of Human Rights*, Vol. 24 Issue 5 (2020), p. 639.

いったものがある[38]。気候変動のように，損害の発生と原因行為との間の事実的因果関係が込み入っており，結果の発生まで長時間が経過するような場合，環境損害の原因行為を適切に規制しないという国家の不作為に有責性が見出され，人権侵害が認められる余地があることは，学説でも指摘されている[39]。また，先に引用した国連人権高等弁務官事務所の報告書の引用段落に対しては，事実的因果関係の証明が難しいことはさほど深刻な問題ではなく，排出行為自体の責任の追及が問題の本質である，という批判もなされている[40]。このように，因果関係の成立を原因行為の有責性に引き付けて判断することは，事実的因果関係の有無どころか，その前提となる実際の損害の発生あるいはそのリスクに照らした蓋然性判断が度外視される可能性を浮かび上がらせる。そこでは，因果関係の成立の判断は，もはや，原因行為の規範的評価に吸収されている。

　しかし，事実的因果関係の証明が難しいことに鑑み，因果関係の成立を判断するうえで，有責性判断を蓋然性判断よりも重んじて，2つの評価軸の間に優劣をつけることは，不十分な緩和策は人権侵害を構成するという結論が先取りされ，その結論に沿うよう，それぞれの評価軸の重みづけが操作されたのではないか，という疑念を生じさせる。ここには，因果関係の成立の判断において異なる評価軸である蓋然性判断と有責性判断の2つが，相補的という以上にどのような具体的関係にあるのか，というさらに別の問題が介在している。ただし，人権条約機関が因果関係の成立を判断する枠組み自体が，文言すら統一されておらず，個別の紛争の具体的事実に左右されない画一的なものが確立されているとは言い難い状況にある[41]。

　このように，気候変動による人権侵害をめぐる因果関係の立証を成功させる

---

(38)　*Ibid.*, pp. 643-646.

(39)　Corina Heri, "Climate Change before the European Court of Human Rights: Capturing Risk, Ill-Treatment and Vulnerability", *The European Journal of International Law*, Vol. 33 Issue 3 (2022), pp. 937-938.

(40)　John H. Knox, "Linking Human Rights and Climate Change at the United Nations", *Harvard Environmental Law Review*, Vol. 33 No. 2 (2009), pp. 488-489.

(41)　Vladislava Stoyanova, "Causation between State Omission and Harm within the Framework of Positive Obligations under the European Convention on Human Rights", *Human Rights Law Review*, Vol. 18 Issue 2 (2018), p. 317.

ためには，対象となる因果関係それ自体の多様性に加え，蓋然性判断と有責性判断のそれぞれの基準とその相互関係，という複数の異なる種類の問題のすべてに説得的な答えを提示する必要がある。これらの諸問題に対する答えは，気候変動の科学的現象としての性質だけでなく，理想的な排出の責任追及のあり方をめぐる見解の対立や，個別事例に固有の事情，さらには，立証が求められる段階が受理可能性か本案か，違反認定か賠償範囲の確定か，といった点からも影響を受ける。さらに，これらの問題は，独立して併存するのではなく，相互に影響しあうため，それぞれへの答えが全体として一貫している必要がある。したがって，これらの諸問題と対応する因果関係の判断枠組みは，絶えず変化するモザイク状ともいうべき様相を呈することになり，ここにその複雑性が顕現する。

　Sacchi 事件および Billy 事件では，因果関係の立証に関わるこれらの諸問題に対する十分な答えは示されていない。というのも，因果関係の判断枠組みの複雑性が原因となり，条約機関の判断と紛争当事者の主張が，問題群の全体像を把握して組み立てられたものではなかったからである。そこでは，いずれの問題がどのように争点化するのかが明確に意識されておらず，提示した回答を正当化する作業も不完全なものにとどまっている。とはいえ，Ⅱで整理した諸問題に対して，実際には紛争当事者がどのような主張を展開し，それを踏まえて人権条約機関がいかなる答えを与えたのかを検証すれば，因果関係をめぐる現在の問題状況を部分的に解明できる。そこで，以下では，時系列に逆らい，まず，紛争当事者がより問題を意識して主張を組み立てている Billy 事件における紛争当事者の主張および自由権規約委員会の判断内容を，因果関係の判断枠組みとの対応関係に留意しながら分析する。続いて，必要に応じて Billy 事件との対比を挟みながら，Sacchi 事件について同様の作業を行い，因果関係の立証に関する諸問題が現実にはどのような争点として表出し，いかなる答えが提示されたのか，を明らかにする。

Ⅲ　因果関係の立証の実践とその示唆

（1）　立証基準の低下と有責性の不確定性

　事実的因果関係の立証基準という問題は，Billy 事件の申立人らによって明確に意識され，彼らの主張には，この問題に対する回答がよく反映されてい

◆ 第 6 巻 ◆ 国際人権法の動態 —— 支える力，顕現する脅威　Ⅱ 脅威との対峙

る。彼らは，有責性を強調することで，事実的因果関係の証明度が低くなるのを手当てする算段だったようである。申立てによれば，豪州の気候変動対策は，そもそもパリ協定が求めるほど十分に野心的な NDC を掲げているとは言えず，実際に実施されている政策においては，その NDC すら達成できないほど排出の規制が緩いため，豪州はパリ協定に反する[42]。これを踏まえ，人権条約を解釈する際，環境条約が条約法条約 31 条 3 項(c)にいう「国際法の関連規則」に該当し，環境条約違反が人権条約違反の指標となりうることを指摘して[43]，パリ協定に違反する豪州の不十分な緩和策は，自由権規約に規定される生命権の侵害をも構成し，被害者に発生した損害の原因になっている（make a causal contribution），というのである[44]。ここでは，一応「因果」という言葉が用いられてはいるものの，排出と損害との間の厳密な事実的因果関係の検証は行われておらず，豪州の政策がパリ協定に適合しない，という有責性の判断が主張の根拠になっている。同時に，申立人らは，暗に，事実的因果関係の立証基準は存在するとしても限りなく低く，領域内で排出があれば自動的に認められる，と主張していたことになる。実際，申立人らは再反論で，（原因行為から損害発生に至る）事実的因果関係（factual causality）があるかではなく，責任を生じさせる排出行為が国家に帰属（attribution）することが重要で，すべての国はこれまでと現在の排出についてのそれぞれの関与の度合いに応じて責任を果たすべきであり，あるときの排出が特定の自然災害に帰結したかをたどる必要はない，と自らの主張を敷衍して説明し[45]，因果関係という紛らわしい語を用いるのを明確に放棄している。

　こうした有責性一辺倒の戦略に対し，被申立国は，（不作為を含む）国の行為と申し立てられている権利侵害との間に，有意味な因果関係あるいはつながり（meaningful causation or connection）が示されておらず，たどるのも不可能である，と，事実的因果関係の立証基準が満たされていないという趣旨の反論を行った[46]。また，有責性の判断基準についても，申立人らが主張したような

———————————————

(42)　Communication under the Optional Protocol to the International Convention on Civil and Political Rights (13 May 2019), paras. 7(2), 107-127.

(43)　*Ibid.*, paras. 131-140, 161-163.

(44)　*Ibid.*, paras. 169-172.

(45)　Communication No. 3624/2019–Authors' Reply (29 September 2020) paras. 77, 81-82.

(46)　CCPR/C/135/D/3624/2019, paras. 4.2-4.3. なお，後半の「因果関係をたどるのは不

緩和策とパリ協定との整合性ではなく，被申立国だけの努力で申立人らに対する損害を回避することができた場合に限り2条1項にいう積極的義務が課される，という別の，より満たすのが難しい基準を持ち出し，申立人らの主張する基準に基づいて発生するような積極的義務は国家にとって不当に重いものとなる，とこれを批判した[47]。

　要するに，Billy事件の紛争当事者は，事実的因果関係の立証基準と有責性の判断基準の両方について，当然ながら，それぞれが自らに有利になるような基準こそが法の要求する基準である，と主張していたのである。こうした紛争当事者の主張は，受理可能性と本案とを区別して，その間でさらに基準が異なりうることを踏まえて展開されたものではなかったが，自由権規約委員会は，受理可能性段階に限定して，被申立国の排出量が世界全体の排出量において少なくない量を占め，種々の経済指標でも高いランクにあることを考慮し，緩和策についての被申立国の管轄の成立を認めた[48]。この判断は，紛争当事者間で争われた2つの基準とその関係に関する委員会の一般的理解をストレートに明らかにするものではなかった。ただし，被申立国の性質という特殊事情の介入が，最終的な因果関係の成立の判断において考慮要素となることを明らかにするとともに，管轄の成立に必要な事実的因果関係の立証基準が高くないことを暗示した。他方で，受理可能性を認めたにもかかわらず，本案段階で不十分な緩和策が条約に抵触するかが審査されなかった点には，疑問が呈されている[49]。

　受理可能性における管轄の成立に必要な因果関係の立証は，Sacchi事件においても重要な争点の1つであった。Sacchi事件の申立人らは，Billy事件の申立人らと同様に，被申立国の排出削減や，他の主要排出国に気候変動対策の

　　可能である」という主張は，既出の国連人権高等弁務官事務所の報告書に根拠づけられている。

(47)　*Ibid.*, paras. 6.7-6.11.

(48)　*Ibid.*, para. 7.8.

(49)　Gabriel M. Lentner and Weronika Cenin, "Daniel Billy et al v Australia (Torres Strait Islanders Petition): Climate change inaction as a human rights violation", *Review of European, Comparative & International Environmental Law* (Early View, 2024), p. 8; Riccardo Luporini, "Climate Change Litigation before International Human Rights Bodies: Insights from Daniel Billy et al. v. Australia (Torres Strait Islanders Case)", *The Italian Review of International and Comparative Law*, Vol. 3 (2023), p. 251.

◆ 第6巻 ◆ 国際人権法の動態 —— 支える力，顕現する脅威　Ⅱ 脅威との対峙

強化を促す努力が不足していることを論証し，有責性を強調した[50]。一方で，事実的因果関係については，図1にいうCの因果関係をIPCCの報告書に根拠づけ，B〜Eをたどることが不可能であるとしても，被申立国の排出が申立人らに発生した被害の原因になっていることは示された，という[51]。

　これに対し，被申立国のうち，ドイツは，排出が地球規模で行われており，自国の排出が世界全体の排出量のほんの一部である以上，他国領域内にいる申立人らに直接かつ合理的に予見可能な（direct and foreseeable）損害を発生させたとは言えない，と主張した[52]。これによると，ドイツの管轄内からの排出と申立人らに発生した被害との間には何らの因果関係が証明されておらず，「直接」の損害に該当しない[53]。他方，この「直接」という文言と因果関係とを必ずしも結び付けない他の被申立国からも，ある特定の災害が特定の国による排出に起因するという証拠が提示されていない[54]，産業革命以降から多様なアクターが関与してきたグローバルな現象であり，その責任は特定の国に帰属しない[55]，という反論がなされたのである。中でも，ブラジルは，気候変動の責任は5カ国の被申立国だけには帰属せず，ブラジルがいわゆる主要排出国ではないことを自負して，その行為と被害との間には連関（nexus）がない，と強く反発した[56]。また，気候変動の責任をブラジルに帰属させるような，最低限の根拠（a minimum basis）ないし最低限の因果関係（a minimum causal link）が示されていない，とも主張している[57]。このブラジルの主張の前半は，申立人らによって示された有責性の判断基準に対する反論であり，後半は，申立人らの示した事実的因果関係の立証基準の批判であるように思われる。

　これらの被申立国の反論においては，事実的因果関係の立証基準と有責性の

---

(50)　Communication to the Committee on the Rights of Child（23 September 2019），paras. 214-236.

(51)　*Ibid*., paras. 237-241.

(52)　CRC/C/88/D/107/2019（Germany），para. 4.2.

(53)　CRC/C/88/D/107/2019（Germany），para. 7.4. トルコもほぼ同一の内容を主張している。CRC/C/88/D/108/2019（Turkey），para. 7.6.

(54)　CRC/C/88/D/104/2019（Argentina），para. 4.3.

(55)　CRC/C/88/D/106/2019（France），para. 4.3.

(56)　CRC/C/88/D/105/2019（Brazil），para. 4.3.

(57)　CRC/C/88/D/105/2019（Brazil），para. 7.3.

判断基準という2つの問題の切り分けが完全にはなされておらず，申立人が示した有責性の判断基準に関する被申立国の反論も一様ではない[58]。この背景には，Sacchi事件の申立人は，管轄の成立を可能にする因果関係の有無を判断する基準として，そもそもなぜ有責性判断が蓋然性判断よりも重要であるのか（なぜ事実的因果関係の立証基準は限りなく低いのか），また，なぜ有責性が，被申立国の現在の排出削減政策や他の主要排出国に気候変動対策の強化を促す努力の程度で判断される（のが適当と考えている）のか，という2点について，Billy事件の申立人ほど明確な説明を行っていないことがある。実際，申立人はブラジル，フランス，ドイツに対する再反論において，被申立国は申立人らに発生している損害が，（回避が可能であるほど具体的ではないものの，地球上のどこかにいる誰かにいつか発生する，という抽象的な程度では）予見可能であったと強調しており[59]，有責性に依拠した主張を継続する一方，自らの提示する判断基準が妥当である根拠は示していない。

　また，紛争当事者のやりとりからは，事実的因果関係の立証基準が，申立人らが暗に前提したように限りなく低いものなのか，あるいは，被申立国が主張したようにある程度高い証明度を要求するものなのか，という本来の問題から，焦点がずれてしまっていることが伺える。この原因は，すべての被申立国により（程度の差はあれ）強調されている，排出が世界中で発生する集合的な行為であり，一部の国だけには責任は帰属しない，という点にある。申立人らの再反論では，集合的な行為であっても個別の責任は追及されると反論しており[60]，それ自体が間違いではないとしても，事実的因果関係の立証基準が低いことの根拠づけにはなっていない。

　このように，子どもの権利委員会の受理可能性決定は，紛争当事者間での争点化が粗削りであった，ということに留意しながら読み解く必要がある。域外適用を可能にする管轄の成立について，委員会は，これまで自由権規約委員会と欧州人権裁判所が発展させてきた域外適用の法理とは事実関係が大幅に異な

---

(58)　トルコとドイツは，排出行為の過度な制限が主権の侵害になると主張し，申立人の示した有責性の判断基準を反駁している。CRC/C/88/D/108/2019 (Turkey), para. 7.6.; CRC/C/88/D/107/2019 (Germany), para. 7.4.

(59)　Petitioners' Reply to the Admissibility Objections of Brazil, France, and Germany (4 May 2020), paras. 21-24.

(60)　*Ibid.*, paras. 31-35.

◆ 第6巻 ◆ 国際人権法の動態 ── 支える力, 顕現する脅威 [Ⅱ] 脅威との対峙

るため, 米州人権裁判所が 2017 年に公表した環境と人権に関する勧告的意見
が示した「因果関係 (causal link) に基づく管轄の成立」という基準が適切で
あるとした[61]。そして, この基準に基づく管轄の成立に必要な3つの累積的
要件として, まず①排出源の実効的支配と, ②損害の合理的予見可能性を挙
げ, 事実への当てはめにおいて, ①は領域内に排出源が所在すれば満たされる
という程度の条件であるとともに, ②は気候変動枠組条約以降の環境法の発展
により裏づけられるとした[62]。このように, 委員会は, 有責性がない根拠と
して被申立国の挙げた「排出源の実効支配や損害の合理的予見可能性が（高い
程度では）存在しない」という理由について, 法が要求するのはそのような高
い基準ではない, とはねつけている。しかし, 実効支配や合理的予見可能性の
程度が, 被申立国の主張するそれよりもなぜ低いのか, という理由は説明して
いない。

さらに, 子どもの権利委員会によれば, ③国家の作為あるいは不作為と発生
した損害との間に十分な因果関係 (sufficient causal link) が存在すること, と
いう最後の要件の充足は, その十分性が, 損害の深刻さや客観性, 被害者の属
性といった事例ごとに異なる事情に照らして判断される。そして, 申立人らに
発生している自然災害の被害が深刻であることと, 子どもであるため, 相対的
に長い時間, 気候変動の悪影響にさらされ続け, 特別な保護を必要とすること
を踏まえれば, 被害者の地位と併せてこの要件の充足が認められるという[63]。
ここで加味された損害の程度や被害者の属性という性質は, Billy 事件のとき
と同様, 個別の事例に存する特殊事情として, 最終的な因果関係の判断の考慮
要素となるものであり, 学説では, これを事実的因果関係の立証基準に影響を
与えると見るものもあれば[64], 有責性の判断基準の1つとなる近接性を生み
出す要素として分類するものもある[65]。委員会がその実例を示した意義は大
きいが, 他方で, 排出の集合的な行為という性質は被申立国の個別の責任を解
除するものではない, と明言した[66]。この理解は, 法の定める事実的因果関

(61) CRC/C/88/D/104/2019 (Argentina), paras. 10.4-10.7.

(62) CRC/C/88/D/104/2019 (Argentina), paras. 10.9, 10.11.

(63) CRC/C/88/D/104/2019 (Argentina), paras. 10.12-10.14.

(64) Friederike E. L. Otto et al, "Causality and the fate of climate litigation: The role of
the social superstructure narrative", *Global Policy*, Volume 13 Issue 5 (2022), pp. 744-
746.

(65) Stoyanova, *supra* note 37, p. 646.

係の立証基準が低い（立証度が低くても管轄の成立に影響しない）ことを前提にしているが，その低い基準がなぜ妥当なのか，という理由は明らかにされていない。この点について，人権の実効的保障を重視する立場からは，被申立国は排出をしている以上は責任逃れをするべきではないから申立人らの立場を支持できる，とするもの[67]や，事前に他の人権条約機関と共同声明を出していたことを踏まえれば驚くべきことではない[68]，といったものがあるが，こうした説明に被申立国が納得するかは疑問である。

　さらに，委員会が判断の根拠としている米州人権裁判所の勧告的意見の引用箇所は，正確には，「領域の外にいる人の人権侵害と領域内で開始された行為（act）との間に因果関係が存在する場合に，その人権侵害は原因国の管轄にあったと判断される」[69]と述べており，因果関係の始点は，子どもの権利委員会が定式化した「国家の作為あるいは不作為」とは異なる。この文言からすれば，米州人権裁判所が管轄の成立のために必要と述べたのは，事実的因果関係の立証と捉えるのが妥当であり，有責性判断ではない。子どもの権利委員会は，米州人権裁判所の勧告的意見の判断基準を採用すると言いつつ，そこで主題であったはずの事実的因果関係の立証基準の問題を黙殺し，何ら言及されなかった有責性の判断基準を独自に作り出しており，実際には引用は行われていないに等しい。

　以上の 2 つの事例における因果関係の判断過程をまとめると，まず，2 つの人権条約機関は共通して，受理可能性段階における管轄の成立に必要な事実的因果関係の立証基準は，（被申立国が主張していた）たどることのできる厳密な因果関係の証明を要求するような高い基準ではなく，領域内での排出があったことさえ証明できれば自動的に満たされるよう低い基準である，という前提的

---

(66)　CRC/C/88/D/104/2019 (Argentina), para. 10.10.

(67)　Ingrid Gubbay and Claus Wenzlerm "Intergenerational Climate Change Litigations: The First Climate Communication to the UN Committee on the Rights of the Child", in Ivano Alogna et al (eds.), *Climate Change Litigation: Global Perspectives* (Brill, 2021), p. 362.

(68)　Yusra Suedi, "Litigating Climate Change before the Committee on the Rights of the Child in Sacchi v Argentina et al.: Breaking New Ground?", *Nordic Journal of Human Rights*, Vol. 40 No. 4 (2023), pp. 552-557.

(69)　IACtHR, Advisory Opinion OC-23/17 (15 November 2017), para. 101. なお，この行為という語は，すぐあとの 102 段では action，104 段 (h) では activities と言い換えられている。

理解を示した。しかし、その低い立証基準を一般的な文言で明示することはなく、なぜその低い基準であると解釈するのかの理由も説明せず、被申立国のより高い立証基準が妥当であるという反論は、端的に無視された。排出が集合的な行為だとしても個別の国の責任を解除しないということと、事実的因果関係の立証基準は低いものであるということは、別々の内容であり、前者は後者の理由とはならない。また、この理由の説明は、個別事例に固有の特殊事情という考慮要素を部分的に明らかにすることでも代替されない。さらに、有責性の判断基準についても、やはり被申立国の主張した解釈が（選択肢としてはありうるにもかかわらず）採用されない理由は明示されず、この点は子どもの権利委員会の決定に特に顕著であった。

　これらの人権条約機関による理由説明の忌避は、その決定が法的拘束力を持たないゆえに、正統性維持のために理由付けがより重要となる、という指摘に鑑みれば[70]、問題があると言わざるを得ない。ただし、条約機関がなぜ理由説明を徹底しないのか、あるいはできないのかを考える必要がある。そこで最後に、Sacchi 事件で示された、気候変動という環境損害をどのような種類のものとして捉えるのか、という新たな問題をめぐり、申立人らの主張と被申立国の間で生じた主張の食い違いに着目して、より深い検討に進みたい。というのも、この食い違いは、事実的因果関係の立証基準、有責性の判断基準、およびその関係という諸問題を、異なる視角から考える素材を提供するように思われるからである。

（2）　気候変動と越境環境損害の類推

　（1）で指摘したように、Sacchi 事件の受理可能性決定において、子どもの権利委員会は、米州人権裁判所の勧告的意見で示された因果関係に基づく管轄の成立の基準を、実質的には参考にしていなかった。しかし、この因果関係に基づく管轄の成立という基準が、越境環境損害の場合を念頭に提示されたものであるという点は、気候変動と越境環境損害という、いずれも国境を越えるという点で共通する一方、国際環境法においては区別して規律されてきた環境損害のいずれにも適用できるのか、すなわち、気候変動を越境環境損害の無数の

---

(70)　Geir Ulfstein, "The Human Rights Treaty Bodies and Legitimacy Challenges", in Nienke Grossman et al (eds.), *Legitimacy and International Courts* (CUP, 2018), pp. 303-304.

束として捉え，後者と同じ方法で前者の責任を追及することは適当か，という新たな問題を提起することになった。

　紛争当事者の主張において，米州人権裁判所の勧告的意見がどのように依拠されていたのか，という点を注意深く観察すると，この新しい問題の片鱗を垣間見ることができる。Sacchi 事件の申立人らは，域外適用が可能である根拠の１つとして，米州人権裁判所の勧告的意見を引用していた[71]。ただし，域外適用を可能と判断した数多くの事例の１つとして引用したのであり[72]，気候変動という問題にも越境環境損害を念頭に示された基準が適用されることを前提とした依拠の仕方ではなく，勧告的意見が示したそれとは別のものが適用されうる可能性に配慮した主張の組み立てになっていた。これは，Sacchi 事件の申立人らが事実的因果関係の立証にこだわらなかったことと整合する。対照的に，被申立国の一部は，気候変動と越境環境損害が同列に扱われることを前提とした反論を展開した。（１）で既出の，ブラジルによる最低限の因果関係が示されていない，という反論は，米州人権裁判所が勧告的意見で示した基準に照らせばそう結論づけられる，という主張であった[73]。同様に，アルゼンチンも，同基準に基づくいかなる因果関係も存在しない，としていた[74]。

　このように，申立人らと一部の紛争当事国は，互いに米州人権裁判所の勧告的意見に依拠しながら，正反対の結論に至っていたのであり，その直接的な原因は，そもそもこの勧告的意見が示した事実的因果関係の立証基準が曖昧であった[75]ことにある。しかし，米州人権裁判所の勧告的意見に依拠しなかったフランスの反論の一部は，気候変動と越境環境損害の類推の限界に基づいている。フランスは，気候変動が産業革命以降，地球上に存する多様なアクターによる排出で生じるグローバルな現象であり，特定の国に原因行為が直接帰属するような局地的な汚染（a localized "pollution"）ではない，と，越境環境損害と気候変動の峻別を強調し[76]，ブラジルやアルゼンチンのようには事実的因

---

(71)　Communication, *supra* note 50, para. 248.

(72)　*Ibid.*, paras. 243-253.

(73)　CRC/C/88/D/105/2019 (Brazil), para. 7.3.

(74)　CRC/C/88/D/104/2019 (Argentina), para. 4.3.

(75)　Angeliki Papantoniou, "Inter-American Court of Human Rights Advisory Opinion OC 23/17 of November 15, 2017 Advisory Opinion of the Inter-American Court of Human Rights on the relationship between human rights and the environment", *American journal of international law*, Vol. 112 No. 3 (2018), p. 465.

果関係の立証基準を争わなかった。

　学説においては，気候変動と越境環境損害の類推には消極的な評価が目立つ。Boyle は，越境環境損害の判断枠組みを気候変動に応用できない理由として，因果関係の直接性（direct connection）が越境環境損害には備わる一方，気候変動については一見して明らかではないことを挙げ，人権条約が気候変動の解決に資するかは不透明である，との主張を一貫して維持していた[77]。既にみたように，事実的因果関係は気候変動の方がより複雑であり，越境環境損害の場合と同じ立証基準を当てはめると立証の負担が重くなる。上のブラジルやアルゼンチンの主張には，この点を逆手にとって申立人らの主張の妥当性を削ぐ意図があった。しかし，気候変動が越境環境損害の亜種であるならば，排出行為の帰結として外国領域で生じる環境損害が具体的にどのような悪影響を引き起こすのかを環境影響評価で明らかにする義務が国家に課され，それは果たすのが困難なほど過重な義務となる[78]。この意味で，気候変動と越境環境損害の類推は諸刃の剣であり，2023 年 1 月に米州人権裁判所に提出された勧告的意見の要請において，気候変動に対処する条約上の義務内容には，2017 年の勧告的意見をふまえてもなお明確にされる余地があるとされたのには[79]，こうした危険な類推をめぐる不明確さを解消することへの期待がある[80]。

---

(76)　CRC/C/88/D/106/2019（France），para. 4.3.

(77)　Alan Boyle, "Human Rights and the Environment: Where Next?", *European Journal of International Law*, Volume 23 Issue 3（2012），pp. 640-641. Boyle は米州勧告的意見 2017 が出た後も同様の結論を維持している。Alan Boyle, "Climate Change, the Paris Agreement and Human Rights", *International & Comparative Law Quarterly*, Vol. 67 Issue 4（2018），pp. 772-773. また，これと類似する見解として次を参照。Elena Carpanelli, "International Human Rights Law and Transboundary Environmental Harm: Trends and Challenges", in Maurizio Arcari et al（eds.），*Trends and Challenges in International Law Selected Issues in Human Rights, Cultural Heritage, Environment and Sea*（Springer, 2022），pp. 41-42.

(78)　Bridget Lewis, *Environmental Human Rights and Climate Change: Current Status and Future Prospects*（Springer, 2018），p. 181.

(79)　Request for an advisory opinion on the Climate Emergency and Human Rights submitted to the Inter-American Court of Human Rights by the Republic of Colombia and the Republic of Chile（January 9, 2023）.

(80)　Monica Feria-Tinta, "An advisory opinion on climate emergency and human rights before the Inter-American Court of Human Rights", *Questions of International Law Zoom-in*, Vol. 102（2023），p. 56.

より重要なこととして，排出という原因行為の望ましい責任追及の在り方を考慮すれば，気候変動と越境環境損害の類推に限界を生じさせる別の理由に行きつく。国際環境法は，一方で，越境環境損害を矯正的正義の回復の問題として，他方で，気候変動を分配的正義の問題として，両者を峻別し[81]，それぞれを規律する異なる法制度を構築してきた。前者が過去に生じた損害の回復という過去志向の責任の追及であるのに対し，前者は未来志向の責任の追及であり，このような区別の導入は，実際の紛争でも，賠償ではなく行為の差し止めが要求されていること[82]と整合的に理解される。既に完了した原因行為と生じた損害との間の事実的因果関係を厳密に検証することは，結果の発生とは無関係な「相当の注意を伴って行動できていたか」という行為の義務の違反を問う上では，賠償範囲の確定を目的とした場合ほど重要ではない[83]。ただし，従来，人権侵害を引き起こしてきた環境損害は，既に発生したものが基本であった。人権条約機関が担うのは矯正的正義の回復であり，将来発生する損害とは異なるという点は，既出の国連人権高等弁務官事務所の報告書も，気候変動を人権侵害と位置付けることが困難となる3つ目の理由として挙げている[84]。こうした事情は，気候変動を越境環境損害から引き離し，事実的因果関係の立証基準を引き下げ，その責任追及を容易にする規範的要請が，人権条約に内在するものではない[85]，という指摘の根拠となっている。しかし，人権条約に環境条約を起源とする義務を埋め込むことは可能であり，その実現可能性が全くないというわけでもない[86]。例えば，気候変動の緩和策を講じる

(81)　気候変動問題は，矯正的正義の問題であるという認識のもとで過去の排出の歴史的責任を追及するのではなく，分配的正義の問題として捉え解決するべきであるという主張として，Friedrich Saltou, *Fairness in International Climate Change Law and Policy* (CUP, 2009), p. 160.

(82)　Communication, *supra* note 50, paras. 329-330; Communication, *supra* note 42, para. 216.

(83)　Susan McCluskey, "Calibrating states' emissions reduction due diligence obligations with reference to the right to life", *Review of European, Comparative & International Environmental Law*, Volume 31 Issue 3 (2022), pp. 489-490; Leslie-Anne Duvic-Paoli and Mario Gervasi, "Harm to the global commons on trial: The role of the prevention principle in international climate adjudication", *Review of European, Comparative & International Environmental Law*, Vol. 32 Issue 2 (2022), pp. 231-232.

(84)　A/HRC/10/61, para. 70.

(85)　Lewis, *supra* note 78, pp. 182-184.

(86)　Alexander Zahar , "Human Rights Law and the Obligation to Reduce Greenhouse

◆ 第 6 巻 ◆ 国際人権法の動態 ── 支える力, 顕現する脅威　Ⅱ　脅威との対峙

義務を人権条約上の義務として定式化するのに, 自国の削減目標を達成するだけでなく, 気候変動の協力義務としての性質を盛り込む提案は, 実行においても[87], 学説においても[88], 試みられている。

では, 国際人権法と国際環境法との関係をどのように捉えるべきか, という問いにはいかに答えるべきであろうか。Billy 事件において, 自由権規約委員会は豪州の主張を退けて, 人権条約が加盟国に課す義務の解釈において環境条約の参照をすることは妨げられないとした[89]。不十分な緩和策が, パリ協定のみならず人権条約の義務の違反「も」構成するという結論を導くことは, 国家に課される義務に新たなラベルを貼るにすぎず, その内容に何ら実質的な変化を与えるものではないのか, あるいは人権条約の義務違反「をこそ」構成することに何らかの積極的意義があるのだろうか。そうした意義は, 不十分な緩和策が人権条約の違反を構成するという判断が, 十分な緩和策への転向と実施という実際の問題解決には必ずしも寄与しないとしても[90], 損なわれないものであるのか。これとは正反対に, 人権条約は必ずしもパリ協定の執行手段（enforcement arm）ではなく, パリ協定の違反とは独立にその違反が認定されうる余地が残されていることで, 人権条約の違反は固有の価値を発揮する[91], ということになるのだろうか。

このように, 気候変動と越境環境損害の類推は可能か, を問うことは, 因果関係の立証に関する諸問題のうち, 事実的因果関係の立証基準, 有責性の判断基準およびその関係という諸問題を考える新たな視角を提供し, 因果関係の判

Gas Emissions", *Human Rights Review*, Vol. 23 (2022), p. 407.

(87)　UN Doc A/HRC/31/52, paras. 41, 48, 77.

(88)　Mayer, *supra* note 21, pp. 158-159. Mayer は, 人権条約上の協力義務として各加盟国に課されるのは, 自国領域内に所在する個人の人権の保護に資する限りにおいてであり, パリ協定という人権条約ではない国際法規範の設定する全体目標を達成するために各国が互いに配慮しながら自国の利益を度外視して削減するような過酷な義務ではないとしている。

(89)　CCPR/C/135/D/3624/2019, para. 7.5.

(90)　Benoit Mayer, Climate Litigation and the Limits of Legal Imagination: A Reply to Corina Heri（4 November 2022）.〈https://cil.nus.edu.sg/blogs/climate-litigation-and-the-limits-of-legal-imagination-a-reply-to-corina-heri/〉（閲覧日：2024 年 3 月 29 日）

(91)　Corina Heri, Legal Imagination, and the Turn to Rights in Climate Litigation: A Rejoinder to Zahar（October 6, 2022）. https://www.ejiltalk.org/legal-imagination-and-the-turn-to-rights-in-climate-litigation-a-rejoinder-to-zahar/（閲覧日：2024 年 3 月 29 日）

断枠組みの複雑性の要因分析を深める。この問いを煎じ詰めれば，国家が環境損害に対して負う責任をどのように分配するのが正義にかなうのか，また，国際人権法と国際環境法との関係をいかなるものとして理解すべきか，といった規範的議論に行きつく。このような規範的議論における対立は，気候変動による人権侵害をめぐる因果関係の問題状況を，より一層と複雑怪奇なものにしているのである。

Ⅳ　おわりに

　本章では，特に緩和策に焦点を絞り，気候変動による人権侵害をめぐる因果関係の立証において，何が問題となり，立証のために何を論じなければならないか，という問題状況を明らかにした。具体的には，因果関係の判断枠組みを複雑化させる要因を分析した結果，立証の対象となる因果関係，その事実的因果関係の立証基準と有責性の判断基準および2つの基準の関係という3つの問題があり，これらに説得的な解答を与えるためには，さらに別の新たな問題を解決しなければならない，という複数の異なる問題の絡み合いを可視化した。

　今後の研究においては，この問題状況全体を俯瞰しながら，問題の1つ1つに答えを提示し，それらが一貫しているかを吟味する作業が必要になる。とりわけ，この絡み合いの一端を構成する，国際人権法と国際環境法との関係をどのように捉えるのか，という問題にどのように答えるのかは，究極的には国際法全体の正統性に関わる。気候変動による人権侵害をめぐる議論は，その議論の結果がもたらす波及的影響の射程が思いのほか広いことを意識して，大局的な視点から慎重に進める必要がある。

［付記］
　本研究は，JSPS 科研費 21K01172，21K20085 および 23K12372 の助成を受けたものである。
　本稿の脱稿後の 2024 年 4 月 9 日，欧州人権裁判所大法廷は，Verein KlimaSeniorinnen Schweiz and Others v. Switzerland 事件判決において，気候変動の緩和については因果関係の成立の判断枠組みも特別なものとなる，という法解釈に基づき，スイスの義務違反を認定した。

9 国際人権法から見たテロリズムの規制

熊谷　卓

Ⅰ　は じ め に　　　　　　Ⅳ　通信情報の大規模監視
Ⅱ　グアンタナモの被抑留者　Ⅴ　外国人戦闘員への対処
Ⅲ　特 別 送 致　　　　　　Ⅵ　お わ り に

Ⅰ　は じ め に

　2001 年 9 月 11 日，アメリカ合衆国（以下，米国）で同時多発テロ事件（以下，9.11 テロ事件）が発生し[(1)]，はや 20 年以上が経過した。9.11 テロ事件後テロ対策の一環として米国は「対テロ戦争（War on Terror）」を布告したが，この「戦争」は実に夥しい数の人的被害を生み出した[(2)]。

　本章の目的は 9.11 テロ事件後に散見される人権の実情と課題をあきらかにすることである。そのため，これまで実施されてきた多様なテロ対策（対テロ措置）（取り上げる国家としては，対テロ戦争の主要な「交戦国」としての米国の比重が大きい）から，(1)グアンタナモでのテロ容疑者の抑留，(2)テロ容疑者の特別送致（Extraordinary Rendition），(3)一般市民を対象とした通信情報の大規模監視（オンライン・サーヴェイランスともいわれる），(4)外国人戦闘員（Foreign Terrorist Fighters: FTF）の対処に焦点を絞り[(3)]，その国際法上の位置付

---

(1)　直接の犠牲者だけでも日本人 24 人を含む 2,977 人に上った。本事件を実行したのは周知のように国際テロ組織アルカイダであるが，大半の実行犯の出身国であるサウジアラビアの一定の関与も根強く疑われてきた。この点について，バイデン大統領の大統領命令の発出により 2021 年 9 月に公開された米捜査資料によれば，実行犯と米国内の協力者らとの関係で当時ロサンゼルスのサウジアラビア領事館に勤務していたとされる男性への聴取内容が一部公開されるに至った。もっとも，開示された資料では決定的な証拠や結論などは示されていない。「米の同時多発テロ，捜査資料 166 ページ公開　サウジ領事館男性聴取など」（朝日新聞，2021 年 9 月 13 日夕刊 8 頁）。

(2)　ブラウン大ワトソン研究所の集計では約 89 万 7,000〜92 万 9,000 人が死亡したとされる。死者の内訳として一般市民が 36 万人以上を占めるという。「9・11 米同時多発テロ 20 年で追悼式　『犠牲あまりに大きい』」（毎日新聞，2021 年 9 月 12 日朝刊 1 頁）。

(3)　本章で取り上げるこれら 4 種のテロ対策はきわめて多様なテロ対策の一部を構成す

『新国際人権法講座』第 6 巻（信山社，2024 年）

けを再確認する。

Ⅱ　グアンタナモの被抑留者

　米国は，対テロ戦争遂行過程で捕えた者を 2002 年 1 月以降，キューバにあるグアンタナモ米海軍基地[4]内に特設された収容所に収監するようになった[5]。米国は同地で拘束されている者（以下，被抑留者）に対して「敵性戦闘員（enemy combatants）」という呼称を与えた。敵性戦闘員という概念には，①タリバン政権の軍隊構成員，②アルカイダ構成員，③タリバンまたはアルカイダと連携して米国またはその同盟国に対する敵対行為に従事している組織の構成員，および④　①,②,③のいずれかを支援する者も含まれるとされた[6]。

るにすぎない（これらに加えて標的殺害も深刻な問題を提起してきた。この点については，岩本教授の次の論考を参照されたい。岩本誠吾「標的殺害のための武装ドローンの使用に関する国際法的評価：国連人権理事会報告を素材として」京都産業大学世界問題研究所紀要 36 巻（2021 年）1-31 頁）。また，これらに関する本章での検討は概説的なものである。したがって諸テロ対策についてより詳しくは，熊谷卓「対テロ戦争と国際人権法 —— グアンタナモの被拘束者に対する市民的および政治的権利に関する国際規約（自由権規約）の適用可能性」広島法学 29 巻 2 号（2005 年）81-116 頁（以下，グアンタナモ），同「テロリズムと人権 —— テロ被疑者の処遇を素材として」国際法外交雑誌 108 巻 2 号（2009 年）91-119 頁（以下，E R），同「コメント：デジタル時代における国際人権 —— プライバシー vs. 安全」国際人権 26 号（2015 年）34-36 頁，同「テロリズムの国際法的規制に関する研究」（博士論文）〈https://ir.lib.hiroshima-u.ac.jp/00045988〉．同 "Foreign Terrorist Fighters and Domestic Counter-Terrorist Measures: An Analysis of the Applicability of Japanese Legislation" 新潟国際情報大学国際学部紀要 8 号（2023 年）15-30 頁を参照されたい。

(4)　グアンタナモの法的地位については，渡邊優『グアンタナモ：アメリカ・キューバ関係にささった棘』（彩流社，2020 年）を参照。

(5)　ピーク時 700 人以上が収容されていた。2024 年 8 月現在でも 30 人が抑留されている。The New York Times, "The Guantánamo Docket"（Updated December 11, 2023), at〈https://www.nytimes.com/interactive/2021/us/guantanamo-bay-detainees.html〉．特に批判されたのは，(1)約 2 メートル四方の，金網で覆われた鳥かごのような房での個別収容（独居房），(2)昼夜を問わない過酷な尋問，(3)面会・通信の原則禁止，(4)協力度に応じた衣食住環境の改善である。その大半が告発または起訴されることもなく長期の抑留を受けた（その後，出身国に送還）。

(6)　Memorandum from Paul Wolfwoitz, Deputy Secretary of Defense, to the Secretary of Navy（July 7, 2004）, "Order Establishing Combatant Status Review Tribunal", para. a., at

米国は，上記の者たちの身柄を拘束する目的として，第1に対テロ戦争が続いているかぎりで敵性戦闘員が米国に対する敵対行為に再び参加することを阻止し，あわせて情報を収集し有利に作戦を展開すること，第2に「戦争犯罪」を犯した敵性戦闘員を軍事委員会[7]での審理にかけることにあると宣言していた[8]。

本節においては米国による被抑留者の処遇を「市民的および政治的権利に関する国際規約」（以下，自由権規約）の適用可能性という点から検討することで，テロ容疑者の人権について考える。本論点の重要性は，被抑留者が大幅に減ったとしても，変わらないと考える。

（1）　自由権規約の被抑留者に対する適用可能性

論点の1つはそもそも自由権規約が被抑留者に適用されうるのか否かである。

（i）　域外適用可能性

そうだとして，まずは自由権規約の締約国領域外での適用可能性が問われる。この点，自由権規約第2条1項によれば締約国が自由権規約上の義務を履行する対象は「その領域内にあり，かつ，その管轄の下にある（within its territory and subject to its jurisdiction）」すべての個人と規定される。このような規定ぶりからは自由権規約の地理的適用範囲は締約国の主権が及ぶ固有の領域に限定されるかのごとくである[9]。

〈https://upload.wikimedia.org/wikipedia/commons/8/81/Order_establishing_combatant_status_review_tribunal%2C_July_7%2C_2004.pdf〉.

(7)　軍事委員会について詳しくは，洪恵子「テロ容疑者に関する管轄権の展開 —— 軍事審問委員会の意義と限界」江藤淳一（編）『国際法学の諸相 —— 到達点と展望（村瀬信也先生古稀記念）』（信山社，2015年）381-405頁を参照。

(8)　U. S. Department of Defense, "Fact Sheet, Guantánamo Detainees" (February 13, 2004) ; Military Order of November 13, 2001, "Detention, Treatment, and Trial of Certain Non-Citizens in the War Against Terrorism", *in International Legal Materials*, Vol. 41 (2002), p. 252 *et seq* [*hereinafter* Military Order].

(9)　Condorelli, L. and De Sena, P., "The Relevance of the Obligations Flowing from the UN Covenant on Civil and Political Rights to US Courts Dealing with Guantánamo Detainees", *Journal of International Criminal Justice*, Vol. 2, No.1 (2004), p. 111. 薬師寺公夫「国際人権法とジュネーヴ法の時間的・場所的・人的適用範囲の重複とその問題点」村瀬信也・真山全（編）『武力紛争の国際法』（東信堂，2004年）241, 244頁。

◆ 第 6 巻 ◆ 国際人権法の動態 —— 支える力，顕現する脅威　Ⅲ 脅威との対峙

　もっとも，第 1 に自由権規約の起草過程[10]，第 2 に自由権規約委員会の実行[11]，第 3 に自由権規約上の機関ではないが，国際司法裁判所（以下，ICJ）の先例（パレスチナ占領地域における壁建設の法的結果に関する事件勧告的意見（2004 年））[12]からいっても，自由権規約の締約国としての責任はその領域内に限定されるという解釈は説得力を持たないことは明白である[13]。

　（ⅱ）　武力紛争下の適用可能性

　次いで自由権規約の武力紛争下における適用可能性について確認する。被抑留者の多くが，9.11 テロ事件を契機として発生した，米軍を主体とする対アフガニスタン攻撃の最中に同国領域内において捕捉され，その後，グアンタナモ基地に移送[14]され，そこで抑留されているという事実は自由権規約の適用に影響を与えることになるだろうか。国際法からみた場合，アフガニスタンに対する攻撃は，アフガニスタン（タリバン政権）および米国との間の国際的武力紛争の状態を引き起こしたのだと評価すると（とはいえ，その武力紛争状態は2002 年 6 月のロヤジルガにおけるカルザイ（Karzai）暫定政権議長の大統領への選出により終結したともいえる），アフガニスタン攻撃の期間中に捕捉された被抑留者は，戦時，すなわち，国際的武力紛争時において捕捉されたといってもよいだろう。したがって，自由権規約の被抑留者への適用可能性について検討す

（10）　熊谷・前掲注(3)（グアンタナモ）83 頁。

（11）　同上。*See,* General Comment No. 31: the Nature of the General Legal Obligation Imposed on States Parties to the Covenant, U.N.Doc.CCPR/C/21/Rev.1/Add.13, para. 10 [*hereinafter* HRC General Comment No. 31]。

（12）　熊谷・前掲注(3)（グアンタナモ）83 頁。Legal Consequences of the Construction of a Wall in the Occupied Palestinian Territory, Advisory Opinion of 9 July 2004, *I C J Reports 2004*, p. 136 [*hereinafter* Legal Consequences of the Construction of a Wall]。ICJ は，自由権規約第 2 条 1 項の「その領域内にあり，かつ（and），その管轄の下にあるすべての個人」という文言は，締約国の領域内にあって，しかも，当該国の管轄下にもある個人だけを対象とすると解釈されうるのみならず，領域内にある個人および管轄下にある個人の双方を対象とするとも解釈されうる（*Ibid.*, pp. 178-179, para. 108.）。国家の管轄権が主要には領域的なものだとしても時として領域外で行使される。また，自由権規約の趣旨および目的を考慮すれば，国家はその管轄権を領域外で行使する場合にも自由権規約の規定に服さなければならないと考えるのが自然であると判示した（*Ibid.*, pp. 179-180, paras. 109-111）。

（13）　熊谷・前掲注(3)（グアンタナモ）84 頁。

（14）　本章では，国家が個人を他国に対して非自発的・強制的に移動させる行為を包括的にあらわすものとして「移送」という用語を使用する。

る場合，自由権規約の武力紛争時の適用可能性の検討も必要となる。この点に関しても複数の機関の見解をみてみよう。

まず，自由権規約委員会は 2003 年，対イスラエル総括所見において，武力紛争状態にあると考えられるイスラエルの占領地域たる西岸およびガザ地区における自由権規約実施の責任をイスラエルが負うと結論づけている[15]。また，同委員会は 2004 年の一般的意見 31 において自由権規約が国際人道法の規則が適用される武力紛争状態においても適用されると明言している[16]。

加えて，ICJ は，核兵器の威嚇・使用の合法性に関する事件勧告的意見（1996年）において，自由権規約は平時の人権保護に向けられ，敵対行為時における生命の違法な損失は，生命権を保障する自由権規約第 6 条ではなく，武力紛争に適用される法により規律されるとの指摘に対して，自由権規約第 4 条の効力停止条項に基づき効力停止が認められる規定を別として，自由権規約の保護は武力紛争時であっても停止されないと述べている[17]。ICJ は続けて，生命権は効力停止されない権利であり，生命を恣意的に剥奪されない権利は敵対行為時にも原則として適用され，なにが生命の恣意的剥奪に該当するかは，特別法（*lex specialis*），すなわち，敵対行為の規制を目的とする武力紛争時に適用される法によって決定される。したがって，戦時，ある種の兵器を用いたことによる生命の損失が自由権規約第 6 条によって禁止される生命の恣意的剥奪に該当するかどうかは武力紛争に適用される法を参照することによってはじめて決定され，自由権規約の文言自体から導出されるのではないとした[18]。

このように，ICJ は，武力紛争時，自由権規約を通じた人権の保障は，公の緊急事態に際し効力停止が許容される一定の権利を除き，一般には停止しないとしつつ，続いて武力紛争下，自由権規約の規範の解釈に特別法としての国際人道法の規範が入り込む場合があることを示唆した。もっともこれは，武力紛争時の特定の武器（核兵器）使用という文脈での国際人権法（生命の恣意的剥奪禁止規範）と国際人道法（文民と戦闘員の区別規範・不必要な苦痛を与える兵器使

---

(15) Concluding Observations of the Human Rights Committee: Israel, 21/08/2003, U.N.Doc. CCPR/CO/78/ISR, para. 11.

(16) HRC General Comment No. 31, *supra* note 11, para. 11.

(17) Legality of the Threat or Use of Nuclear Weapons, Advisory Opinion of 8 July 1996, *ICJ Reports 1996*, pp. 239-240, paras. 24-25.

(18) *Ibid.*, para. 25.

用禁止規範）の相互関係を述べたものであり，文脈が異なれば一般法と特別法の関係もこれとは違ったものとなりうる可能性も否定できないと考えられる[19]。

　さらに，ICJ は，パレスチナ占領地域における壁建設の法的結果に関する事件勧告的意見（2004 年）において，自由権規約の保護は武力紛争時であっても停止できないとの，前記勧告的意見での ICJ 自身の見解に触れた後，第 4 条において規定されているものと同種の効力停止条項の効果の場合を除き，人権条約が与える保護は武力紛争時にも停止しないと考えると明言している[20]。ICJ は，このように自由権規約の適用が一般的に停止せず，国際人道法と国際人権法の並存状態を前提にその相互関係については，権利がもっぱら国際人道法の規律事項である場合，権利がもっぱら国際人権法の規律事項である場合および権利が双方の規律事項である場合が想定されると述べた[21]。その上で，壁建設の法的結果の問題に答えるためには，国際人権法と，特別法（*lex specialis*）としての国際人道法双方を考慮しなければならないと述べ[22]，武力紛争時においても人権条約が適用されることを再確認した[23]。

　なお，ICJ は以上にみた 2 つの勧告的意見において国際人道法を特別法（*lex specialis*）と位置づける。問題は特別法の意味合いであるが，少なくとも ICJ は，特別法たる国際人道法の適用時に一般法たる国際人権法が一律に効力停止するわけではないとしている。たしかに両者は，一方は平時，他方は武力紛争時を想定しており，一例として戦闘員は武力紛争時合法な行動であるならば，敵戦闘員を殺害しても刑事法上の罪に問われない。他方で個人が正当防衛や緊急避難以外の事由に基づき他人を死に至らしめても合法であるという概念は国際人権法においては想定されえないのであり，こうした一定の範囲において国

---

(19)　薬師寺・前掲注(9)241 頁。Clapham, A., "The Complex Relationship Between the Geneva Conventions and International Human Rights Law", *in* Clapham, A., Gaeta, P. and Sassòli, M. (Eds.), *The 1949 Geneva Conventions: A Commentary* (Oxford University Press, 2015), p. 730. *See also,* Doswald-Beck, L., *Human Rights in Times of Conflict and Terrorism* (Oxford University Press, 2011), p. 189.

(20)　Legal Consequences of the Construction of a Wall, *supra* note 12, pp. 177-178, paras. 105-106.

(21)　*Ibid.*, p. 178, para. 106.

(22)　*Ibid.*

(23)　薬師寺・前掲注(9)257 頁。

際人道法は，やはり特別法といえる[24]。したがって，国際人道法が，特殊な状況に適用されるべく成立した法であり，その状況を規律するためにより適当な規定を有している以上，一般的な人権保護について規定した国際人権法よりも妥当な場合はありうる[25]。もっとも，生命に対する権利の保障や拷問などの禁止は，数ある人権のなかでも中核的な位置づけを与えられており，そうしたものとして重要な性質を有し，かつ国際人道法が想定する最低限の人道的保護基準とも軌を1つにしている[26]。このような意味においてはそもそも人道法と人権法は相対立する法とはいいえない[27]。拷問等禁止条約および自由権規約が規定する拷問等禁止規範は武力紛争時においても適用を継続し，関連する国際人道法規範に端的に取って代わられることはない。

（2） 米国が直面していた状況

以上をふまえ，米国が直面していた状況を概観する。米国は被抑留者の処遇について自由権規約上の責任を問われる可能性がある。というのも，たとえ被抑留者が米国市民でなく，米国の領域外において抑留されており，しかも，当該抑留が武力紛争下での措置とされていても，かかる事態に自由権規約が適用される余地があるからである。もっとも，米国としては自由権規約第4条が規定する効力停止を援用することも可能であろう。しかし，適法な効力停止といえるには実体的および手続的諸要件を満たしている必要があり，これらの諸要件が対テロ戦争に関して充足されたとみることは実際には困難である[28]。

（3） 自由権規約第7条と被抑留者

2001年11月13日，ブッシュ大統領は，外国人テロリストを戦争犯罪の廉で軍事委員会を通じて裁くとする軍事命令を発出していたが，このなかで大統領は，9.11事件が武力紛争状態を創設したといい，したがって，本攻撃関与者

---

(24) 松葉真美「国際人道法と国際人権法の相互作用 —— 人道法は人権法に優先するのか」レファレンス58巻7号（2008年）54-55頁。

(25) 同上54頁。

(26) Borelli, S., "Casting Light on the Legal Black Hole: International law and Detentions Abroad in the 'War on Terror'", *International Review of the Red Cross*, No. 857 (2005), p. 54.

(27) *Ibid.* 松葉・前掲注(24)56頁。

(28) この点について詳しくは，熊谷・前掲注(3)（グアンタナモ）87-92頁を参照。

を規律する法は「戦争法（laws of war）」であると述べていた[29]。しかし，上述のように自由権規約の適用は武力紛争時においても継続する。もっとも，自由権規約の規定は特別法たる国際人道法に違背しない形で適用されなければならない。

ところで，被抑留者の処遇をめぐり，自由権規約に基づき米国の責任を生ぜしめうると考えられるのが第7条である。同条は，①拷問，②残虐な，非人道的な取扱い，③品位を傷つける取扱い（それぞれ刑罰としてのそれを含む。）ならびに④強制的な医学的および科学的実験を禁止する[30]。

なお，自由権規約委員会の個人通報事例[31]をふまえるならば，上述のように相当制限された外部交通の下において，大半の者が告発または起訴されることもなく，断続的に尋問を受けるのみで協力的な態度をみせないかぎり，一種の独房に継続的に収容されているという状態が，拷問には至らないその他の一定の禁止される行為にもなんら該当しないと断言することも，同様に困難であろう[32]。

たしかに米国は自由権規約の批准に際して第7条に関する留保を付している[33]。その意味で，かかる留保の法的効果を見極める必要はあろう。しかし，第7条の下で米国が引き受けた責任の範囲が留保の効果として一気に縮減したとみることは不適切であり，同国は抑留者の処遇について自由権規約の下で一定の義務を継続して負うといえる[34]。

---

(29)　Military Order, *supra* note 8, §§ 1, 2. 本軍事命令は，9・11テロ事件後の9月18日に発出された大統領に軍事力の行使を授権する決議（Joint Resolution to Authorize the Use of United States Armed Forces against Those Responsible for the Recent Attacks Launched against the United States, Public Law 107-40, 115 Stat. 224）と共に被抑留者の抑留の根源てある。

(30)　本章で検討対象を自由権規約第7条に絞る理由は，同条が武力紛争を含めた公の緊急事態においても効力停止されえないとされる権利の1つであり，その意味で締約国がいかなる場合でも遵守することを自由権規約上求められる規定であるからである。

(31)　この点について詳しくは，熊谷・前掲注(3)（グアンタナモ）94-96頁を参照。

(32)　同上96頁。

(33)　当該留保は「合衆国は，『残虐な，非人道的なもしくは品位を傷つける取扱いもしくは刑罰』とは合衆国憲法の第5，第8および（または）第14修正によって禁止されている残虐で例外的な（cruel and unusual）取扱いまたは刑罰を意味するというかぎりで第7条に拘束されると考える」というものである。United Nations, *Multilateral Treaties Deposited with The Secretary-General: Status as at 31 December 2002*, Vol. 1 (2003), U.N. Doc.ST/LEG/SER.E/21, p. 175.

Ⅲ　特　別　送　致

（1）　大統領声明

　2006年9月6日，ブッシュ大統領は，グアンタナモの被抑留者とは別に対テロ戦争中に捕らえられた「主導的なテロリスト（terrorist leaders）」の一部が，CIA が実施するプログラム下，米領域外において抑留・尋問されているという声明を発表した[35]。大統領は本プログラムの詳細を開示すれば，敵に反撃する機会を与えてしまうこととなるとし，その極秘性が肝要なのであると述べ，本プログラムを通じて拘束された者たちの尋問を通じて取得された情報が，米国や他国での新たなテロ攻撃の防止に実際に役立ち，無辜の生命が救われた，とその成果を強調した[36]。加えて，用いられる尋問技術は「タフ」であるものの，安全・合法かつ必要なものだと強調していた[37]。

　以上のような大統領の声明は，テロ容疑者が米領域外の施設に抑留され，苛烈な尋問を受けていることを強く推測させた[38][39]。このような行為は「特別

（34）　この点について詳しくは，熊谷・前掲注(3)（グアンタナモ）96-103頁を参照。

（35）　Bush, G. W., "Remarks on the War on Terror", September 6, 2006, p. 1570, at ⟨http://www.gpo.gov/fdsys/pkg/WCPD-2006-09-11/pdf/WCPD-2006-09-11-Pg1569-2.pdf⟩.

（36）　*Ibid.*, pp. 1570-1571.

（37）　*Ibid.*, p. 1571.

（38）　Crook, J. R. (Ed.), "President Confirms Secret Detentions, Transfers CIA Detainees to Guantánamo Bay", *American Journal of International Law*, Vol. 100, No. 4 (October, 2006), p. 936. もっとも，米国はこれらの者に対する尋問方法を「高度尋問技術（Enhanced Interrogation Technique）」と呼んでいた。なお，2014年12月9日に至って米国の上院情報特別委員会（Senate Select Committee on Intelligence）が公表した報告書では，このような尋問技術がテロ行為の抑止やウサマ・ビンラディンを含むテロ行為の首謀者の逮捕に役立たなかったことが結論として述べられており，また，同委員会のダイアン・ファインスタイン上院議員は同報告書の序言において，CIA の拘束下にあった者たちが拷問を受けたこと，その拘束条件や尋問方法は残虐な，非人道的な，品位を傷つける類いのものであったと声明した。Report of the Senate Select Committee on Intelligence, Committee Study of the Central Intelligence Agency's Detention and Interrogation Program together with Foreword By Chairman Feinstein and Additional and Minority Views December 9, 2014, pp. vii, xi-xiii, at ⟨http://www.intelligence.senate.gov/sites/default/files/documents/CRPT-113srpt288.pdf⟩. *See also*, Daugirdas, K. and Mortenson, J., D. (Eds.), "Senate Select Committee on Intelligence Releases Executive Summary of Its Study of CIA's

◆ 第6巻 ◆ 国際人権法の動態 —— 支える力，顕現する脅威　Ⅱ　脅威との対峙

送致（Extraordinary Rendition）」と呼称される[40]。もっとも，特別送致という用語は国際法の術語としては確立していない。

（2）　ノン・ルフールマン原則

　国際法からみた場合，特別送致の実行は違法であるという疑いを発生させる。すなわち，特別送致を個人の身柄の拘束から移送先国での収容に至る一連の流れとしてみた場合，恣意的な逮捕や拘禁を受けない権利，実効的な救済および公正な裁判を受ける権利，拷問およびその他の虐待を受けない権利との抵触，強制失踪の禁止との抵触など，それにより生ずる可能性のある人権規範との抵触は多岐にわたり，特別送致は複数の論者が指摘するように複合的・重層的な人権侵害の源泉となる[41]。もっとも，情報収集を目的とした尋問（ブッ

Detention and Interrogation Program", *American Journal of International Law*, Vol. 109, No. 2 (2015), pp. 422-429.

(39)　ここで複数の事例を概観する。第1にアブ・オマル（Abu Omar）（別名オサマ・ムスタファ・ハッサン・ナスル（Osama Mustafa Hassan Nasr）（エジプト国籍）の事例である。2003年2月，イタリア・ミラノに滞在していたアブ・オマルは，ミラノでCIA要員に身柄を拘束された後，エジプトに移送され，エジプト情報機関の管理の下に移され，2007年に解放されるまで拷問などを受けた。第2にエル・マスリ（El-Masri）（ドイツ国籍）の事例である。2003年12月，エル・マスリはセルビアとマケドニアの国境でマケドニア当局によって身柄を拘束された後，CIA要員に引き渡され，航空機でアフガニスタンに移送され，CIAがアフガニスタンで運営していた施設に抑留され，その間テロリズムへの関与やテロ組織との関係について尋問され，さまざまな虐待を受けた後，2004年5月，アフガニスタンからアルバニアに移送され，そこで解放された。第3にアフマド・アギザ（Ahmed Agiza）（エジプト国籍）の事例である。1998年，テロ活動を理由に「上級軍法会議」（出廷せず）で有罪とされ，25年の自由刑の判決を受けていたアフマド・アギザは，1991年以来，中東や西アジアの複数の国に滞在していたが，2000年9月，カナダへの渡航途上で寄港したスウェーデンで難民申請を行った。2001年12月18日，スウェーデン政府はそれをしりぞける決定をし，アフマド・アギザに対して退去強制命令を発した。命令に異議を申し立てる間もなく（命令発出の数時間後），アフマド・アギザは空港に移され，そこでCIA要員に引き渡され，エジプトへ移送された。エジプトで拷問を受けた。以上の諸事例については，熊谷・前掲注(3)(ER) 92-93頁を参照。

(40)　日本語では，不正規移送とも訳出される。また，この問題を考察する近時の論考として，Egan, S., *Extraordinary Rendition and Human Rights: Examining State Accountability and Complicity* (Palgrave Macmillan, 2018) を参照。

(41)　阿部浩己「すべては『安全』のために —— カナダに見る〈非人間化〉の力学」国際人権18号（2007年）30頁，今井直「拷問禁止規範の絶対性のゆらぎ —— ノン・ル

220

シュ大統領によれば「タフな」尋問であるが）のために個人を国境を超えて非自発的・強制的に移動させるという点に着目するならば（下線筆者），国際人権規範のうち，拷問等禁止規範，とくにノン・ルフールマン原則との関連性は密接である。以下，ノン・ルフールマン原則の諸相を確認する。その際，素材とするのは，自由権規約，「拷問および他の残虐な，非人道的なまたは品位を傷つける取扱いまたは刑罰に関する条約」（以下，拷問等禁止条約）および「人権および基本的自由の保護のための条約」（以下，ヨーロッパ人権条約）である[42]。さらに，特別送致に対する米国以外の国家の関与の一般国際法上の位置づけについて，国家責任に関する一般原則に照らして考察する。

さて，拷問等禁止条約は，「締約国は，いずれの者をも，その者に対する拷問が行われるおそれがあると信ずるに足りる実質的な根拠がある他の国へ追放し（expel），送還し（return ["*refouler*"]）または引き渡し（extradite）てはならない」と規定する（第3条）。本規定は一般にノン・ルフールマン（non-refoulement）原則と呼ばれる。同条約起草に関わったバーガーズとダネリウス（Burgers, Danelius）は，拷問等禁止条約第3条が，ヨーロッパ人権条約第3条（拷問等の禁止）に関わるヨーロッパ人権委員会の実行に負うところがあると説明する[43]。この原則の趣旨は，国家は拷問の禁止の絶対的な性格から自己の機関が個人に対して拷問を行うことのみならず，個人を，拷問を受ける危険性

フールマン原則を中心に —— 国際法の立場から」同上（国際人権）69頁。*See also,* Arenas-Hidalgo, N., "The International Responsibility of EU in US 'Extraordinary Renditions' of Suspected Terrorists", *in* Fernández-Sánchez, P. A.（Ed.）, *International Legal Dimension of Terrorism*（Martinus Nijhoff Publishers, 2009）, p. 120; Sands, P., "International Rule of Law: Extraordinary Rendition, Complicity and its Consequences", *European Human Rights Law Review*, Issue 4（2006）, pp. 408-409; Sadat, L. N., "Ghost Prisoners and Black Sites: Extraordinary Rendition under International Law", *Case Western Reserve Journal of International Law*, Vol. 37, Issue 2（2006）, pp. 322-323.

[42] 米国は拷問等禁止条約についても（自由権規約の場合と同じく）拷問にまでは達しないが，残虐な，非人道的なまたは品位を傷つける取扱い・刑罰の禁止（第16条）の限度を合衆国憲法規定に照らした解釈と合致させるという趣旨の留保を付している。*Multilateral Treaties Deposited with The Secretary-General: Status as at 31 December 2002, supra* note 33, p. 264.

[43] Burgers, J. H., and Danelius, H., *The United Nations Convention against Torture: a Handbook on the Convention against Torture and Other Cruel, Inhuman, or Degrading Treatment or Punishment*（Martinus Nijhoff Publishers, 1988）, pp. 125-128.

がある他国へ移送することも禁じられるというものである[44]。第3条においては，「追放」，「送還」および「引渡し」と国家が個人を非自発的・強制的に移動させるために用いる手段が包括的に列挙されている。また，移送先の国家に関しては，1997年に拷問禁止委員会が採択した第3条に関する一般的意見1は，「他の国」とは，当該個人が追放され，送還されまたは引き渡される対象の国家および個人が「その後に（subsequently）」追放，送還または引き渡されるいかなる国家をも含むものと解釈できるとしている（第2項）[45]。

なお，自由権規約には，ノン・ルフールマン原則を明示に謳う規定はないが，1992年に採択された第7条に関する一般的意見20は，「個人を，犯罪人引渡し，追放またはルフールマンを通じた他国への送還をもって，拷問または残虐な非人道的なもしくは品位を傷つける取扱いまたは刑罰にさらしてはならない」（第9項）[46]とし，拷問などを受けない権利を個人に保障する第7条を侵害する危険性がある場合の移送の禁止義務を導出する。また，2004年の一般的意見31は，自由権規約第2条に規定される締約国の一般的義務から，個人が犯罪人引渡しや追放などに起因する国外移送を通じて移送先の国家（最終的移送国を含む）で拷問などを受ける真の危険性がある場合の移送禁止を導き出している（第12項）[47]。こうして，ノン・ルフールマン原則は自由権規約上黙示の原則として確立している[48]。

---

(44) *See*, Duffy, A., "Expulsion to Face Torture? *Non-refoulement* in International Law", *International Journal of Refugee Law*, Vol. 20, No. 3 (October, 2008), pp. 373-374.

(45) General Comment No. 1: Implementation of Article 3 of the Convention in the Context of Article 22, U.N.Doc.A/53/44, annex IX, para. 2.

(46) General Comment No. 20: Replaces General Comment 7 Concerning Prohibition of Torture and Cruel Treatment or Punishment (article 7), U. N. Doc. HRI/GEN/1/Rev. 9 (Vol. I) (1992), para. 9.

(47) HRC General Comment No. 31, *supra* note 11, para. 12.

(48) なお，同じく明文での規定を欠くヨーロッパ人権条約に関してもノン・ルフールマン原則の内在性が認められている。すなわち，犯罪人引渡しの文脈で第3条違反の有無が問題となった1989年のゼーリング（Soering）事件においてヨーロッパ人権裁判所は，「犯されたと主張される犯罪がいかに凶悪なものであっても，締約国が，逃亡犯罪人を，拷問を受けるおそれがあると信じる実質的な理由がある国へ，それを知りながら引き渡すとすれば，それは前文の言及する『政治的伝統，理想，自由および法の支配の共通の伝統』という，条約の基礎をなす価値と両立しがたいであろう。第3条の簡潔かつ一般的な文言には明示的に言及されていないが，かかる状況における引渡しは，あき

（3） 国家の安全と個人に対する危険

以上のように個人は，ノン・ルフールマン原則を通じ所在国領域外における安全も保障される。他方で，国家が個人を他国へ移送する場合，その意図は多様であるが，その一つには，移送国および／またはその国民の安全（以下，包摂的に，国家の安全）を保護するためということもあろう。この点は，テロリストに対する国際法上の処遇のありかたという本章の考察目的と密接な関連性を持つ。個人が移送先国で受ける，拷問を含む虐待の危険性の評価において，国家の安全という価値はいかなる影響を与えうるのか。ここではヨーロッパ人権条約の実行[49]を確認する。すなわち，イタリアからの追放を命ぜられたチュニジア人サーディ（Saadi）の申立に関わる 2008 年 2 月 28 日のヨーロッパ人権裁判所大法廷判決である[50]。本件の争点の 1 つはヨーロッパ人権条約第 36 条 2 項に従い第三者として本件に訴訟参加した英国がその「所見」において提起した点，すなわち，国際テロリズムの深刻な脅威という文脈にあっても，考慮すべき唯一の要素は移送対象となる個人が移送先の国家で拷問などを受ける危険性があることの実質性であり，当該個人が国家に及ぼす脅威の性質や程度を勘案することはできないとの法理が維持されるべきかどうかということであった[51]。

らかに同条の精神および意図に反する。裁判所の見解では，引き渡さないというこの内在的な義務は，逃亡犯罪人が，受入れ先の国家において，同条の規定する非人道的または品位を傷つける取扱いまたは刑罰を受ける真の危険にさらされる場合にも妥当する」（Soering v. the United Kingdom, Application No. 14038/88, para. 88）と述べ，ノン・ルフールマン原則は拷問のみならず，「拷問に至らない一定の取扱い」にも妥当すると明確に判示している。本判決で示された第 3 条に関する解釈は，その後の判例においても踏襲されている。なお，本判決について詳しくは，北村泰三「犯罪人引渡しと死刑の存在」小寺彰ほか（編）『国際法判例百選〔第 2 版〕』（2011 年）96-97 頁を参照。

(49)　自由権規約と拷問等禁止条約の実行についても，ここでみるヨーロッパ人権裁判所大法廷判決と同様である。かかる実行については筆者の諸論考（注 3）を参照されたい。

(50)　Saadi v. Italy, Application No. 37201/06 [*hereinafter* Saadi Judgement]）。また，本判決に関する論考として，北村泰三「犯罪人引渡しに関するヨーロッパ人権裁判所の判例法の展開 ——『テロとの戦い』の下での犯罪人引渡と人権」研究紀要（世界人権問題研究センター）13 号（2008 年）31-69 頁，今井直「ヨーロッパ人権条約 3 条にもとづくノン・ルフールマン原則の絶対性 —— サーディ対イタリア事件」国際人権 19 号（2008 年）215-217 頁を参照。

(51)　英国の所見は，テロリズム関連活動の疑いを根拠として本国アルジェリアへの移送が決定されたが本国での拷問を含む虐待を受ける危険性があるということから当該処分の第 3 条違反性が問われた Ramzy 対オランダ事件（Ramzy v. the Netherlands,

◆ 第6巻 ◆ 国際人権法の動態 ── 支える力，顕現する脅威　Ⅱ　脅威との対峙

　この点について，ヨーロッパ人権裁判所は，まず，拷問の禁止および「拷問に至らない一定の取扱い」の禁止が，個人の活動に関係なく絶対的なものであり[52]，また，第3条が禁ずる取扱いからの個人の保護の絶対性から，移送先の国家において個人がこの種の取扱いを受ける真の危険にさらされる場合には，引渡しや追放が禁じられるとした[53]。さらに，裁判所は，締約国が条約上の責任を負うか否かの判断に際し，個人が第3条で禁ぜられる取扱いを受ける危険性を，当該個人を追放すべき理由と比較衡量することはできない。この点において，個人の活動はいかに望ましくなくまたは危険であったとしても，考慮することはできない。結果として，第3条が個人に与える保護は，1951年の難民の地位に関する条約第32条，第33条により付与されるものよりも広範なものとなる。以上の法理はヨーロッパ評議会の「人権およびテロとの戦いに関するガイドライン」のⅣおよびⅦ[54]にも合致している，と判示した[55]。裁判所は，「イタリアおよび英国両政府の主張するごとく，〔9.11テロ事件：補足筆者〕時以降テロリストによる脅威が高まったとしても，第3条の絶対的性格を帰結したチャハル判決の結論に疑問を差し挟む余地はない」とした[56]。

Application No. 25424/05）に関し，2005年11月に提出を許された所見と同一のものである（Observations of the Governments of Lithuania, Portugal, Slovakia and the United Kingdom Intervening in Application No. 25424/05, p. 1, paras. 1-2. *See also,* Saadi Judgement, *ibid.*, paras. 120, 122）。

(52)　Saadi Judgement, *supra* note 50, para. 127.

(53)　*Ibid.*, para. 138.

(54)　なお，本判決で引用されたヨーロッパ評議会閣僚委員会が2002年7月11日に採択した「人権およびテロとの戦いに関するガイドライン」は次のとおりである。「Ⅳ　拷問の絶対的禁止．拷問または非人道的または品位を傷つける取扱いまたは刑罰の使用は，あらゆる状況下，とくに，テロ行為を疑われまたはそれゆえに有罪とされた個人の逮捕，尋問，身柄の拘束の間，当該個人が行ったと疑われる行為またはそれゆえに有罪とされた行為の性質に関係なく，絶対に禁止される。」「Ⅻ　庇護，送還（"*refoulement*"）および追放……2．庇護の申請を受けた国家の義務は，申請者の本国（country of origin）または他の国家へのありうる送還に際して，彼／彼女をして死刑，拷問または非人道的なまたは品位を傷つける取扱いまたは刑罰を受けないよう確保することである。このことは追放についても同様である。……」Committee of Ministers of the Council of Europe, *Guidelines on Human Rights and the Fight against Terrorism*, July 11, 2002, pp. 8, 11, at ⟨https://wcd.coe.int/ViewDoc.jsp?id=991179⟩.

(55)　Saadi Judgement, *supra* note 50, para. 138.

(56)　*Ibid.*, para. 141. なお，第3条の保証する権利が，いかなる理由にもかかわらず「絶対的」なのであり，第3条が禁止する諸扱いに該当すれば対立する利益との比較衡量を

9　国際人権法から見たテロリズムの規制〔熊谷　卓〕

このように，ヨーロッパ人権裁判所は，他国において拷問等の虐待を受ける危険性から個人を保護するノン・ルフールマン原則の適用にあたって国家の安全という考慮が入り込む余地のないことを確認した[57]。

（4）　特別送致に起因する米国の法的責任

米国は，テロ組織との対峙は，それが武力紛争に該当するとの前提から適用法規範が国際人道法であり，また，関連条約の適用範囲の領域内性を強調する解釈を採用することで，テロ容疑者に対する人権法の適用に否定的であった[58]。もっとも，上述のように拷問禁止委員会および自由権規約委員会によれば，拷問等禁止条約および自由権規約は武力紛争時および締約国の領域外に所在する個人に対しても適用され，ICJ の判断もそれと軌を一にしている。こうして武力紛争時における両条約の適用可能性および国境を超える両条約の適用可能性の承認は，米国のテロ対策の国際法的な正当性に疑問を呈する。事例ごとの具体的な検討が必要であることはいうまでもないが，特別送致については両条約がそれぞれ規定する範囲で両条約によって個人に保障されるノン・ルフールマン原則と相容れないものと判断することが可能である。

待たずに直ちに条約違反となるという趣旨の本法理は，第 3 条の絶対性を強調する 1996 年のチャハル（Chahal）対英国事件に関する裁判所の判決（大法廷）で提示されたものである（Chahal v. the United Kingdom, Application No. 22414/93, para. 80）。チャハル判決について詳しくは，村上正直「ノン・ルフールマン原則と退去強制　他国による人権侵害の危険性を理由とする追放の可否および追放手続中の長期拘禁の恣意性と合法性審査 —— チャハル判決」戸波江二・北村泰三ほか（編）『ヨーロッパ人権裁判所の判例』（信山社，2008 年）129-133 頁，小畑郁「入国管理措置に対する不服審査制度と権利侵害に対する実効的救済手段を得る権利 —— ヨーロッパ人権条約 13 条に関する判例の展開の一側面」研究紀要（世界人権問題研究センター）11 号（2006 年）30-32 頁を参照。

(57)　もっとも，小法廷レベルであるが第 3 条に基づくノン・ルフールマン原則の絶対性にゆらぎを投げかけるものと解釈可能な判決もある。2012 年 4 月 10 日の Barbar Ahmad and Others v. The United Kingdom（Applications nos. 24027/07, 11949/08, 36742/08, 66911/09 and 67354/09）である。本判決について詳しくは，今井直「拷問・非人道的取扱いとノン・ルフールマン：テロ容疑者の引渡しにおける 3 条の絶対性の動揺 —— バーバー・アフマド判決」小畑郁・江島晶子ほか（編）『ヨーロッパ人権裁判所の判例Ⅱ』（信山社，2019 年）144-148 頁を参照。

(58)　熊谷・前掲注(3)（ER）92-93 頁。

225

◆ 第 6 巻 ◆ 国際人権法の動態 —— 支える力，顕現する脅威　Ⅱ 脅威との対峙

（5）　特別送致関与国と国際法

（ⅰ）　国際違法行為の実行に対する支援または援助と国際法

　ヨーロッパ評議会議員総会の法律問題・人権委員会の報告書は，特別送致の実行を，テロ容疑者を抑留施設に向け移送するための「地球規模で張り巡らされた蜘蛛の巣のようなもの」と形容した[59]。同報告書では，このようなネットワークを造り上げたのは米国であるとしても，この「巣」がヨーロッパ大に拡大して行ったのはヨーロッパにおけるパートナー達の共謀のせいであったと断ずる[60]。こうしてみると特別送致をめぐって米国以外の国家の関与もあったと判断できる。こうした場合，他国による関与を国際法上どのように評価すべきか。関与国が締約国となっている個別の条約上責任を問われることもあろう。もっとも，本節においては特別送致に関与した国家の一般国際法上の責任について国連国際法委員会（以下，ILC）が 2001 年に採択した「国際違法行為に関する国家の責任に関する条文」（以下，国家責任条文）[61]第 16 条[62]を手がかりに検討を試みる。

　さて，「国際違法行為の実行に対する支援または援助（Aid or Assistance in the Commission of an Internationally Wrongful Act）」と題する国家責任条文第 16 条は，「他国の国際違法行為の実行を支援しまたは援助する国家は，次の場合には，当該支援または援助について国際法上の責任を負う」とし，「(a) 当該国家が，国際違法行為の事情を了知して支援または援助を行い，かつ，(b) その行為が，当該国家によってなされたならば，当該行為が国際法上違法となる場合」と規定する[63]。はたして他国による違法行為の支援・援助国（以下，支援国）は，本条を通じどのような行程を経てその責任を認定されるのか。この点については，第 16 条の注釈は次のような 3 つの要件を課す[64]。第 1 に支援

---

(59)　Council of Europe, Parliamentary Assembly, Committee on Legal Affairs and Human Rights, *Alleged Secret Detentions and Unlawful Inter-state Transfers of Detainees Involving CoE Member States*, June 12, 2006, Doc. 10957, p. 59, para. 280.

(60)　*Ibid.*, p. 284.

(61)　国家責任条文とその注釈は，*Yearbook of the International Law Commission*, 2001, Vol. 2, Part 2, p. 26 以下 に収録されている。

(62)　国家責任条文第 16 条について一般的に考察した論考として，Lowe, V., "Responsibility for the Conduct of Other States"，国際法外交雑誌 101 巻 1 号（2002年）1-15 頁を参照。

(63)　*Yearbook of the International Law Commission*, 2001, Vol. 2., Part 2, p. 27.

(64)　*Ibid.*, p. 66, para. 3.

226

国によって被支援国の行為が国際的に違法となる事情が認識されていること，第2に支援国が被支援国による国際違法行為の実行を助長する目的（view）で当該支援を提供し，かつ，提供された支援が実際に国際違法行為を助長すること[65]，第3に被支援国の行為は支援国自身が実行していたならば，当該行為は違法であること[66]，である。こうして，支援国は，自己および被支援国の双方を拘束する国際義務の当該被支援国による違反を意図的に支援する場合において責任を負いうる。この場合，当該事情を認識していることを前提に提供される支援は実効的なものでなければならない。また，支援国は問題となる国際違法行為の発生・実行に自己の行為が寄与した限度において責任を負い，被支援国の行為それ自体に対する責任は負うことはない[67]。支援国はそれ自体としては問題となる違法行為に従事していない。その責任はあくまでも違法行為を助長したことによって発生する[68]。

（ⅱ）　特別送致の実行に対する支援または援助に起因する国家の責任

以上をふまえ，特別送致関与国に対する国家責任条文第16条の適用可能性を検討する。このことを考える場合，もっとも議論となりうる問題は，他国による国際違法行為の事情に関する支援国の了知の程度であろう[69]。この点に関し，議論を単純化するならば，支援国によって，被支援国が特定の行為の実

---

(65)　したがって，第16条の適用は，問題となる支援が，帰結する国際違法行為と明確な関連性を持つ場合に限定される。支援をもって国際違法行為実行の助長を意図し，かつ，実際上被支援国による国際違法行為が発生しなければ，第16条の下における責任は発生しない。もっとも，支援が国際違法行為実行にとって不可欠なものでなければならないということまでは求められておらず，当該行為に相当程度に貢献すればよいとされる。*Ibid.*, para. 5.

(66)　したがって，本要件は，第16条下における責任を，支援国それ自身が引き受ける国際義務に反し支援を行った場合に限定する効果を持つ。*Ibid.*, para. 6.

(67)　*Ibid.*, pp. 66–67, paras. 3, 10. Lowe・前掲注(62)4–5, 9頁。Kawasaki, K., "Draft Articles on State Responsibility Adopted by the International Law Commission in 2001: A Brief Overview", *Hitotsubashi Journal of Law and Politics*, Vol. 30 (2002), p. 45.

(68)　Lowe・前掲注(62)11頁。

(69)　Skogly, S. I., *Beyond National Borders: States' Human Rights Obligations in International Cooperation* (Intersentia, 2006), p. 38. また，Lowe・前掲注(62)8–11頁を参照。*See also*, Nolte, G., and Aust, P., "Equivocal Helpers:Complicit States, Mixed Messages and International Law", *International and Comparative Law Quarterly*, Vol. 59, Part 1 (January, 2009), pp. 13–15.

227

◆ 第 6 巻 ◆ 国際人権法の動態 ── 支える力，顕現する脅威　Ⅱ　脅威との対峙

行を意図していること，かつ，当該行為が違法であること，が了知され，当該
違法行為が実際に行われるかぎりにおいて支援国は当該関与のゆえに責任を負
うということになるといってよい[70]。いずれにせよ，特定の特別送致に関す
る認識とそれを助長する目的での実効的な支援が特別送致関与国の国家責任を
判断する鍵の 1 つといってよいと思われる[71]。

　前述したような要件を満たす場合，特別送致関与国は，その責任を問われる
こととなろう。幸いにも，拷問および「拷問に至らない一定の取扱い」は主要
な人権条約上禁止されており[72]，かつ，その締約国数も条約によって差異は
あるものの，拷問等禁止条約については 174 カ国，自由権規約については 174
カ国に至っており（2024 年 9 月 25 日現在），その点を考慮するならば，これら
の諸条約を通じた拷問等禁止の広がりは地理的にみて「蜘蛛の巣」のような空
間的様相を呈している。このような意味において国家責任条文案第 16 条に依
拠した（特別送致の）支援国の責任追及上の空間的基盤も広範囲なものとな
る。さらに，ノン・ルフールマン原則の国際慣習法性を認める見解に立て
ば[73]，そのかぎりで個人が他国での拷問などの虐待を受ける危険性がある場

─────────────

(70)　Lowe・前掲注(62)9 頁。

(71)　*Yearbook of the International Law Commission*, 2001, Vol. 2., Part 2, p. 66, para 3.

(72)　本稿で参照した諸条約に加えて，たとえば，1987 年の「拷問の防止および処罰に
　　関する米州条約」(Inter-American Convention to Prevent and Punish Torture) は，
　　「犯罪人引渡しの請求を受けた者の生命が危険であり，その者が拷問または残虐な，非
　　人道的なもしくは品位を傷つける取扱いを受け，またはその者が請求国の特別または臨
　　時の裁判所により審理されると信ずる根拠のある場合には，犯罪人引渡しを行ってはな
　　らず，また請求を受けた者を送還してはならない」（第 13 条）と規定する。O. A. S.
　　Treaty Series No. 67, *entered into force* February 28, 1987, at 〈http://www.oas.org/
　　juridico/english/Treaties/a 51.html〉.

(73)　ローターパクトとベツレヘム (Lauterpacht, Bethlehem) は，ノン・ルフールマン
　　原則の国際慣習法性を認め，その内容は「個人が，拷問および残虐な，非人道的なまた
　　は品位を傷つける取扱いまたは刑罰を受ける真の危険に直面していることが実質的な根
　　拠によって証明される場合」の移送の禁止とし，これは，国際実行において明確化され
　　てきた基準の完全な定式化である，としている (Lauterpacht, E. and Bethlehem, D.,
　　"The Scope and Content of the Principle of *non-refoulement*: Opinion", *in* Feller, E.,
　　Türk, V. and Nicholson, F., *Refugee Protection in International Law* (Cambridge
　　University Press, 2003), p. 162)。また，国連差別防止少数者保護小委員会は 2005 年の
　　決議おいて，「拷問および残虐な，非人道的なまたは品位を傷つける取扱いまたは超法
　　規的処刑を受ける現実の危険に直面する国家にある者を移送することは，国際慣習法の
　　違反となる」と結論する (U.N. Doc. E/CN.4/SUB.2/2005/L.12 (2005), para. 3)。

合における他国に対する移送の禁止は文字どおりに地球規模に拡大する。かくして，第16条の適用は，特別送致関与国の責任を追及する方途として一定の意義を持つといってよいだろう。

Ⅳ　通信情報の大規模監視

（1）　監視措置とプライバシーの保護

2013年，米国家安全保障局（以下，NSA）職員スノーデン氏の内部告発によって，同機関が，国際テロリズムの防止を目的として同機関が運用する複数の情報監視プログラム（「プリズム（PRISM）」，「アップストリーム（UPSTREAM）」と呼ばれる）を通じて米内外に所在するきわめて多くの個人の情報を傍受・収集・解析していたことが明らかになった。これらの個人の電話の通話，電子メール，チャット（動画，音声），インターネットの検索履歴等のきわめて広範囲の情報が監視の対象となっていた[74]。かかる措置は対象とされた個人のプライバシーないし私生活の尊重との相克を提起するが[75]，自由権規約第17条は「1 何人も，その私生活（privacy），家族，住居もしくは通信に対して恣意的にもしくは不法に干渉されまたは名誉および信用を不法に攻撃されない。2 すべての者は，1の干渉または攻撃に対する法律の保護を受ける権利を有する」と規定する。

なお，自由権規約委員会が1988年に発表した第17条に関する一般的意見

---

(74)　海野敦史「米国家安全保障局（NSA）による通信監視と米国憲法修正4条との法的関係」ICT world review 6巻6号（2014年）18，23，25頁。石井夏生利「国家安全と通信の秘密」『Nextcom：情報通信の現在と未来を展望する』第16巻（2013年）24-27頁。"The right to privacy in the digital age", Report of the Office of the United Nations High Commissioner for Human Rights,U.N. Doc. A/HRC/27/37 (2014), para. 20. なお，監視の実態については以上に加えて，グレン・グリーンウォルド（著）・田口俊樹ほか（訳）『暴露：スノーデンが私に託したファイル』（新潮社，2014年），ルーク・ハーディング（著）・三木俊哉（訳）『スノーデンファイル：地球上で最も追われている男の真実』（日経BP社，2014年）が詳しい。

(75)　もっとも，監視措置の適切な限界に関する議論は同氏の告発前よりなされており，「言論および表現の自由の促進および保護に関する特別報告者」による2013年4月の報告書では，領域外での人権侵害の発生，自己が監視対象となっていることを知りえないこと，救済を求めることの困難さについての懸念が提示されていた（Report of the Special Rapporteur on the promotion and protection of the right to freedom of opinion and expression, U.N. Doc. A/HRC/23/40 (2013), paras. 64, 50）。

◆ 第 6 巻 ◆ 国際人権法の動態 ── 支える力，顕現する脅威　Ⅱ 脅威との対峙

16 は「通信は，傍受されることなくかつ開封またはその他の方法で読まれることなしに名宛て人に配送されるべきである。電話，電報およびその他の形式の通信の監視（電子的またはその他の方法を問わず）および傍受は禁止されるべきであり，会話の盗聴およびテープによる記録は禁止されるべきである。」[76]と規定することで，本条が通信領域におけるプライバシーの保護に関して具体的な義務を課していることを示す[77]。

また，2013 年 12 月の国連総会決議（68/167）[78]が電子的な監視の問題の法的な扱いに関して本条に直接依拠していることが留意されるべきである[79]。

もっとも，自由権規約第 17 条は，プライバシーに対する干渉であって不法または恣意的なものは許容されないと規定するゆえ，その絶対性を保障するものではない。この点，自由権規約委員会の実行に基づけば，規約上許容される干渉に該当するかどうかは，次のような 3 つの要件を充足しているかどうかにかかっている[80]。すなわち，問題となる措置（たとえば，監視措置）が，①アクセス可能で明確な，さらに規約の諸要件に合致した法律により規定されており[81]，②正当な目的を追求し，③必要性と均衡性のテストを充足していること[82]，である。

---

(76)　Human Rights Committee, General Comment No.16, Article 17（The right to respect of privacy, family, home and correspondence, and protection of honour and reputation）, U.N. Doc. HRI/GEN/1/Rev. 9（Vol. I）(1988), p. 192, para. 8 [*hereinafter* HRC General Comment No. 16].

(77)　Report of the Special Rapporteur on the promotion and protection of the right to freedom of opinion and expression, *supra* note 75, para. 25.

(78)　"68/167. The right to privacy in the digital age", U. N. Doc. A/RES/68/167(**2014**).

(79)　Milanovic, M., "Human Rights Treaties and Foreign Surveillance. Privacy in the Digital Age", *Harvard International Law Journal*, Vol. 56, No. 1（1995）, pp. 84-85.

(80)　Report of the Special Rapporteur on the promotion and protection of human rights and fundamental freedoms while countering terrorism, U. N. Doc. A/69/397 (2014), para. 30.

(81)　HRC General Comment No. 16, *supra* note 76, para. 3.

(82)　Human Rights Committee, General Comments Nos. 16, 27（art.12）, 29（art.4）, 34 (art. 19) and 31（art. 2）; Human Rights Committee, *Van Hulst v. Netherlands*, Communication No. 903/1999, U.N. Doc. CCPR/C/82/D/903/1999（2004）, para 7.3; *Toonen v. Australia*, Communication No. 488/1992, U.N. Doc. CCPR/C/50/D/488/1992 (1994), para. 8.3; *MG v. Germany*, Communication No. 1482/2006, U. N. Doc. CCPR/C/93/D/1482/2006 (2008), paras. 10.1 and 10.2.

（2） 保護を受ける個人は誰か

　以上のように自由権規約第 17 条はプライバシー権を規定するが，既述のように NSA による通信の監視の対象は米領域外の外国人に及ぶ。したがって，このような個人も保護されるのか，ここでも，自由権規約の適用範囲についての検討が鍵となる。この点について，これまでにも参照した一般的意見 31 は「領域内にいるすべての人」または「その管轄（jurisdiction）の下にあるすべての人」に対して規約上の権利を尊重し，確保することが締約国の義務であると明記し[83]，したがって，締約国は領域内の個人と同様に，領域外にあっても管轄の下にある個人であるかぎり権利保障を義務づけられる[84]。問題はなにをもって領域外にある個人であっても管轄の下にある個人であるとみなされるかであるが，この点については，同一般的意見は「当該締約国の権限（power）または実効的支配（effective control）の下にあるいかなる個人」と敷衍する[85]。

　以上をふまえ，通信を監視される領域外の個人の問題について一言する。この点，ここで学説を参照するならば，個人に対する実効的支配の解釈は，「問題となっている具体的な権利を考慮すべき」[86]である。すなわち，一方で拷問に関していえば，被害者の抗拒不能性が重要な基準となる以上，被害者が拘束されている場合においてのみ国家は領域外での拷問について責任を問われうる[87]。このことは，恣意的な逮捕・拘束がなされてはじめて侵害を認定される人身の自由についても同様であろうが，他方で一例をあげれば，領域外で活動する自国軍隊の発砲による市民の殺害[88]のように，生命権の侵害は身柄の

---

(83)　HRC General Comment No. 31, *supra* note 11, para. 10. また，山形英郎「自由権規約のダイナミズム ── 自由権規約委員会による領域外適用」ジュリスト 1409 号（2010年）52 頁を参照。

(84)　山形・同上。

(85)　HRC General Comment No. 31, *supra* note 11, para. 10.

(86)　Nowak, M., "Letter to the Editor from Manfred Nowak, What does extraterritorial application of human rights treaties mean in practice ?", *Just Security*, March 11, 2014, at 〈http://justsecurity.org/8087/letter-editor-manfred-nowak-extraterritorial-application-human-rights-treaties-practice/〉.

(87)　Nowak, *ibid*.

(88)　援用される判例は，ヨーロッパ人権裁判所で 2011 年 7 月 7 日に下されたアル・スケイニ対英国事件大法廷判決（*Al-Skeini And Others v. The United Kingdom*, Application no. 55721/07, Judgment（Grand Chamber））である。ノヴァック教授は本判決から締約国が個人を殺害しうる能力（power to kill）を有している際には，「管轄（jurisdiction）」（ヨーロッパ人権条約 1 条）の存在を肯定する解釈を導き出しているよ

◆ 第 6 巻 ◆ 国際人権法の動態 —— 支える力，顕現する脅威　Ⅱ 脅威との対峙

拘束以外の文脈でも発生しうるのであり，同様にプライバシー権の侵害も身柄の拘束を必須としない[89]。したがって，通信の監視の文脈における「実効的支配」とは，個人が外国機関の直接的な支配（身柄の拘束）の下にあるかどうかではなく，当該通信が支配の下にあるかどうかによる[90]，との見解[91]が提示されている。

　以上のような学説上の見解についていえば，プライバシー権の特徴をふまえた上で自由権規約の適用条件である管轄の下にあるという文言を解釈していることにその特徴があるといえよう。いずれにせよ，監視措置対象の個人が規約に規定される意味において締約国の管轄の下にあると認定されれば，次に問われうるのは，既述のように第 17 条の謳うプライバシーの保護との当該監視措置の両立性ということになる[92]。

うに思われる（Nowak, *ibid.*）。もっとも，本判決について和仁健太郎は，英国が，イラクにおいて通常であれば領域国政府が行使する公権力の一部を行使するという例外的な事情（本判決第 149 項）があったのであるとし，その意味で本判決から，かかる解釈を導き出すに際しては一定の留保が必要であると指摘する。和仁健太郎「判例研究 アル・スケイニ対英国事件［欧州人権裁判所大法廷 2011.7.7 判決］」阪大法学 62 巻 5 号（2013年）1573 頁。

(89)　Nowak, *supra* note 86.

(90)　*Ibid.*

(91)　なお，シャイニ教授も結論として同様な見解を提示する。Scheinin, M., "Letter to the Editor from Former Member of the Human Rights Committee, Martin Scheinin", *Just Security*, March 10, 2014, at ⟨http://justsecurity.org/8049/letter-editor-martin-scheinin/⟩. それに対して，ダスカル教授は，監視を受ける米国外の個人は自由権規約の域外適用の契機となる管轄の下にないと述べる。Daskal, J., "Extraterritorial Surveillance Under the ICCPR...The Treaty Allows It!", *Just Security*, March 7, 2014 at ⟨http://justsecurity.org/7966/extraterritorial-surveillance-iccpr-its-allowed/⟩.

(92)　なお，2014 年 3 月，自由権規約委員会が，米国の政府報告の審査を経て採択した総括所見第 22 項では，米国内外での監視活動について，第 17 条を含めた自由権規約上の義務の遵守確保のために必要な措置をとることが勧告された（Concluding observations on the fourth periodic report of the United States of America, April 23, 2014, U. N. Doc. CCPR/C/USA/CO/4 (2014), para. 22）。以上のように指摘することで同国域外の監視にも自由権規約の義務は及ぶとの委員会の立場が示されていると解釈可能である。

V　外国人戦闘員への対処

（1）　安保理決議 2178

　2019 年 10 月 27 日のトランプ大統領によるイスラム国（以下，IS）最高指導者バグダディ殺害作戦の完了宣言[93]が象徴しているようにイスラム国の勢いは格段に弱まったものの，一時的にではあるがイラクおよびシリア領域の相当部分を武力制圧し，国家樹立宣言を行ったテロ組織の脅威は依然として看過できない。

　2017 年時点であるが，IS を支援するために両国領域に渡航した外国人戦闘員（以下，FTF）の数は 4 万人を超えた[94]。自国民（や自国居住者）が FTF として IS 戦闘員となれば，その分，関係武力紛争がより深刻化（や長期化）することまた FTF が帰国すれば，国内でテロ攻撃が誘発されかねないことが懸念された結果，2014 年 9 月，国連では安保理が国連憲章第 7 章に基づき決議2178 を採択し[95]，諸義務を加盟国に課すことでその対処に出た。もっとも，同決議はテロ対策として複数の問題点を内包する。本節においてはこの点に関して概観する。

---

(93)　"Remarks by President Trump on the Death of ISIS Leader Abu Bakr al-Baghdadi", October 27, 2019, at ⟨https://www.whitehouse.gov/briefings-statements/remarks-president-trump-death-isis-leader-abu-bakr-al-baghdadi/⟩.

(94)　OSCE/ODIHR, "Guidelines for Addressing the Threats and Challenges of "Foreign Terrorist Fighters" within a Human Rights Framework", September 12, 2018, p. 11. at ⟨https://www.osce.org/odihr/393503?download=true_⟩.

(95)　UNSC Resolution 2178, UN Doc. S/RES/2178（2014）.

　　本決議では，FTF が地域の緊張を増幅させ紛争を長期化させることや，FTF の出身国，渡航に係る経由国，紛争地域の近隣国に脅威を及ぼすことが懸念された。*Ibid.*, preambular para. 10. なお，FTF 帰還者が引き起こしたヨーロッパでの最初のテロ攻撃は，2014 年 5 月 24 日に発生したブリュッセルのユダヤ博物館での銃撃事件（4 人が犠牲）である。"Overview and Key Findings", *in* Renard, T. and Coolsaet, R.（Eds.）, "Returnees: Who Are They, Why Are They（Not）Coming Back and How Should We Deal With Them?", EGMONT: The Royal Institute for International Relations, February 2018, p. 3 at

⟨http://www.egmontinstitute.be/content/uploads/2018/02/egmont.papers.101_online_v1-3.pdf? type=pdf⟩.

◆第 6 巻 ◆ 国際人権法の動態 ── 支える力，顕現する脅威　Ⅱ 脅威との対峙

（2）　決議 2178 が課す犯罪化義務

　決議 2178 は多様な義務をすべての国連加盟国に課しており，そのこと自体大きな特徴である。同決議は FTF について「武力紛争に関係したものを含め（including in connection with armed conflict），テロ行為の実行，立案，またはその準備，もしくはそれへの参加，あるいはテロリストの訓練を提供することまたは受けることを目的として，居住国または国籍国以外の国家へ渡航するかあるいは渡航しようとする個人」(96) と定義づける。こうした FTF の参加先・リクルート先としては，IS に加えて，ANF（「アル・ヌスラ戦線」）やアルカイダも列挙される(97)。その上で，犯罪化義務は次のように主文 6 で規定されている。

　「6. すべての国家は，〔次の(a)，(b)，(c)に掲げる個人や行為について：補足筆者〕当該犯罪の重大さを十分に反映する形で確かに訴追し刑罰を科すことができるように，国内法令の重大犯罪に関する規定を確実に調整しなければならないと決定するものである。

(a)　テロ行為の実行，立案，またはその準備，もしくはそれへの参加，あるいはテロリストの訓練を提供することまたは受けることのために，居住国または国籍国以外の国家へ渡航するかあるいは渡航しようとする自国民および自国領域から居住国または国籍国以外の国家へ渡航するかあるいは渡航しようとするその他の個人。

(b)　テロ行為の実行，立案，またはその準備，もしくはそれへの参加，あるいはテロリストの訓練を提供することまたは受けることのために，居住国または国籍国以外の国家へ渡航する個人の渡航に資金を供するために，資金が使われるという意図または資金が使われるという認識で，自国民によるもしくは自国領域における，あらゆる手段による，直接または間接の，資金の意図的な提供または集金。

(c)　テロ行為の実行，立案，またはその準備，もしくはそれへの参加，あるいはテロリストの訓練を提供することまたは受けることのために，居住国または国籍国以外の国家へ渡航する個人の渡航の，自国民によるもしくは自国領域における，意図的な準備，または勧誘の行為を含む，他の支援。」

---

(96)　UNSC Resolution 2178, *ibid.*, preambular para. 8.

(97)　*Ibid.*, para. 12.

以上のように，すべての国連加盟国は，テロ行為の実行・立案・準備，テロ行為への参加，テロ訓練の提供またはそれを受けることを目的とした(1)渡航または渡航の企図，(2)かかる渡航への資金提供，(3)渡航の組織化・便宜供与等の，国内法を通じた犯罪化およびこれらの行為を行う者の訴追・処罰の確保を法的に義務づけられたということができる。

（3） 決議 2178 に付帯する問題点
（ⅰ） FTF の定義に付帯する広範性と曖昧性

FTF は，外国人「テロ戦闘員」という用語それ自体が端的に表しているように，テロリストと戦闘員という別個のものを合一した表現である。一方で IS といったテロ組織に自国民（や自国居住者）が参加することでテロ行為が助長される懸念，他方で近年のテロ組織の中には領域支配を目指し，武力を行使するものも散見されるに至り，それゆえ，武力紛争が重大化するという懸念の双方に対応するため，FTF という二面性のある個人の規制につながったといえる。このように FTF という概念においてはテロと武力紛争がリンクされているが，その分そこには明確性が欠けているとの指摘がある[98]。

また，先にみた FTF の定義に該当するためには，個人がテロ訓練を受けることやテロ活動に実際に従事することまでは要求されず，この種の行為に従事することを目的として（意図して）紛争国へ「渡航」しようとすればそれで十分とされる[99]。すなわち，渡航が FTF を規制する中核的要素である。

さらに，「武力紛争に関係したものを含め（*including* in connection with armed conflict）」（強調筆者）との表現に基づけば，武力紛争の事前の存在は必須の条件ではなく，武力紛争において戦闘に従事することは「戦闘員（fighter）」であっても必ずしも求められない[100]。

---

(98)　たとえば，本決議は深く考えもせずまたその法的意義も考慮せずに，テロリズムという概念を武力紛争の事態に延長したのであり，両者の間には根本的な差異があると批判される。Krähenmann, S., "The Obligations under International Law of the Foreign Fighter's State of Nationality or Habitual Residence, State of Transit and State of Destination" *in* de Guttry, A., Capone, F., and Paulussen, C. (Eds.), *Foreign Fighters under International Law and Beyond* (TMC Asser Press, 2016), p. 238. *See also,* Ip, J., "Reconceptualising The Legal Response To Foreign Fighters", *International Comparative Law Quarterly*, Vol. 69 (January, 2020), pp. 123-124.

(99)　Ip, *ibid.*, p. 107.

（ⅱ）　犯罪化規定（主文 6 ）に付帯する問題性

　先にみたように主文 6 ではFTF問題に関連して詳細な犯罪化義務が課され
ている。これらの犯罪行為は大要，①渡航禁止類型，②渡航資金提供禁止類
型，③渡航便宜供与等禁止類型に分類可能である[(101)]。ここではその中でも中
核的な可罰行為である①のいわばテロ目的渡航罪について一言する。規制対象
とされる行為は，多くの人々にとってきわめて日常の営為である国外への渡航
（移動）である。ただし，その場合の動機がテロとの関わりを持つことが求め
られる。国連の対テロリズム委員会（CTC）の 2014 年の報告書自体が記述し
ているように，自己の意図を明示して渡航する者はそもそも稀である[(102)]。し
たがって，テロ行為関連の動機を内心に留めている個人をいかにして同定する
か，そのためには人種プロファイリングすら必須となりかねないとも批判的に
指摘されている[(103)]。

　ここで，渡航の禁止を規定する実際の立法例をあげるとすれば，「テロ組織
による敵対行動への従事があると認定された地域」への渡航を犯罪化する国内
法[(104)]のように，個人の内心の意思を立証することには本来的に困難が伴うの
で，かかる立証の必要のない規定ぶりが選択されたともいえるものが存在して
いることに留意すべきである。

　いずれにせよ本決議の実施に際しては，人権法，とりわけ，移動の自由を厳
に侵害しないことが加盟国には求められる。

----

(100)　Bílková, V., "Foreign Terrorist Fighters and International Law", *Groningen
　　　Journal of International Law, Vol. 6(1) (2018), p. 5.
(101)　橋本広大「いわゆる『外国人テロ戦闘員（FTF）』問題への刑法的対応の検討：国
　　　連安保理決議第二一七八号の課す犯罪化義務とテロ等準備罪をめぐって」法學政治學論
　　　究 117 巻（2018 年）175-176 頁，同『国際組織犯罪対策における刑事規制：処罰の早期
　　　化・犯罪収益規制とイギリス比較法』（慶應義塾大学出版会，2022 年）117 頁。
(102)　Preliminary analysis of the principal gaps in Member States' capacities to
　　　implement Security Council resolutions 1373 (2001) and 1624 (2005) that may hinder
　　　their abilities to stem the flow of foreign terrorist fighters pursuant to Security
　　　Council resolution 2178 (2014), U. N. Doc. S/2014/807 (2014), para 7.
(103)　Krähenmann, *supra* note 98, p. 237.
(104)　Sections 119.2 and 119.3 of the Criminal Code of Australia.

VI おわりに

　以上，本章では 9・11 事件を契機とするテロ対策の複数の側面を概観した。ここではそれらを再確認し，同時に展望を述べてみたい。

　米国が主導してきた諸テロ対策から看取可能なことは，国際人権法規範適用の可能なかぎりでのその回避の試みにあるといってよい。かかる試みは，国際人権法（諸条約）の埒外に一定の個人を位置づけようとしたグアンタナモへのテロ容疑者の移送から始まったということが可能であろう。そして「リーガル・ブラックホール」と非難された同地への収容[105]をさらに人権抑制的な形態で進化させたのが，特別送致の実行であった。これはテロ容疑者の存在そのものを抹消しようとする苛烈な試みである。

　また，領域外の一般市民を対象に含む通信情報の大規模監視については，人権の制約を受ける者が特定の個人から領域内外の一般市民へと拡大された。そして，先にあげた 2 事例と同様に，米政府はいかにして法的な保護の埒外に監視対象者をおくことができるか，このことを探求してきたものと推測可能である。

　したがって，国際人権法（諸条約）に的を絞れば，以上のような諸テロ対策に通底するのは，関係条約適用のトリガーとなる「管轄権（jurisdiction）」の抑制的な解釈[106]およびテロ対策の場面を武力紛争であるとみなすことによる適用法規範の転換の試み[107]であるといってよいだろう。

---

(105)　新井京「9.11 後の『対テロ戦争』における被抑留者の法的地位 —— 相次ぐ虐待事件の背景にあるもの」アジア・太平洋人権レビュー 2005（2005 年）53 頁。Steyn, J., "Guantanamo Bay: The Legal Black Hole", *International and Comparative Law Quarterly*, Vol. 53, Issue 1（January, 2004）, p. 1.

(106)　この点，2021 年度の国際法学会研究大会で杉木志帆は，諸人権条約上の実行を渉猟した上で土地や人に対する支配がなくとも，国の能力が及ぶことを根拠に人権条約の領域外適用を許容する傾向が看取できると指摘された（報告論題「人権条約の空間的・人的適用における国と人との間の権利義務関係の構築 —— 国の支配に基づくのか」，なお，同「人権条約の領域外適用における国と人との間の権利義務関係の構築 —— 国の支配に基づくのか」国際法外交雑誌 122 巻 2 号（2023 年）174-213 頁は，前記報告の加筆・修正に基づく論稿である）。かかる傾向がテロ容疑者を人権保護の埒外におく趨勢に対するある種の歯止めともなりうることが期待できるかもしれない。また，同「人権条約の空間的・人的適用法理 —— 国と人との間の権利義務関係の構築」（博士論文）〈https://repository.kulib.kyoto-u.ac.jp/dspace/handle/2433/253049〉も参照（とくに，「第 3 部第 2 章 能力が及ぶ範囲としての『管轄』」）。

◆ 第 6 巻 ◆ 国際人権法の動態 —— 支える力，顕現する脅威　Ⅱ 脅威との対峙

(107)　もっとも，米国が拷問等禁止条約の米領域外および武力紛争時におけるその適用性についての見解を修正したので一言する。2014 年 11 月 12 日からスイス・ジュネーヴにおいて開催された拷問禁止委員会による，米国の政府報告書（第 3・4・5 回報告）の審査において米国務省法律顧問代理マクリード氏は次のように拷問等禁止条約の地理的な義務について述べているからである。

　McLeod, M., E., Acting Legal Adviser, U.S. Department of State, Opening Statement at the U.S. Periodic Review Before the UN Committee Against Torture（November 12, 2014）, at 〈https://geneva.usmission.gov/2014/11/12/acting-legal-adviser-mcleod-u-s-affirms-torture-is-prohibited-at-all-times-in-all-places〉すなわち，「拷問および残虐な取り扱いの防止を最大限に確保せんとするため，合衆国は，条約上の一定の義務がどの程度まで合衆国の主権が及ぶ領域の外において適用されるのか，慎重に検討した結果として，本日，本委員会に対してこの点についての合衆国の見解をあきらかにする用意がある。端的にいって条約が，『自己の管轄下の領域（any territory under its jurisdiction）』について締約国は義務を負うとの規定をおいている場合，かかる義務，つまり，第 2 条の拷問を防止する義務および第 16 条の残虐な，非人道的なまたは品位を傷つける取り扱いを防止する義務は，締約国の主権的な領域を超えた一定の領域，具体的にいえば，『締約国が統治権威として支配するあらゆる領域（all places that the State Party controls as a governmental authority）』に及ぶ。合衆国は現在，キューバにあるグアンタナモ米海軍基地や米国に登録された船舶や航空機について，かかるような支配を実施していることを，我々は断言するものである。」引き続き，マクリード氏は，拷問等禁止条約の武力紛争時における適用についても次のように述べている（Ibid.）。すなわち，「敵対行為に関しておよび戦争犠牲者の保護に関しては武力紛争法が支配的な法体系であるものの，戦時であるからといって，拷問等禁止条約の適用は停止されることとはならない。それは国家が武力紛争に従事しているとしても継続的に適用されるのである。拷問を防止し，そして残虐，非人道的，品位を傷つける取り扱いを防止するという条約上の義務は武力紛争時においてもなお適用されるのであって，かかる義務は，武力紛争法上の補足的な禁止規定によって強化されるのである。」以上にみたように米政府報告書の審査初日の冒頭の声明において国務省のマクリード氏は，拷問および拷問に至らないその他の一定の行為の禁止について，それが一定の場合において米国外の場所に及んでいること，また，武力紛争時においても拷問等禁止条約の適用が端的に国際人道法へ切り替わらないということを明言したといえる（ホワイトハウス報道官室も同一趣旨のプレス・リリース（"Statement by NSC Spokesperson Bernadette Meehan on the U. S. Presentation to the Committee Against Torture"（November 12, 2014）, at 〈http://www.whitehouse.gov/the-press-office/2014/11/12/statement-nsc-spokesperson-bernadette-meehan-us-presentation-committee-a_〉）を発表）。なお，拷問禁止委員会が，2014 年 11 月 20 日採択の対米総括所見において，グアンタナモの収容所で実施されるような，締約国が統治権威として支配を実施する領域については条約の域外適用が認められ，また，武力紛争時におけるその適用も継続するという趣旨の米声明を，肯定的に評価していることが注目される（Committee against Torture, Concluding Observations on the combined third to fifth periodic reports of the United States of America, U.N. Doc. CAT/C/USA/CO/3-5, paras. 6, 10）。

9 国際人権法から見たテロリズムの規制〔熊谷 卓〕

また，FTF について言及するならば，それは 9.11 事件後頻用されるようになった，テロ対策としての安保理決議（第 7 章に基づく）の効果が如実に出ている典型的な例ということができる。同事件後直後に採択された決議 1373 が，当時未発効であったテロ資金供与防止条約と同様の内容の実施を全加盟国に法的に義務づけたことによって，従前の第 7 章下の決議にみられた対象の特定性と時限性を超えたように，決議 2178 も時限性を欠いた一般的な内容の義務づけをその特徴とする。

テロリズムに対する対処として歴史的には諸条約による規制と安保理による規制という二方面からの対処がなされてきており[108]，例えるならば，これらは自動車の両輪のようなものであるとも考えることができようが，今時，後者の車輪が大きくなり，それにより，テロリズムへの対処という車両のバランスが変動しつつあるとも評価できる[109]。

もっとも，ここでテロリズムの動態についても若干の言及をする必要があろう。周知のように 9.11 事件はおよそ 3,000 人という多数の犠牲者を伴うきわめて忌まわしい事件であったが，ハイジャックした航空機を標的（多くの無辜の市民が集うタワー・ビルディング）に向けて突入させるというまったく想像し難い手法を用いたものであった。実行犯たちは，自分たちも死ぬつもりとなっており，それゆえ，躊躇なくかかる非道な手段を計画通りに実施した。

その意味で 9.11 事件以後のテロ事件の特徴・特性は大まかにいって，(1)自己の生命の損失をまったく厭わない傾向，(2)一事件あたりの犠牲者数の増大

---

(108) 安藤貴世『国際テロリズムに対する法的規制の構造：テロリズム防止関連諸条約における裁判管轄権の検討』（国際書院，2020 年）12-15 頁。

(109) この点については別稿で論じたい。なお，近時の論考として，佐藤哲夫「国連安全保障理事会は『国際立法』権限を簒奪したのか？：国際テロリズムと大量破壊兵器の不拡散をめぐって」寺谷広司・伊藤一頼（編）『国際法の現在：変転する現代世界で法の可能性を問い直す』（日本評論社，2020 年）25 頁以下。McKeever, D., "Revisiting Security Council action on terrorism: New threats; (a lot of) new law; same old problems?", *Leiden Journal of International Law*, Vol. 34 (2021), pp. 441–470; Duffy, D., and Herik, L., v., d., "Terrorism and the Security Council", *in* Geiß, R. and Melzer, N. (Eds.), *The Oxford Handbook of the International Law of Global Security* (Oxford University Press, 2021), pp. 193-212; D. Ní Aoláin, F., "The Ever-Expanding Legislative Supremacy of the Security Council in Counterterrorism", *in* Vedaschi, A. and Scheppele, K., L. (Eds.), *9/11 and the Rise of Global Anti-Terrorism Law:How the UN Security Council Rules the World* (Cambridge University Press), pp. 34-55 [*hereinafter 9/11 and the Rise of Global Anti-Terrorism Law*].

◆ 第6巻 ◆ 国際人権法の動態 —— 支える力，顕現する脅威　[II] 脅威との対峙

および(3)無差別性の貫徹という諸点において表れているといってよい[110]。

　テロリストは一般に装備では正規の軍隊や警察といった法的に武力を行使できる組織より劣るが，目的（それ自体常軌を逸したもの）を果たすその意思はきわめて堅く，当該目的の実現のために国内・国際社会を不安定化させる。どんな手を使ってでも彼らが考える敵を倒そうとし，そしてかかるテロ行為によって自身は死んでも構わないとの心性を有する[111]。以上のような心性を常時有しているテロリストと対峙しなければならない国内・国際社会が実施するテロ対策の幅は，通常の犯罪者（といっても，ここでは彼らが自己の生命を惜しむという側面を持っているものとして考える）への対策に比して限定されたものとなろう。そもそも自己の犠牲を顧みないテロリストとは交渉を行う余地も少ないと考えられるからである。そうであるならば，ありうるテロ対策も，当初より生命の剥奪を想定したような手段も視野に入るであろうし，そもそも，犠牲者を最小限に抑えることを至上命題と考えるならば，テロ攻撃の未然の防止策も重視されることとなり，実際のテロ行為からは非常に離れた準備段階での犯罪化・摘発[112]も積極的になされることが予想される。しかしいうまでもなく，「テロリズムに対抗するためのあらゆる措置」[113]は，「国際法，適用可能な，

---

(110)　近時の代表的なテロ事件として，2021年8月26日のアフガニスタン・カブール国際空港付近での自爆テロ攻撃をあげることができる。本自爆テロにより米兵13人を含む少なくとも180人が死亡し，米兵18人を含む少なくとも200人が負傷した。同日，イスラム国が犯行声明を発出した。なお，2019年3月15日に発生したNZ・クライストチャーチでのモスク襲撃事件の実行犯（終身刑で収監中）のように，白人至上主義者によるローン・ウルフ型のテロ攻撃も散見される。本事件ではNZ捜査・情報機関がこの種の過激主義者には相対的に緩やかな警戒体制をとっていたことが指摘される（NZ・オークランド大ロースクール・ジョン・イップ准教授のコメント：筆者の同スクールでの在外研究（2019年から2020年）時）。

(111)　NHKBSドキュメンタリー「ハイテク対テロ戦争　未来の兵士」初回放送：2019年10月17日（木）より。

(112)　近時のテロ対策におけるかかる傾向を指摘する論考として，Nowak, M. and Charbord, "Key trends in the fight against terrorism and key aspects of international human rights law", *in* Nowak, M. and Charbord, A. (Eds.), *Using Human Rights to Counter Terrorism* (Edward Elger, 2018), pp. 25, 59-60 [*hereinafter Using Human Rights to Counter Terrorism*]. *See also*, Ginsborg, L., "Moving toward the Criminalization of 'Pre-crime': The UN Security Council's Recent Legislative Action on Counterterrorism", *in 9/11 and the Rise of Global Anti-Terrorism Law* (*supra* note 110), pp. 133-154.

(113)　Scheinin, M., "Impact of post-9/11 counter-terrorism measures on all human

国際人権法・国際難民法・国際人道法」[114] に従った措置であることが求められる。今一度，この点を想起する必要がある。

[付記] インターネット上の資料への最終参照日はすべて 2024 年 9 月 25 日である。

---

rights", *in Using Human Rights to Counter Terrorism, ibid.,* p. 96.
(114)　UNSC Resolution 1822, UN Doc. S/RES/1822（2008），preambular para. 3.

〈第 6 巻　編集〉

阿部浩己（あべ　こうき）　　明治学院大学法学部教授

国際人権法学会創立 30 周年記念

編集委員

阿部浩己・大津　浩・小畑　郁
近藤　敦・申　惠丰・山元　一

新国際人権法講座
〈第 6 巻〉

国際人権法の動態
── 支える力、顕現する脅威

2024（令和 6）年11月 5 日　第 1 版第 1 刷発行
2866-3：P260　￥5400E　012-080-020

編　集　阿部浩己
発行者　今井　貴・稲葉文子
発行所　株式会社　信 山 社
〒113-0033 東京都文京区本郷6-2-9-102
Tel 03-3818-1019　Fax 03-3818-0344
info@shinzansha.co.jp
笠間才木支店 〒309-1611 茨城県笠間市笠間515-3
Tel 0296-71-9081　Fax 0296-71-9082
笠間来栖支店 〒309-1625 茨城県笠間市来栖2345-1
Tel 0296-71-0215　Fax 0296-72-5410
出版契約2024-22866-01012　Printed in Japan

©編著者, 2024　印刷・製本：藤原印刷
ISBN978-4-7972-2866-3 C3332 分類329.501 国際人権法

JCOPY　〈(社)出版者著作権管理機構　委託出版物〉
本書の無断複写は著作権法上での例外を除き禁じられています。複写される場合は、
そのつど事前に、(社)出版者著作権管理機構（電話03-5244-5088, FAX03-5244-5089,
e-mail:info@jcopy.or.jp）の許諾を得て下さい。

◆ 講座 立憲主義と憲法学 ◆

第1巻 憲法の基礎理論／山元 一 編集

第2巻 人権Ⅰ／愛敬浩二 編集

第3巻 人権Ⅱ／毛利 透 編集

第4巻 統治機構Ⅰ／只野雅人 編集

第5巻 統治機構Ⅱ／宍戸常寿 編集

第6巻 グローバルな立憲主義と憲法学
　　　／江島晶子 編集

信山社

◆ 講座 国際人権法 ◆

第1巻 国際人権法と憲法
　　　／芹田健太郎・棟居快行・薬師寺公夫
　　　坂元茂樹 編集代表

第2巻 国際人権規範の形成と展開
　　　／芹田健太郎・棟居快行・薬師寺公夫
　　　坂元茂樹 編集代表

第3巻 国際人権法の国内的実施
　　　／芹田健太郎・戸波江二・棟居快行
　　　薬師寺公夫・坂元茂樹 編集代表

第4巻 国際人権法の国際的実施
　　　／芹田健太郎・戸波江二・棟居快行
　　　薬師寺公夫・坂元茂樹 編集代表

*1, 2巻品切

信山社

◆ 新国際人権法講座 ◆

第1巻　国際人権法の歴史／小畑郁・山元一 編集

第2巻　国際人権法の理論／小畑郁・山元一 編集

第3巻　国際人権法の規範と主体／近藤　敦 編集

第4巻　国際的メカニズム／申　惠丰 編集

第5巻　国内的メカニズム/関連メカニズム
　　　　　／申　惠丰 編集

第6巻　国際人権法の動態─支える力、顕現する脅威
　　　　　／阿部浩己 編集

第7巻　国際人権法の深化─地域と文化への眼差し
　　　　　／大津　浩 編集

信山社